大中小学拓展性实验系列教材

编委会

顾　问	房　喻　胡卫平
主　任	杨祖培
副主任	张尊听
委　员	杨承印　王较过　韩　望　李　鸿
	张克强　解惠明　樊锁强　魏战利
	罗　坤　杨千社　赵华荣

dsjy 教师教育通识课程

卓越教师拓展性实验

主编 张尊听

编者 刘志存 卫芬芬 石静瑜 白云山
刘环环 李世荣 魏彦林 王娟娟
张可嘉 彭菊芳 马志爽 陈 颢
张 磊 薛 亮 苏惠敏 强 雪
钱 易 王 烈

陕西师范大学出版总社

图书代号　JC21N0245

图书在版编目(CIP)数据

卓越教师拓展性实验 / 张尊听主编. —西安：陕西师范大学出版总社有限公司,2021.3
ISBN 978-7-5695-2074-3

Ⅰ.①卓… Ⅱ.①张… Ⅲ.①大学生—课程—实验—高等师范院校—教材 Ⅳ.①G642

中国版本图书馆CIP数据核字(2021)第021955号

卓越教师拓展性实验

ZHUOYUE JIAOSHI TUOZHANXING SHIYAN

张尊听　主编

责任编辑	杨雪玲
责任校对	刘金茹　窦　月
封面设计	金定华
出版发行	陕西师范大学出版总社
	(西安市长安南路199号　邮编710062)
网　　址	http://www.snupg.com
经　　销	新华书店
印　　刷	陕西日报社
开　　本	787mm×1092mm　1/16
印　　张	13.5
插　　页	2
字　　数	318千
版　　次	2021年3月第1版
印　　次	2021年3月第1次印刷
书　　号	ISBN 978-7-5695-2074-3
定　　价	49.00元

读者购书、书店添货或发现印装质量问题，请与本社高等教育出版中心联系。
电话：(029)85303622(传真)　85307864

序

在我国迈向更加繁荣富强的新时代,需要科学教育提供可持续发展的人力资源。习近平总书记在科学家座谈会上的讲话(2020-09-11)殷殷期待,加强创新人才教育培养。加强数学、物理、化学、生物等基础学科建设,鼓励具备条件的高校积极设置基础研究、交叉学科相关学科专业来培养人才。《教育部关于加强和改进中小学实验教学的意见》教基〔2019〕16号文件指出,要组织开展好基础性实验和拓展性实验教学工作,注重加强实验教学与多学科融合教育,开发地方课程和校本课程。中小学现行开设的基础性实验课程服务于国家层面科学课程的学习,拓展性实验课程是对基础性实验课程的进一步延伸和升华,是国家课程研究性学习的重要内容,也是地方科学课程、校本科学课程的重要内容。

经过多年努力,全套横跨小学、初中、高中和本科师范生的15本拓展性科学实验教材即将出版。这套拓展性实验教材的编写,立足于基础教育必修与选修课程,兼顾研究性学习课程;在提高学生科学素养理念指导下,基于学生生活和学习经验,强调学生活动、手脑并用、人际合作和人物协调、渗透科学文化,将科学发展观与人文价值观有机结合,进一步丰富学校科学教育内容,促进学生德、智、体、美、劳全面发展;内容涵盖数学、物理、化学、生物、地理、信息工程等学科的卓越教师拓展性实验课程,极大地促进了职前师范生实验教学技能的培养和在职教师科学实验素养的提高。

在科学研究中,科学实验是验证科学事实真实性存在的重要依据。师范生通过科学实验类课程的学习,不仅能够获取科学知识,还可以体验科学研究的过程和方法,认识科学与技术对社会和个人所产生的影响。在体现科学知识价值的学校科学实验课程中,有些实验是为了验证知识的科学性,我们称为验证性实验;有些实验是为了找到知识中同类科学事实的本质属性,我们称为探究性实验。无论哪一类实验,都是为提高学生科学素养而为。学生在理解科学知识的内涵与外延的过程中,需要在教师的引导下,进一步体验和挖掘这些知识及活动中所蕴含的方法与内涵:分析、综合、比较、类比、分类、抽象、概括、推理等科学思维方法,固定变量、枚举归纳、猜想演绎等科学研究方法,观察、思考、论证、求证等一整套复杂的科学探究方法,科学语言、数理模型、图表展示等表征方法,人际交流、人物协调的过程等,进而发展对科学的兴趣、对科学的体验和过程经历。对于实验结构单一、包含的科学知识不复杂、能够代表该门学科特征、可以培养学生基本科学素养、可以激发科学兴趣的这一类科学实验,我们称为基础性实验。在学生实验和教师演示实验的基础上,根据学生的认知结构特征和学科实验特点,整合实验资源,结合学生生活实际,激发求知欲望,对教学规定实验内容予以拓展而形成的系列实验,我们称为拓展性实验。拓展性实验课程将科技前沿的最新发现和最新技术成果融入实验教学,丰富内容,改进方式。拓展性实验课程内容按照各学段课程方案,可以是分科性的综合,如物理、化学、生物等;也可以是综合性活动课程,如体现科学探究理念和STEM(科学、技术、工程、数学)思想的实验课程。这套拓展性实验课程内容设置比较灵活,它突破了基础性实验课程的束缚,具有开放性、综合性、探究性、创造性等特点,从学生学习兴趣出发来提升其观察能力、动手实践能力、创造性思维能力和团队合作能力,培育学生的兴趣爱好、创新精神、科学素养和意志品质。

陕西师范大学秉承西部红烛精神,以教师教育和为基础教育服务为特色,有一批长期从事科学教育的学者,在科学课程和研究性学习方面造诣颇深,在国内有一定的影响力。学校在科学实验教学资源布局上亦有着独特之处,全校理工科实验汇聚于一体,成立多学科融合的基础实验教学中心,既具有为高等教育服务的实验装备和师资力量,又具备研发基础教育所需拓展性实验课程和教学仪器的良好条件,长期服务基础教育的情结和在国家西部的地理区位,使得她必须承担应尽的国家责任。

我相信这套系列教材能够服务于基础教育,引领中小学科学教育中教与学方式的改变,促进学生科学素养的提高和师范生科学实验实践教学技能的提升。

游旭群

2021年1月

前 言

卓越教师拓展性实验是面向数学、物理、化学、生物、地理和计算机科学与技术等专业公费师范生开设的一门通识实验课程。书中所选择的实验内容基于中学科学类课程标准,在各学科必修知识的基础上进行拓展,设置综合性、创新性和探究性等拓展性实验主题。

卓越教师拓展性实验课程充分体现了隐含在科学知识中的科学思想和观点,实现卓越教师培养目标中对个人科学素养的形成与发展。科学的本质包括理性思维、定量表征和实证精神,实验教学是探索科学本质的主要途径和方法。本课程在物理学科实验教学中体现物理观念,科学思维,科学探究以及科学态度与责任;在化学学科实验教学中体现宏观辨识与微观探析,变化观念与平衡思想,证据推理与模型认识,科学探究与创新意识,科学态度与社会责任;在生物学科实验教学中体现生命观念,科学思维,科学探究,社会责任;在地理学科实验教学中体现人地协调观,综合思维,区域认知和地理实践力。在以上学科实验教学中,还要把数学抽象、逻辑推理、数学建模、直观想象、数学运算和数据分析等数学思想以及信息意识、数字化学习与创新、信息社会责任思想渗透于科学实验教学过程中。各学科实验教学内容有机融合,相互交叉和渗透,具有很强的拓展性。在教学中既可以通过实验体现科学思想、科学思维和科学方法等整体性观念,也可以对各学科实验进行拓展,体现学科核心素养,培养综合型和具有"创新创业"精神的卓越教师。

在立德树人、培养全面发展人才的教育方针指引下,国家在卓越教师职前培养、中小学实验教学改进等方面,发布了一系列政策性指导意见,并且还对中学课程标准做了修订,加大了其中选修课程特别是拓展型课程的课时比例。为了拓展创新,不断将科技前沿知识和最新技术成果融入理科实验教学,丰富内容,改进方式,完善理科教师教育教学体系,提升新时代教师的实验教学能力。经过专家论证,我们组织开发出卓越教师拓展性实验课程及配套教材。通过卓越教师拓展性实验的学习,师范生能够在认识科学实验基本原理和操作技能的基础上,根据实验条件,合理搭建实验操作步骤,完成实验操作过程;能够体验科学探究要旨,形成科学认知模型;能够根据信息技术原理和科学信息表达惯例,用图示、文本、表格来表征科学实验本质;明确实验中所蕴含的科学观念、科学思维、科学方法、科学态度和科学所应承担的社会责任。特别值得一提的是,本教材所列的实验,均在其中设计了"实验风险和伦理",其意义和传统实验所提及的实验安全事项不完全一样。这里的实验风险是指实验者在进行实验活动中会造成伤害的可能性,这种可能性一是由违背操作规则所造成,二是由无法预料的科学过程所造成。伦理是指人与人、人与自然的关系以及处理这些关系的规则。实验伦理要求我们在进行实验活动之前,能够对因人使用试剂、仪器、装置及其运行中产生的生命危机有所预防,对由于使用不当的危险能够预估,并有阻止危险发生的预案。本教材中设置了36个实验,其中物理10个、化学9个、生物7个、地理3个、信息技术4个、数学2个、工程1个,对其中的一些科学术语和关键词配备了英文,以扩大学生的阅读视野,教师可以根据师范生的专业选择性开设相关实验项目。

参加本教材编写的有刘志存(实验5、6、7、8、9、10、36)、卫芬芬(实验1、2)、石静瑜(实验3、4)、白云山(实验11、12)、刘环环(实验11、14、16)、李世荣(实验13)、魏彦林(实验17、18)、王娟娟(实验15)、张可嘉(实验19)、彭菊芳(实验22、24、25、26)、马志爽(实验20、21、23)、陈颢(实验27、28、29)、张磊(实验27、29)、薛亮(实验28)、苏惠敏(实验27、28、29)、强雪(实验30、31)、钱易(实验32、33)、王烈(实验34、35)。最后,由张尊听统稿。在教材编写过程中,得到了杨承印、杨祖培、赵华荣、闫生忠、范东华、郭郁芳等同仁的关心和支持,在此一并致谢!

由于我们水平有限,难免存在错讹,希望广大读者对本教材的缺点和不足之处给予批评指正。

编者

2021年1月

Mulu 目录

实验 1 　自由落体运动探析 ··· 1

实验 2 　碰撞打靶 ·· 9

实验 3 　折射率与光的传播特性 ··· 18

实验 4 　驻波法测量声速 ··· 28

实验 5 　电容器存储电量的测量 ··· 37

实验 6 　设计电表测量灯丝伏安特性 ··· 43

实验 7 　数字式温度计的设计 ·· 48

实验 8 　电子荷质比与地球磁场的测量 ·· 53

实验 9 　永磁悬浮与电磁悬浮 ·· 58

实验 10 　超导磁悬浮 ··· 62

实验 11 　几种气体制备装置性能的比较 ······································ 68

实验 12 　可燃性气体爆炸极限的测定 ··· 71

实验 13 　氢气、氯气制备及燃烧一体化实验 ································ 75

实验 14 　氯化钴水合物的变色 ··· 80

实验 15 　水蒸气蒸馏法提取洋甘菊精油 ······································ 83

实验 16 　铜氨纤维的制备 ··· 86

实验 17 　化学平衡过程的观察与测量 ··· 90

实验 18 　水果电池 ··· 95

实验 19 　溴钟螺纹实验 ·· 98

实验 20 　耳朵的结构与声音信号的接收 ······································ 100

实验 21 　眼球的构造与视觉成像 ··· 108

— 1 —

实验 22　ABO 血型的血清学检测及人的血细胞辨认 …………………………… 116

实验 23　真伪食材的鉴别…………………………………………………………… 121

实验 24　食物与消化………………………………………………………………… 125

实验 25　微生物发酵与酸奶制作…………………………………………………… 130

实验 26　不同生境中被子植物叶片构造与气孔分布比较………………………… 134

实验 27　宇宙环境与天体观测……………………………………………………… 138

实验 28　基于 GIS 软件的数字地形分析…………………………………………… 144

实验 29　地球运动与时间测量……………………………………………………… 149

实验 30　mBot 编程机器人………………………………………………………… 154

实验 31　光环板 HaloCode………………………………………………………… 158

实验 32　VEX IQ 基本搭建与编程………………………………………………… 164

实验 33　VEX IQ 自动门…………………………………………………………… 171

实验 34　单摆的应用………………………………………………………………… 178

实验 35　数学模型与中学数学……………………………………………………… 186

实验 36　电梯结构及电气控制系统………………………………………………… 197

附录　拓展性实验类型与操作性质………………………………………………… 205

实验 1　自由落体运动探析

最先研究自由落体运动的是古希腊哲学家、科学家亚里士多德(Aristotle，前384—前322)，他提出：物体下落的快慢是由物体本身的重量决定的，物体越重，下落得越快；反之，则下落得越慢。亚里士多德的理论影响了其后两千多年。直到意大利物理学家伽利略(Galileo Galilei，1564—1642)提出了质疑。他用严格的逻辑，反驳了这一结论，得出了一切物体均以同一加速度竖直下落的科学结论，并且在比萨斜塔上让大小不同的两个铁球同时开始下落，结果两个铁球几乎同时落地，如图1.1所示。这个被科学界誉为"比萨斜塔实验"的美谈佳话，用事实证明了轻重不同的物体，从同一高度坠落，加速度一样，它们将同时着地，从而推翻了亚里士多德的错误论断。这就是被伽利略所证明的、如今已为人们所认识的自由落体定律。"比萨斜塔实验"作为自然科学实例，为"实践是检验真理的唯一标准"提供了一个生动的例证。

为了加深对自由落体运动的理解，我们设计了本实验，通过对自由落体运动的研究，一方面强化对运动学规律的理解，加强课本知识与实际生活的联系；另一方面通过研究物理问题的基本思路和科学方法的学习，为今后研究比较复杂的物体运动规律打下良好的基础。

图 1.1　亚里士多德、伽利略与比萨斜塔

【实验目标】

从生活实践出发，结合实际生活观察，初步了解自由落体运动；基于两位科学家对自由落体运动的观念，结合伽利略的理想实验(ideal experiment)，形成对自由落体运动特点和规

律的初步认识;通过数学推理和实验模拟探究自由落体运动所遵循的规律,理解自由落体运动的特点,在此基础上,会运用自由落体运动的特点和规律解答相关实际问题;在探究实验过程中,体验同学之间相互协调、仔细观察、定量推理、勇于探索的科学精神和严谨的科学态度、实事求是的科学作风。

【实验原理】

物体不受其他因素影响,只在重力(gravity)作用下从静止开始下落的运动称为自由落体运动。那么,自由落体运动到底是一种什么样的运动呢?它遵循什么样的规律呢?

1. 自由落体运动

(1)运动学特点

$v_0 = 0, a = g$,且加速度的大小、方向均不变。

(2)受力特点

在真空中,物体只受重力,或者在空气中,物体所受空气阻力很小,和物体重力相比可忽略。

(3)运动性质

自由落体运动是初速度为0的匀加速直线运动。所以匀变速直线运动的所有规律和初速度为0的匀加速直线运动中的各种比例关系都可用于自由落体运动。

(4)自由落体的加速度

在同一地点,一切物体在自由落体运动中的加速度都相同,这个加速度叫重力加速度(acceleration of gravity),用 g 表示,地球上不同的纬度,g 值不同。其方向为竖直向下。通常计算时,取 $g = 9.8 \text{ m/s}^2$,粗略计算时,取 $g = 10 \text{ m/s}^2$。

2. 自由落体运动的运动规律

自由落体运动是初速度为0,加速度为 g 的匀加速直线运动,其运动规律如下:

(1)3个基本公式

$v_t = gt, h = \frac{1}{2}gt^2, v_t^2 = 2gh$。

(2)3个特殊公式

在连续相等的时间(T)内位移之差为一恒定值,即 $\Delta h = gT^2$;

某段时间内中间时刻的瞬时速度等于这段时间内的平均速度,即 $v_{\frac{t}{2}} = \bar{v} = \frac{v_0 + v_t}{2}$;

某段位移中间位置的瞬时速度 $v_{\frac{h}{2}}$ 与这段位移的初、末速度 v_0 和 v_t 的关系是

$v_{\frac{h}{2}} = \sqrt{\frac{v_0^2 + v_t^2}{2}}$。

(3)4个比例公式

从下落开始,第 1 s 末、第 2 s 末、第 3 s 末……第 n 秒末的瞬时速度之比为 $v_1 : v_2 : v_3 \cdots v_n = 1 : 2 : 3 \cdots n$;

从下落开始,物体在每一段相等的时间内通过的位移之比为自然数奇数之比,例如第

实验1 自由落体运动探析

1 s内、第2 s内、第3 s内……第 n 秒内的位移之比为 $\Delta h_1 : \Delta h_2 : \Delta h_3 \cdots = 1 : 3 : 5 \cdots (2n-1)$；

从下落开始，物体通过连续时间所用位移之比为，例如1 s内、2 s内、3 s内 $h_1 : h_2 : h_3 \cdots = 1^2 : 2^2 : 3^2 \cdots$；

从下落开始，物体通过连续相等的位移所用时间之比为 $\Delta T_1 : \Delta T_2 : \Delta T_3 \cdots = 1 : (\sqrt{2}-1) : (\sqrt{3}-\sqrt{2}) \cdots$。

【实验器材】

1. 牛顿管

用来演示轻重不同物体在真空中从同一高度下落快慢的仪器，如图1.2所示。本仪器由一端封闭，另一端带活塞的玻璃管组成，玻璃管内有金属片和羽毛。

图1.2 牛顿管

2. 自由落体实验仪（free fall experiment instrument）

包括自由落体显示仪、电磁铁、接球网、钢球、4个光电门，如图1.3所示。

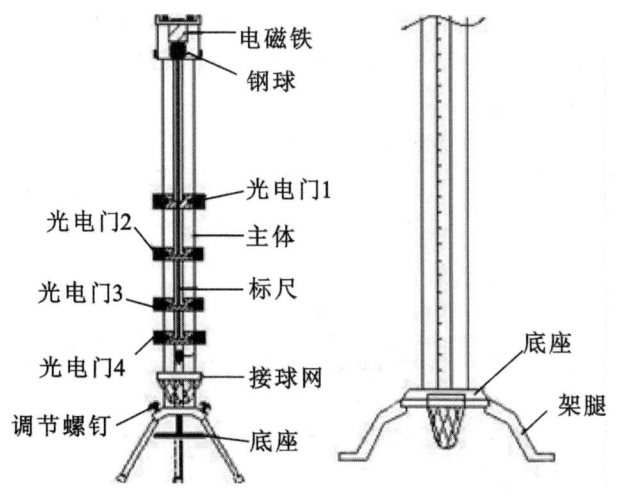

图1.3 自由落体实验仪

【实验内容】

1. 用牛顿管演示自由落体运动

① 物体开始下落时是静止的,即初速度 $v=0$。如果物体的初速度不为0,就算是竖直下落,也不是自由落体;

② 物体下落过程中,除受重力作用外,不受其他任何外界的作用力(包括空气阻力)或外力的合力为0;

③ 真空状态下,任何物体在相同高度做自由落体运动时,下落时间相等。

操作步骤:倒置牛顿管,使得金属片和羽毛同时由静止下落。

请给出实验结论并分析。

2. 利用自由落体实验仪验证物体在自由落体状态下的运动规律,并测量当地的重力加速度 g

(1)调试仪器

① 调节自由落体实验仪三角支架,使用时在带有标尺的铝合金主体上根据实验需要固定好光电门(可任意调节),将主体上的电磁铁和光电门分别插入自由落体显示仪相应的插孔,然后接通显示仪电源;

② 将钢球置于电磁铁上,按显示器"开始"键,钢球就会自由坠入接球网。

(2)验证自由落体运动是初速度为0的匀加速直线运动

根据显示仪所显示的各光电门的时间和各光电门之间标尺上的距离,做以下实验:

① 初速度(initial velocity)为0的匀加速直线运动,即:物体下落的时间取 $t_1:t_2:t_3=1:2:3$,则下落的距离 $h_1:h_2:h_3=1:4:9$。

实验操作:依次移动光电门,使光电门的中部凹形槽底边对准立柱标尺 10 cm、40 cm、90 cm处,分别测出下落时间 t_1、t_2、t_3,每个时间测5次,取平均值。如果下落时间 $t_1:t_2:t_3=1:2:3$ 时,可以得到下落高度 $h_1:h_2:h_3=1:4:9$ 的对应关系,则可以验证自由落体运动是初速度为0的匀加速直线运动,将相关数据填入表1.1。

表1.1 初速度为0的自由落体运动

钢球下落时间 t/ms \ 次数	1	2	3	4	5	$\bar{t}$
$t_1 (h_1 = 10 \text{ cm})$						
$t_2 (h_2 = 40 \text{ cm})$						
$t_3 (h_3 = 90 \text{ cm})$						

数据处理:

$h_1:h_2:h_3 = 10:40:90 = 1:4:9$,则 $\bar{t}_1:\bar{t}_2:\bar{t}_3 = $ _____。

实验 1　自由落体运动探析

(3) 测量重力加速度 g 值

根据自由落体运动公式 $h=\frac{1}{2}gt^2$，只要测出物体下落的距离 h 和对应的下落时间 t，就可以计算出重力加速度 g 值。

实验操作：将光电门移至标尺 100 cm 处，分别测量 5 次钢球的下落时间 t，取平均值，将所测量的数据代入公式 $h=\frac{1}{2}gt^2$，即可求出重力加速度 g 值，相关数据填入表 1.2。

表 1.2　测量重力加速度 g 值

距光电门距离 h/cm	次数	钢球下落时间/ms	$\bar{t}$/ms	$\bar{t}^2$/ms²	$g=\frac{2h}{\bar{t}^2}$/m·s⁻²
100	1				
	2				
	3				
	4				
	5				

数据处理：$g=\frac{2h}{\bar{t}^2}=$ _____。

比较测量值与理论值的大小，分析误差较大的原因，在此基础上改进实验方案，再次测量 g 值。

(4) 初速度不为 0 且相等的自由落体实验法，测量 g 值

为了减少电磁铁剩磁和 h 测量的误差对实验精度带来的影响，采用初速度不为 0 的自由落体运动，其公式 $h=v_0t+\frac{1}{2}gt^2$。将两个光电门分别置于 A、B 两点处，钢球从 O 点开始自由下落，设到达 A 点的速度为 v_0，再经过时间 t_1 后，钢球到达 B 点，AB 两点间的距离为 h_1，则有：$h_1=v_0t_1+\frac{1}{2}gt_1^2$；将光电门 B 下移一段距离至 B′ 点，重复上述实验。设钢球从 A 点经过时间 t_2 到达 B′ 点，AB′ 两点间距离为 h_2，则有：$h_2=v_0t_2+\frac{1}{2}gt_2^2$。对两式进行变形 $h_2t_1-h_1t_2=\frac{1}{2}g(t_1t_2^2-t_2t_1^2)$，得出 $g=2\frac{\left(\frac{h_2}{t_2}-\frac{h_1}{t_1}\right)}{t_2-t_1}$。重复上述实验操作 5 次，将实验数据代入公式，计算出 g 值，相关数据填入表 1.3。

表1.3 初速度为不为0的自由落体运动

次数	距光电门距离/cm	钢球下落的时间/ms		h_1/cm	h_2/cm	$g=2\dfrac{\dfrac{h_2}{t_2}-\dfrac{h_1}{t_1}}{t_2-t_1}$/m·s^{-2}
1	A点	从起始到达A点的时间t_0				
	B点	从A点到达B点的时间t_1				
	B'点	从A点到达B'点的时间t_2				
2	A点	从起始到达A点的时间t_0				
	B点	从A点到达B点的时间t_1				
	B'点	从A点到达B'点的时间t_2				
3	A点	从起始到达A点的时间t_0				
	B点	从A点到达B点的时间t_1				
	B'点	从A点到达B'点的时间t_2				
4	A点	从起始到达A点的时间t_0				
	B点	从A点到达B点的时间t_1				
	B'点	从A点到达B'点的时间t_2				
5	A点	从起始到达A点的时间t_0				
	B点	从A点到达B点的时间t_1				
	B'点	从A点到达B'点的时间t_2				

数据处理：

$h_1 = v_0 t_1 + \dfrac{1}{2}g t_1^2 = \underline{\qquad}$；$h_2 = v_0 t_2 + \dfrac{1}{2}g t_2^2 = \underline{\qquad}$；

$h_2 t_1 - h_1 t_2 = \dfrac{1}{2}g(t_1 t_2^2 - t_2 t_1^2) = \underline{\qquad}$；$g = 2\dfrac{(\dfrac{h_2}{t_2}-\dfrac{h_1}{t_1})}{t_2-t_1} = \underline{\qquad}$；$\bar{g} = \underline{\qquad}$。

请对实验结果进行分析并得出结论。

3. 验证自由落体运动是初速度为0,加速度为g的匀加速直线运动的运动规律,相关数据填入表1.4

实验条件：$g = \underline{\qquad}$ m/s^2。

（1）三个基本公式：$v_t = gt$, $h = \dfrac{1}{2}g t^2$, $v_t^2 = 2gh$

实验1 自由落体运动探析

表1.4 初速度为0的自由落体运动规律

距光电门距离/cm	测量次数	钢球下落时间 t/ms	钢球下落速度/m·s^{-1}
10	1		
	2		
	3		
15	1		
	2		
	3		
40	1		
	2		
	3		
65	1		
	2		
	3		
90	1		
	2		
	3		

（2）三个特殊公式 $\Delta h = gT^2$, $v_{\frac{t}{2}} = \bar{v} = \dfrac{v_0 + v_t}{2}$, $v_{\frac{h}{2}} = \sqrt{\dfrac{v_0^2 + v_t^2}{2}}$

（3）4个比例公式

① 从下落开始，第1 s末、第2 s末、第3 s末……的瞬时速度之比为

$$v_1 : v_2 : v_3 \cdots\cdots = \underline{\qquad}$$

② 从下落开始，物体在每一段相等的时间内通过的位移之比，即第1 s内、第2 s内、第3 s内……的位移之比

$$\Delta h_1 : \Delta h_2 : \Delta h_3 \cdots\cdots = \underline{\qquad}$$

③ 从下落开始，物体通过连续时间所用位移之比，即1 s内、2 s内、3 s内……的位移之比

$$h_1 : h_2 : h_3 \cdots\cdots = \underline{\qquad}$$

④ 从下落开始，物体通过连续相等的位移所用时间之比

$$\Delta T_1 : \Delta T_2 : \Delta T_3 \cdots\cdots = \underline{\qquad}$$

【实验风险与伦理】

1. 实验操作中,严禁带电进行光电门接口的插、拔操作,以免造成仪器损坏。
2. 牛顿管为易碎玻璃制品,光电门通电方可有效计数,仪器支架操作不慎容易倒塌,同学之间在实验中做好分工,相互协调,避免伤害事故发生。

【思考与实践】

1. 请利用自由落体运动规律,设计制作一种简单测量人的"反应时间"小仪器。实验器材:笔1支,50 cm长直尺1把,白纸1张。
2. 宇航员(astronaut)在月球表面上做自由落体实验,将某物体由距月球表面高 h 处释放,经时间 t 后落到月球表面(设月球半径为 R)。根据上述信息推断,如果要让飞船在月球表面附近绕月球做匀速圆周运动,那么它所必须具有的速率是多少?

实验 2 碰撞打靶

碰撞是自然界中普遍存在的一种现象,大到宇宙天体之间、小到微观粒子之间,都有碰撞的发生。日常生活中,我们也能随处见到各种各样的碰撞现象。你能根据碰撞的特点,设计一个有关碰撞的实验吗?

我们利用单摆运动、平抛运动、能量守恒以及动量守恒等物理学原理设计了一个碰撞打靶实验,它不是传统意义的打靶,但也与打靶有关。实验装置如图 2.1 所示,由导轨、单摆、升降架(上有小电磁铁,可控断通)、被击小球及载球支柱、靶盒等组成。所谓碰撞打靶是指切断电磁铁的电源,被吸单摆小球将自由下摆,沿圆弧向下运动,到达竖直位置时,单摆小球去撞击置于立柱上端的小钢球,被击后小钢球将做平抛运动,获得水平速度,最终落到贴有目标靶的金属盒内,金属盒内有环线靶图,对应打靶环数,被击小钢球下落位置处对应的环数,就是本次的打靶成绩。记录每一次被击小钢球下落击中的靶环数,就可以知道你碰撞打靶的成绩了。

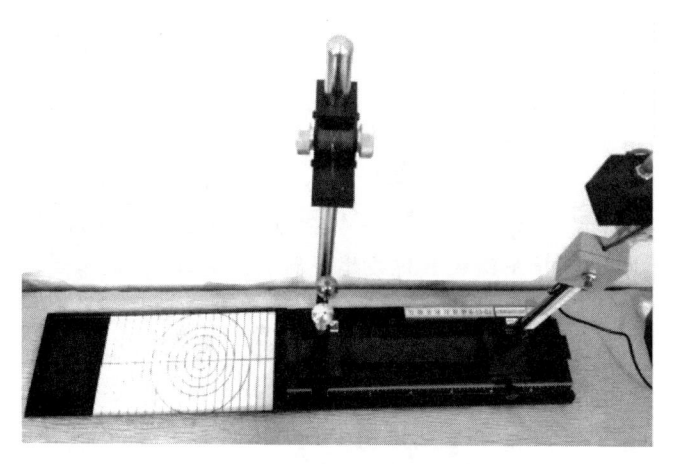

图 2.1 碰撞打靶实验装置图

本实验以两个碰撞的小球为研究对象,当电磁铁的电源被切断时,小球只在重力和空气阻力的作用下运动。运用动量和机械能等相关知识,计算两小球碰撞的动量、能量变化,基于碰撞打靶实验的具体操作,以及在实验事实基础上进行的相关的理论计算,感悟物理实验和物理理论的关系,体会物理学的魅力与神奇,学习化繁为简的研究方法,从而更深入地理解物理学理论。

【实验目标】

通过实验研究,了解单摆运动、碰撞和平抛运动规律;通过调节实验装置,记录与分析实验数据,加深对机械能守恒定律(law of conservation of mechanical energy)和动量守恒定律(law of conservation of momentum)的理解;培养在解决实际问题过程中,利用定性和半定量的方法选择实验方法和实验装置、设计实验方案的能力,体验量化计算和实验探究相结合在物理学研究中的意义。

【实验原理】

1. 撞击小球与被撞小球质量的大小对弹性碰撞的影响

两个光滑弹性小钢球 A 和 B,质量分别为 m_1 和 m_2,以 v_1 和 v_2 的速度运动,发生正碰,碰撞后,速度变为 v_1' 和 v_2'。两小球之间的碰撞是完全弹性碰撞,碰撞过程中,动量守恒和机械能守恒。如图 2.2 所示。

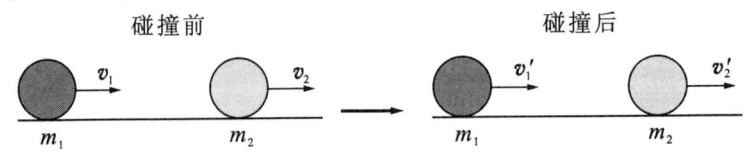

图 2.2 两小球弹性碰撞示意图

根据动量守恒,可得

$$m_1 v_1 + m_2 v_2 = m_1 v_1' + m_2 v_2' \tag{1}$$

根据机械能守恒,可得

$$\frac{1}{2} m_1 v_1^2 + \frac{1}{2} m_2 v_2^2 = \frac{1}{2} m_1 v_1'^2 + \frac{1}{2} m_2 v_2'^2 \tag{2}$$

由式(1)(2)可得

$$v_1' = \frac{m_1 - m_2}{m_1 + m_2} v_1 + \frac{2 m_2}{m_1 + m_2} v_2, \quad v_2' = \frac{m_2 - m_1}{m_1 + m_2} v_2 + \frac{2 m_1}{m_1 + m_2} v_1 \tag{3}$$

为了简化过程,便于分析 A 球和 B 球发生正碰后的运动,假定 $v_2 = 0$,即 B 球静止,则:

$$v_1' = \frac{m_1 - m_2}{m_1 + m_2} v_1, \quad v_2' = \frac{2 m_1}{m_1 + m_2} v_1 \tag{4}$$

在此基础上对 A 球和 B 球的质量进行讨论:

当 $m_1 = m_2$ 时,$v_1' = 0$,$v_2' = v_1$,两个质量相等的小球 A 和 B,若 B 球静止,A 球和 B 球发生正碰之后,A 球静止,B 球沿 A 球原来的方向运动,就像互换了速度一样。

当 $m_1 > m_2$ 时,$v_1' = \frac{m_1 - m_2}{m_1 + m_2} v_1 > 0$,$v_2' = \frac{2 m_1}{m_1 + m_2} v_1 > 0$,A 球的质量比 B 球大,A 球和 B 球发生正碰之后,A 球仍然沿着原来的方向运动,B 球也沿着同样的方向运动。

当 $m_1 < m_2$ 时,$v_1' = \frac{m_1 - m_2}{m_1 + m_2} v_1 < 0$,$v_2' = \frac{2 m_1}{m_1 + m_2} v_1 > 0$,A 球的质量比 B 球小,A 球和 B 球发生正碰之后,B 球沿着 A 球原来的方向运动,A 球被弹回去,沿反向运动。

实验 2　碰撞打靶

当 $m_1 \gg m_2$ 时，$v_1' \approx v_1$，$v_2' \approx 2v_1$，A 球的质量远大于 B 球的质量时，A 球和 B 球发生正碰之后，A 球保持原来的速度沿着原来的方向运动，B 球则以 2 倍 A 球的速度被撞飞。

当 $m_1 \ll m_2$ 时，$v_1' = -v_1$，$v_2' \approx 0$，A 球的质量远小于 B 球的质量时，A 球和 B 球发生正碰之后，A 球以原来的速度被弹回去，沿反向运动，B 球静止不动。

因此，在弹性碰撞中，撞击小球与被撞小球质量的大小影响着小球碰撞后的运动。

2. 两小球碰撞过程中产生的能量损失

根据碰撞打靶实验要求，要获得好的碰撞打靶成绩，保证撞击小球与被撞小球碰撞后不出现反弹，且碰撞前后的动量有明显差异，撞击小球的质量与被撞小球的质量应相差不大，即撞击小球的质量等于或者稍大于被撞小球的质量。为了便于分析，本实验选择两个质量相等的小球为研究对象，探究两小球之间碰撞时的能量损失对小球碰撞后运动的影响。

碰撞打靶实验装置如图 2.3 所示，撞击小球质量为 m_1，由电磁铁吸住，电磁铁的高度和水平位置可调节，实验时撞击小球由高处释放，做单摆运动，运动到悬点正下方与被撞小球发生正碰，设撞击小球碰撞前速度为 v_1，碰撞后速度为 v_1'；被撞小球（碰撞前静止）质量为 m_2，实验时置于支柱上，高度为 y，设被击后瞬时速度为 v_2'，落地水平距离为 x。

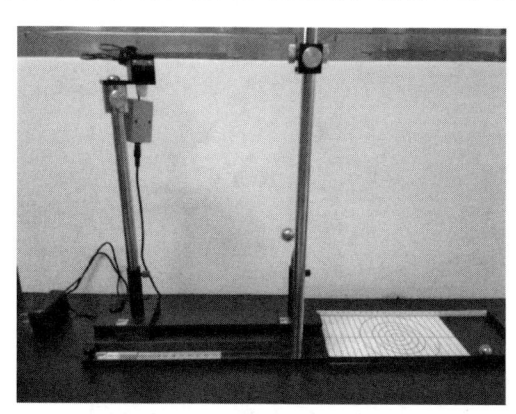

图 2.3　碰撞打靶实验仪

撞击小球和被撞小球的位置与靶心位置如图 2.4 所示。如果质量分别为 m_1 和 m_2 的两

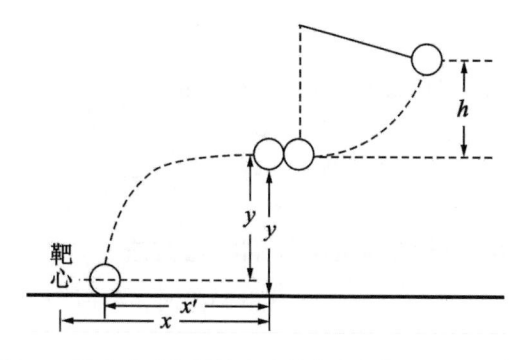

图 2.4　撞击小球与被撞小球的高度与靶心位置示意图

只球在水平方向发生对心完全弹性碰撞,因在水平方向不受外力,所以水平方向的动量守恒

$$m_1 v_1 = m_1 v_1' + m_2 v_2' \tag{5}$$

若不计能量损失,根据动能守恒

$$\frac{1}{2}m_1 v_1^2 = \frac{1}{2}m_1 v_1'^2 + \frac{1}{2}m_2 v_2'^2 \tag{6}$$

由式(5)(6)消去 v_1' 得

$$v_2' = \frac{2m_1}{m_1 + m_2} v_1 \tag{7}$$

设被撞小球碰撞后飞出的水平距离为 x,有 $x = v_2' t$,被撞小球下落的高度 $y = \frac{1}{2}gt^2$,这里 g 为重力加速度,t 为下落的时间,则

$$v_2' = \frac{x}{\sqrt{\frac{2y}{g}}} \tag{8}$$

根据机械能守恒定律可知,撞击小球在撞击前的瞬间,其动能为 $\frac{1}{2}m_1 v_1^2 = m_1 g h$,式中 h 为撞击小球未下落时撞击小球与被撞小球之间的高度差,则

$$v_1 = \sqrt{2gh} \tag{9}$$

将式(8)(9)代入式(7),可得

$$h = \frac{(m_1 + m_2)^2 x^2}{16 m_1^2 y} \tag{10}$$

若不计撞击过程中的能量损失,则当撞击小球与被撞小球质量相等即 $m_1 = m_2$ 时,理论上撞击小球的下落高度应该为

$$h = \frac{x^2}{4y} \tag{11}$$

然而在撞击过程中,由于撞击时的能量损失,实际落点并不是 x,而是 x',且 $x' < x$。若考虑非完全弹性碰撞,假设被撞小球碰撞后仍做无阻力的平抛运动,设此时被撞小球碰撞后的速度为 v_2'',则

$$v_2'' = \frac{x'}{\sqrt{\frac{2y}{g}}} \tag{12}$$

于是可以推算出非完全弹性碰撞时所损失的能量为

$$\Delta E_{推算} = \frac{1}{2}m_2 v_2'^2 - \frac{1}{2}m_2 v_2''^2 = \frac{1}{2}m_2\left(\frac{x}{\sqrt{\frac{2y}{g}}}\right)^2 - \frac{1}{2}m_2\left(\frac{x'}{\sqrt{\frac{2y}{g}}}\right)^2 = m_2 g \frac{(x^2 - x'^2)}{4y} \tag{13}$$

3. 两小球碰撞过程中产生的能量损失的补偿方法

由以上分析可以看出,两弹性小球之间发生碰撞时,存在能量损失,并且影响小球碰撞后的运动,为了使被撞小球落到目标靶的中心,减小两小球碰撞中产生的能量损失,需要补偿两小球碰撞中产生的能量损失,根据靶心的位置 x、被撞小球的高度 y 以及撞击小球的高

度 h 之间的关系 $h = \dfrac{x^2}{4y}$，可以适当抬高撞击小球的高度。

若要使被撞小球击中靶心位置 x，那么撞击小球的高度应升高至 h'，使得

$$m_1 g h' - m_1 g h = \Delta E = m_2 g \dfrac{x^2 - x'^2}{4y} \tag{14}$$

得到撞击小球需升高的高度为

$$\Delta h = h' - h = \dfrac{m_2}{m_1} \dfrac{x^2 - x'^2}{4y} \tag{15}$$

撞击小球的高度升高至 $h' = \dfrac{m_2}{m_1} \dfrac{x^2 - x'^2}{4y} + h$。

当撞击小球的高度升高至 h'，假设被撞小球的落点位置是 x''，如果 $x'' < x$，表明在实验过程中，除了非完全弹性碰撞的因素所产生的能量损失外，还有空气阻力等因素的影响，实验结果需要做进一步的修正。设此时被撞小球碰撞后的速度为 v_2'''，则

$$v_2''' = \dfrac{x''}{\sqrt{\dfrac{2y}{g}}} \tag{16}$$

于是可以推算出在空气阻力等因素影响下碰撞所产生的能量损失为

$$\Delta E_{\text{推算}} = \dfrac{1}{2} m_2 v_2'''^2 - \dfrac{1}{2} m_2 v_2''^2 = \dfrac{1}{2} m_2 \left(\dfrac{x''}{\sqrt{\dfrac{2y}{g}}} \right)^2 - \dfrac{1}{2} m_2 \left(\dfrac{x'}{\sqrt{\dfrac{2y}{g}}} \right)^2 = m_2 g \dfrac{x''^2 - x'^2}{4y} \tag{17}$$

若要使被撞小球击中靶心位置 x，那么撞击小球的高度应升高至 h''，使得

$$m_1 g h'' - m_1 g h' = \Delta E = m_2 g \dfrac{x''^2 - x'^2}{4y} \tag{18}$$

得到撞击小球需升高的高度为

$$\Delta h = h'' - h' = \dfrac{m_2}{m_1} \dfrac{x''^2 - x'^2}{4y} \tag{19}$$

撞击小球的高度升高至 $h'' = \dfrac{m_2}{m_1} \dfrac{x''^2 - x'^2}{4y} + h$。

根据上述修正撞击小球的初始高度以补偿体系所损失的能量，直至被撞小球落入靶纸上 10 环所在位置（水平位移 x 处），实验结束。

由以上原理分析可见，空气阻力产生的能量损失相对于总能量是很小的，所以空气阻力对于碰撞打靶的影响并不大，碰撞打靶的主要能量损失在于碰撞时的能量损失。

【实验器材】

碰撞打靶实验仪（collision target shooting experiment instrument）、精密电子天平、直尺、复写纸、游标卡尺。

如图 2.5 所示，碰撞打靶实验仪由导轨、单摆、升降架（上有小电磁铁，可控断通）、被击小球及载球支柱、靶盒等组成。载球立柱上端为圆锥形平头状，减小钢球与支柱接触面积，在小钢球受击、运动时，减少摩擦力做功。支柱具有弱磁性，以保证小钢球质心沿着支柱中心位置。升降架上装有可上下升降的磁场方向与立柱平行的电磁铁，立柱上有刻度尺及读数指示移动标志。仪器上电磁铁磁场中心位置、单摆小球（钢球）质心与被碰撞小球质心在碰撞前后处于同一平面内。由于碰撞前两球质心被调节成离导轨同一高度，所以，一旦切断电磁铁电源，被吸单摆小球将自由下摆，并能与被击球发生正碰。被击球将做平抛运动，最终落到贴有目标靶的金属盒内的复写纸上。记录每一次被击球下落的中靶环数和击中位置。小球质量可用电子天平称量，直径可用游标卡尺测量。

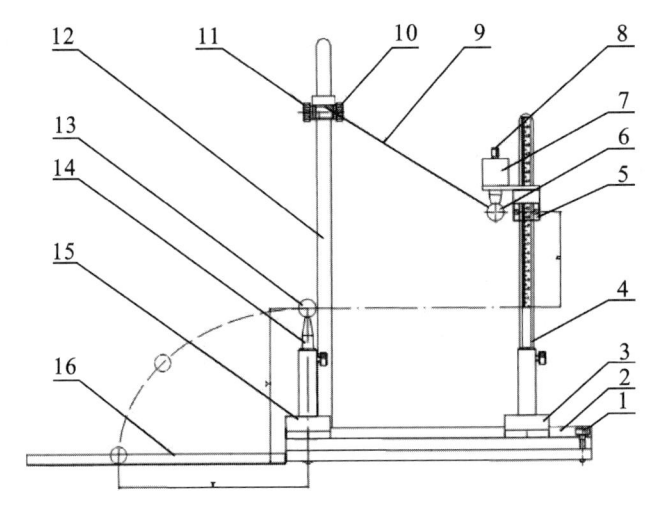

1—调节螺钉；2—导轨；3—滑块；4—立柱；5—刻线板；6—摆球；
7—电磁铁；8—衔铁螺钉；9—摆线；10—锁紧螺钉；11—调节旋钮；
12—立柱；13—被撞小球；14—载球支柱；15—滑块；16—靶盒。

图 2.5 碰撞打靶实验仪

【实验内容】

1. 必做内容

观察两个质量相同小球，在电磁铁电源切断时，单摆小球只受重力及空气阻力时运动情况，观察两球碰撞前后的运动状态。测量两小球发生碰撞时产生的能量损失。

（1）调试碰撞打靶实验仪，测量两碰撞小球的几何参量和质量

按照靶心的位置，计算若无能量损失时撞击小球初始高度理想值 h（要求切断电磁铁的电源时，撞击小球下落与被撞小球相碰撞，使被撞小球击中靶心）。具体操作如下：

① 用游标卡尺测量撞击小球和被撞小球的直径，每种测量 5 次，并记录数据填入表 2.1；

② 用电子天平称量撞击小球和被撞小球的质量，并记录数据填入表 2.1；

③ 调整导轨水平，如果不水平可调节导轨上的两只调节螺钉；

实验2 碰撞打靶

④ 根据靶心的位置,测出 x、y,并据此计算无能量损失时撞击小球的初始高度理想值 h,相关数据填入表2.1。

表2.1 打靶前参量 m,d,x,y,y 的测量数据

次数	撞击小球的质量 m_1/g	被撞小球的质量 m_2/g	撞击小球的直径 d_1/cm	被撞小球的直径 d_2/cm	x/cm	y/cm	$h=\dfrac{x^2}{4y}$ 的计算值 /cm
1							
2							
3							
4							
5							

(2)测量被撞小球下落的位置,计算两小球发生碰撞时产生的能量损失

h 值一定时,进行若干次打靶实验,确定被撞小球实际击中的位置 x'(位置确定可在靶盒内放一张复写纸,被撞小球落下处会留下痕迹),根据此位置,计算 h' 值应该移动多少才能真正击中靶心。具体操作如下:

① 把撞击小球吸在磁铁下,调节升降架使它的高度为 h,细绳须拉直;
② 调节立柱和被撞小球的高度 y,使撞击小球能在摆动的最低点和被撞小球进行正碰;
③ 切断电源,让撞击小球下落与被撞小球相碰撞,记下被撞小球击中靶纸的实际位置 x'(可撞击多次求平均),相关数据填入表2.2;
④ 比较被撞小球击中靶纸的实际位置 x' 和靶心的位置 x 的大小,可以得到碰撞前后总的能量损失 ΔE;
⑤ 根据碰撞前后总的能量损失 ΔE,若要使被撞小球击中靶心位置 x,可以计算出撞击小球需升高的高度差 Δh,相关数据填入表2.2。

表2.2 摆球升高 h 后的打靶测量数据

h/cm	打靶次数	中靶环数	击中位置 x'/cm	平均值 $\overline{x'}$/cm	修正值 $\Delta h = h' - h = \dfrac{x^2 - x'^2}{4y}$/cm
	1				
	2				
	3				
	4				
	5				

(3)研究两小球碰撞前后能量损失的原因,并对实验结果进行修正

再进行若干次打靶实验,确定实际击中靶心时撞击小球的高度值。具体操作如下:

① 观察两小球在碰撞前后的运动状态,分析碰撞前后能量损失的原因。

② 对撞击小球的高度进行调整后,重复若干次试验,比较被撞小球击中靶纸的实际位置 x'' 和调整前被撞小球击中靶纸的实际位置 x' 的大小,计算出碰撞前后总的能量损失 ΔE 及撞击小球需升高的高度差 Δh,相关数据填入表2.3。

表2.3　摆球升高 h' 后的打靶测量数据

第一次修正 h'/cm	打靶次数	中靶环数	击中位置 x''/cm	平均值 $\overline{x''}$/cm	修正值 $\Delta h = h'' - h' = \dfrac{x''^2 - x'^2}{4y}$/cm
	1				
	2				
	3				
	4				
	5				

③ 重复上述实验过程,直至被撞小球落入靶纸上10环所在位置(水平位移 x 处),实验结束,相关数据填入表2.4,计算出能击中10环的 h'' 值。

表2.4　摆球升高至 h'' 时的打靶测量数据

第二次修正 h''/cm	打靶次数	中靶环数	击中位置 x'''/cm	平均值 $\overline{x'''}$/cm	修正值 $\Delta h = h''' - h'' = \dfrac{x'''^2 - x''^2}{4y}$/cm
	1				
	2				
	3				
	4				
	5				

④ 取最后一次修正过的 h 值和 y 值,进行打靶,在相同条件下重复10次,记录下 x 值,相关数据填入表2.5,分析数据,验证实验结果。

表2.5　在相同条件下,重复10次测量结果

打靶次数	1	2	3	4	5	6	7	8	9	10
x 位置/cm										

2. 选做内容

观察两个不同质量钢球碰撞前后运动状态,测量碰撞前后的能量损失。用直径、质量都不同的被撞小球,重复上述实验,比较实验结果并讨论之。(注意:由于直径不同,应重新调节升降台的高度,或重新调节细绳。)

3. 实验拓展

① 用石蜡、软木或其他软材料自制被撞球,重复上述实验,比较实验结果并讨论。

② 有一个长方体七球实验架如图 2.6 所示,球体是用实心硬塑料制成的,直径 8 cm,质量约为 140 g,悬挂在框架两横梁对应的挂钩上,每相邻两挂钩的距离恰好等于塑料球的直径,球心处在同一水平线上,球与球之间刚好接触,球体在运动时能保持在一个铅垂平面内。用该实验架做质量相等和质量不等的弹性碰撞和完全非弹性碰撞实验,并找出其规律。用黑封泥可以将两个或数个球粘接在一起,还可以增加球的质量。

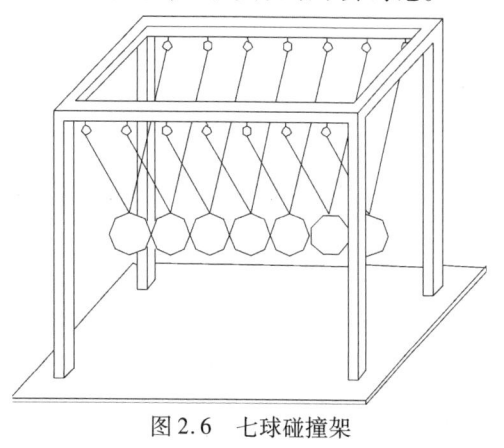

图 2.6 七球碰撞架

【实验风险与伦理】

1. 碰撞打靶实验仪为精密仪器,使用时请按照操作要求和步骤,以保证测量的精度和实验能够有序展开。

2. 实验小组内成员之间做好分工,根据实验观察,如实记录实验数据,实验操作时,避免小钢球对人体的伤害事故。

【思考与实践】

1. 若两质量不同的球有相同动量,它们是否也具有相同的动能?如果动能不相等,哪个球的动能大?

2. 找出本实验中,产生能量损失的各种原因(除计算错误和操作不当原因外)。

3. 质量相同的两球碰撞后,撞击球的运动状态与理论分析是否一致?这种现象说明了什么?

4. 如果不放被撞小球,撞击小球在摆动回来时能否达到原来的高度?这说明了什么?

5. 此实验中,绳的张力对小球是否做功?为什么?

6. 定量导出本实验中碰撞时传递的能量 e 和总能量 E 的比 $\varepsilon = \dfrac{e}{E}$ 与两球质量比 $\mu = \dfrac{m_1}{m_2}$ 的关系。

7. 举例说明现实生活中哪些是弹性碰撞?哪些是非弹性碰撞?它们对人类的益处和害处如何?

8. 据科学家推测,6500 万年前白垩纪与第三纪之间的恐龙灭绝事件,可能是由一颗直径约 10 km 的小天体撞击地球造成的。这种碰撞是否属于弹性碰撞?

实验3　折射率与光的传播特性

汉代史学家司马迁在《史记·天官书》中曾记载"海旁蜃气象楼台,广野气成宫阙然";到了明代,方以智在《物理小识》写到"睢阳袁可立为抚军,时饮楼上。忽艨艟数十扬帆来,各立介士,甲光耀目,朱旗蔽天,相顾错愕。急罢酒料理城守,而船将抵岸,忽然不见,乃知是海市"。事实上,"海市蜃楼"是一种光学现象,它常在海上、沙漠中产生,如图3.1所示。在强烈的阳光照射下,地面附近空气的温度较高,密度较小,使得空气折射率随着高度的增加而逐渐增大。这时,远处景物反射的光经大气折射形成的虚像即为蜃景,影响该现象的关键光学参数为折射率(refractive index)。在几何光学中,不仅需要掌握一定的方法测量折射率,还应了解其与光传播的关系。

图3.1　海市蜃楼

【实验目标】

了解并对比均匀与非均匀折射率介质中光的传播特性;通过实验操作、分析数据、总结规律,加深对全反射原理的理解,学会用全反射法测定介质的折射率;利用微分思想处理问题,了解光在线性梯度介质弯曲传播的原理,进一步理解海市蜃楼现象的产生原理;体验综合应用知识的乐趣和用科学原理解释生活现象的价值。

【实验原理】

1. 光的反射、全反射及折射定律

光在不同介质中的传播速度不同,某种介质的折射率等于光在真空中传播速度与光在这种介质中传播速度之比,即

实验3 折射率与光的传播特性

$$n = \frac{c}{v} \tag{1}$$

表 3.1 列出了常见的介质折射率。

表 3.1 常见介质折射率

$\lambda = 589.3$ nm, $t = 20$ ℃			
介质	折射率	介质	折射率
空气	1.00028	氯化钠	1.54
水	1.33	玻璃	1.5 – 1.8
酒精	1.36	水晶	1.55
甘油	1.47	金刚石	2.42

两种介质相比较,其中折射率较小的介质为光疏介质,折射率较大的介质为光密介质。光疏介质与光密介质是相对的。例如,水($n = 1.33$)、水晶($n = 1.55$)和金刚石($n = 2.42$)三种物质相比较,水晶对水来说是光密介质,对金刚石来说则是光疏介质。

光的反射定律(reflection law):光从一种介质到两种介质的分界面时发生反射,反射光线与入射光线、法线在同一平面内,反射光线与入射光线分别位于法线的两侧;反射角 θ_1' 等于入射角 θ_1,如图 3.2 所示。

光的折射定律(refraction law):光在折射率为 n_1 的介质中传播并跨过界面到另一个折射率为 n_2 的介质中会发生折射,折射光线与入射光线、法线在同一平面内,折射光线与入射光线分别位于法线的两侧;入射角 θ_1 的正弦与折射角 θ_2 的正弦满足以下关系

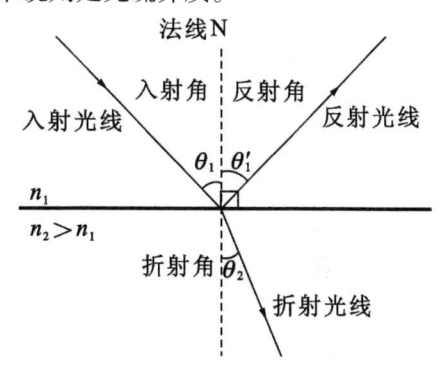

图 3.2 光的反射与折射

$$n_1 \sin \theta_1 = n_2 \sin \theta_2 \tag{2}$$

光的全反射(total internal reflection):光从光密介质(折射率 n_3)射入光疏介质(折射率 n_4),折射角大于入射角 θ_1,折射光线偏离法线。如图 3.3 所示,随着入射角的增大,其折射角也随之增大。当折射角增大到 $\frac{\pi}{2}$ 时,折射光线沿着光密/光疏的界面传播。若再增大入射角,光线就会被折回到光密介质中而不再进入光疏介质。这种光在界面上被全部折回的现象称为光的全反射。

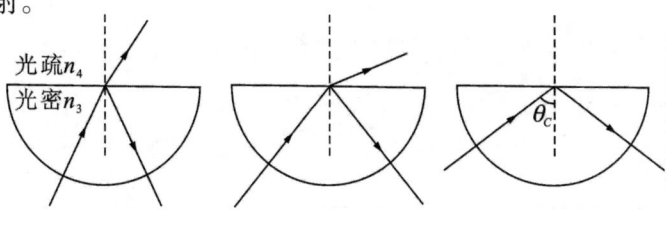

图 3.3 光的全反射

产生全反射的条件是：光从光密介质入射且入射角 $\theta_1 \geq \theta_C$，θ_C 称为发生全反射的临界角，其值与介质折射率相关，计算公式为

$$\theta_C = \arcsin \frac{n_4}{n_3} \tag{3}$$

2. 全反射法测量液体折射率

激光从空气垂直入射至透明液体，经容器底面漫反射可形成以入射点为顶点的"圆锥状"反射散射光，该反射散射光以不同的入射角到达固体与空气的界面。若入射角小于临界角，散射光射出固体进入空气；若入射角等于或大于临界角，散射光将发生全反射，最终在容器底面表现为一个以入射光点为中心且边界明亮的圆形暗斑，其数学模型如图 3.4 所示。

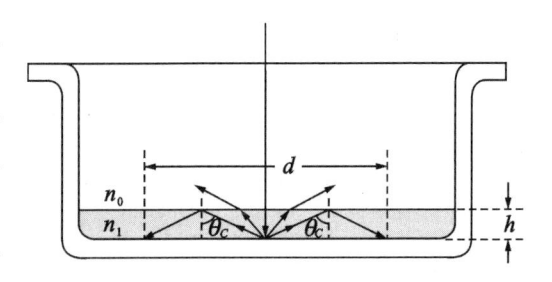

图 3.4 全反射法测量液体折射率原理图

根据光的全反射关系，其临界角满足以下关系

$$\sin \theta_C = \frac{n_0}{n_1} \tag{4}$$

由几何关系可得

$$\sin \theta_C = \frac{d}{\sqrt{16h^2 + d^2}} \tag{5}$$

由（4）（5）式解得

$$n_1 = \frac{n_0 \sqrt{16h^2 + d^2}}{d} \tag{6}$$

式中，d 为圆形暗斑的直径长度，h 为液体的深度，n_1 为液体折射率，n_0 为空气的折射率，一般情况下取 n_0 为 1。只要精确测量液体的深度 h 和圆形暗斑直径 d，即可计算出液体的折射率。

同理，激光由空气垂直入射至透明固体，经底面漫反射也可形成以入射点为顶点的"圆锥状"反射散射光，该反射散射光以不同的入射角到达固体与空气的界面。若入射角小于临界角，散射光射出固体进入空气；若入射角等于或大于临界角，散射光将发生全反射，最终在透明固体底面表现为一个以入射光点为中心且边界明亮的圆形暗斑，其数学模型如图 3.5 所示。

图 3.5 全反射法测量固体折射率原理图

根据光的全反射关系，其临界角满足以下关系

$$\sin \theta_C = \frac{n_0}{n_2} \tag{7}$$

由几何关系可得

$$\sin \theta_C = \frac{d}{\sqrt{16l^2 + d^2}} \tag{8}$$

实验 3　折射率与光的传播特性

由(7)(8)式解得

$$n_2 = \frac{n_0 \sqrt{16l^2 + d^2}}{d} \tag{9}$$

式中，d 为圆形暗斑的直径长度，l 为透明固体厚度，n_2 为透明固体的折射率，n_0 为空气的折射率，一般情况下取 n_0 为1。只要精确测量透明固体厚度 l 和圆形暗斑直径 d，即可计算出透明固体的折射率。

3. 非均匀折射率介质与光束传输特性

自然界中存在着多种非均匀折射率介质。例如，地球周围的大气折射率随距离地面高度的增加而递减，人眼球的折射率从中心向外逐渐变化等。

基于光在均匀折射率介质中沿直线传播的原理，若光在传播过程中通过多层介质且各层介质分界面取向不同，整体上来看，光的传播径迹相对入射光发生了弯折，弯折的形状各不相同。如图3.6所示，区域Ⅰ中各层介质的折射率分别用 $n_1, n_2, n_3, \cdots, n_m$ 表示；区域Ⅱ中各层介质的折射率分别用 $n_1', n_2', n_3', \cdots, n_m'$ 用表示，区域Ⅱ与区域Ⅰ的夹角 $\alpha = 45°$。

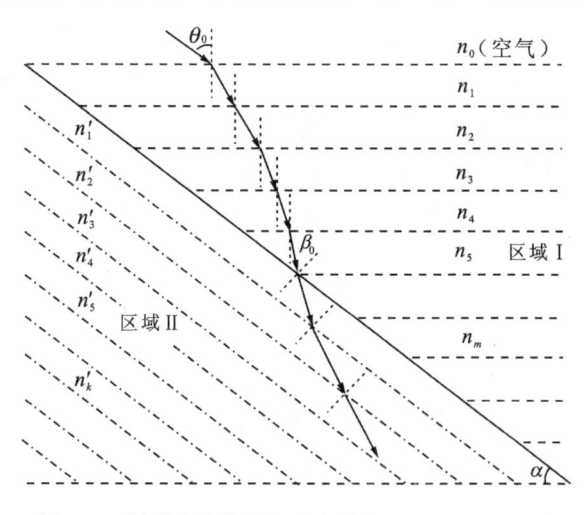

图3.6　折射光线的径迹示意图（$n_i < n_{i+1}, n_i' > n_{i+1}'$）

当光以入射角 θ_0 从空气（折射率为 n_0）入射至区域Ⅰ，进入第一层介质的折射角为 θ_1，由几何关系可知，θ_1 亦为进入第二层介质的入射角，以此类推，设光线在水平第5层介质的折射角为 θ_5，根据折射定律，水平界面各层介质中有如下关系

$$n_0 \sin\theta_0 = n_1 \sin\theta_1 = n_2 \sin\theta_2 = n_3 \sin\theta_3 = n_4 \sin\theta_4 = n_5 \sin\theta_5 \tag{10}$$

若光线从区域第5层介质出射后进入区域Ⅱ，由几何关系可知，从第5层介质进入区域Ⅱ第一层的入射角 $\beta_0 = \theta_5 + \alpha$，根据折射定律，区域Ⅱ中入射角和折射角有如下关系

$$n_5 \sin\beta_0 = n_5 \sin(\theta_5 + \alpha) = n_1' \sin\beta_1 = n_2' \sin\beta_2 = \cdots = n_k' \sin\beta_k \tag{11}$$

假设区域Ⅰ和区域Ⅱ均有5层介质，区域Ⅰ各层介质的折射率 $n_1 < n_2 < n_3 < n_4 < n_5$，即有 $\theta_0 > \theta_1 > \theta_2 > \theta_3 > \theta_4 > \theta_5$；区域Ⅱ各层介质的折射率 $n_1' > n_2' > n_3' > n_4' > n_5'$，即有 $\beta_1 < \beta_2 < \beta_3 < \beta_4 < \beta_5$，则折射光线的径迹如图3.6所示。

假设区域Ⅰ和区域Ⅱ均有5层介质，区域Ⅰ各层介质的折射率 $n_1 < n_2 < n_3 < n_4 < n_5$，即

有 $\theta_0 > \theta_1 > \theta_2 > \theta_3 > \theta_4 > \theta_5$；区域Ⅱ各层介质的折射率 $n_1' < n_2' < n_3' < n_4' < n_5'$，即有 $\beta_1 > \beta_2 > \beta_3 > \beta_4 > \beta_5$，则折射光线的径迹如图 3.7 所示。

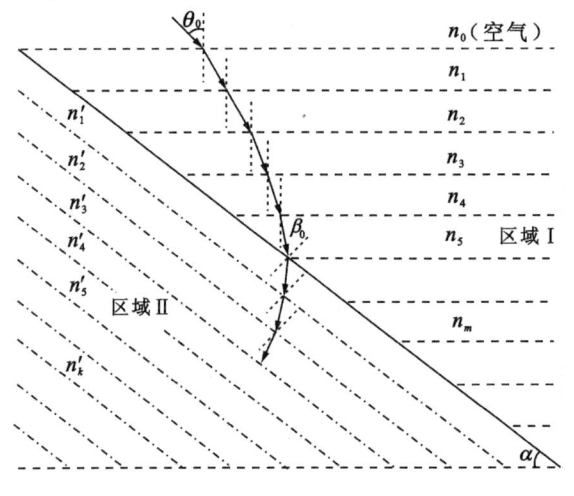

图 3.7 折射光线的径迹示意图（$n_i < n_{i+1}, n_i' < n_{i+1}'$）

利用微分原理，若介质分层足够多，足够薄，那么在非均匀介质中光的传输径迹是弯曲的。

费马原理(Fermat's principle)指出："光在介质中总是沿着光程取极值的路径传播"。利用费马原理可以得出光在均匀介质中以直线传播的结论，也可以推导出矢量形式的折射率定律，得到描述非均匀介质中光线传输的微分方程为

$$\frac{\mathrm{d}(n\boldsymbol{e})}{\mathrm{d}l} = \nabla n \tag{12}$$

式中，n 为折射率函数，$\boldsymbol{e}$ 为单位入射光线矢量，l 为光线弧长。

实验中，以水为媒介，可依据热光效应构造出折射率线性变化的非均匀介质。其中，热光效应是指介质的折射率随温度变化而发生变化的物理效应。

液体折射率随温度的变化可归纳为如下经验公式

$$n_{20} = n_t + \alpha(t - 20) \tag{13}$$

式中，n_{20} 表示介质在 20 ℃时的折射率，n_t 表示介质在温度 t 时的折射率，α 为介质的热光系数。不同液体的热光系数实验测试结果如图 3.8 所示，其中，$\alpha_{水} = 1.37 \times 10^{-4}$，$\alpha_{甘油} = 2.95 \times 10^{-4}$，$\alpha_{液体石蜡} = 3.56 \times 10^{-4}$。

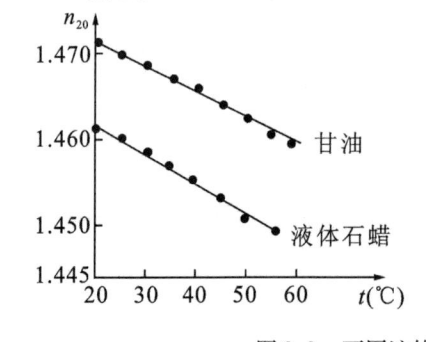

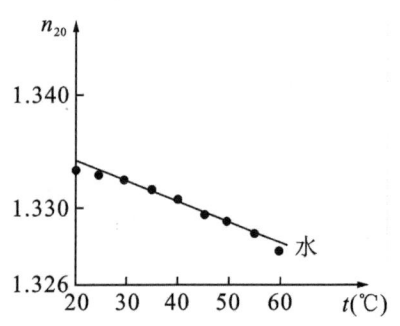

图 3.8 不同液体热光系数的实验结果

实验 3　折射率与光的传播特性

在此基础上,建立直角坐标系推导折射率线性变化的非均匀介质中光的传播径迹,如图 3.9 所示。

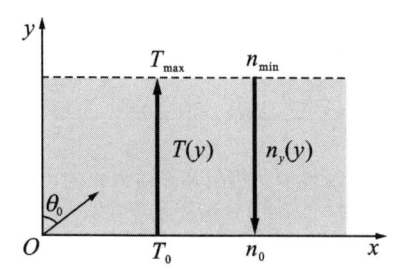

图 3.9　非均匀介质温度及折射率的线性变化

设介质温度随高度 y 的增加而线性增加,具体形式可表示为

$$T = Ay + T_0 \tag{14}$$

式中,A 为温度梯度系数,T_0 为液体底端($y=0$)的温度。

根据热光效应中温度与折射率呈反比例关系,可知折射率随液体高度变化的关系式为

$$n_y = -\alpha y + n_0 \tag{15}$$

式中,α 为介质热光系数,n_0 为 ($y=0$) 介质底部的折射率。

如图 3.10 所示,采用微分思想将该线性变化折射率介质看作一系列厚度为 dy 的薄层,每一层内的折射率视为均匀,则在第 i 层与第 $i+1$ 层的分界面上,由折射定律可得

$$n_i \sin \theta_i = n_{i+1} \sin \theta_{i+1} \tag{16}$$

图.10　线性变化折射率介质应用折射定律

如图 3.11 所示,将 y 至 $y+dy$ 厚度内光线与竖直方向的夹角记为 θ_y,则

$$n_y \sin \theta_y = n_0 \sin \theta_0 \tag{17}$$

式中,θ_0 为入射光与折射率变化方向夹角。

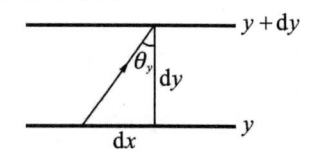

图 3.11　某一薄层介质内光的传播径迹

某一薄层介质内光的传播径迹由几何关系可得

$$\sin \theta_y = \frac{1}{\sqrt{1 + \left(\dfrac{dy}{dx}\right)^2}} \tag{18}$$

根据费马原理推导可得,光在折射率线性变化的非均匀介质中传播径迹方程为

$$y = \frac{1}{2}\left[\frac{\alpha A(\alpha T_0 - n_0)}{n_0^2 \sin^2 \theta_0}\right] x^2 \tag{19}$$

显然,该方程所描述的光的传播径迹为二次曲线,其典型图像如图 3.12 所示。

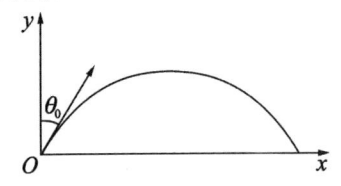

图 3.12 线性变化折射率介质内光的传播径迹

4. 海市蜃楼原理

对海市蜃楼来说,远处景物点 A、点 B 等处发出的光经过大气折射弯曲后进入观察者的眼睛,由于人的错觉始终认为光沿直线传播,因此看到是比实际景物 AB 位置高一些的虚像 A′B′,如图 3.13 所示。

海市蜃楼现象又分为"上蜃景"和"下蜃景"两种情况。在长度为 l,高度为 h 的线性变化折射率介质内,若介质折射率由上至下线性增大,如图 3.14(a)所示,光在非均匀介质中的传播径迹为曲线。实物(箭头)反射的光线必然弯曲入射,而人眼沿曲线的切线方向看过去,此时实物所成的像便在真实物体的上方,即出现了海市蜃楼的"上蜃景"。此时,眼睛看到的"蜃景"相对于实物高度变化量 Δh 可表示为

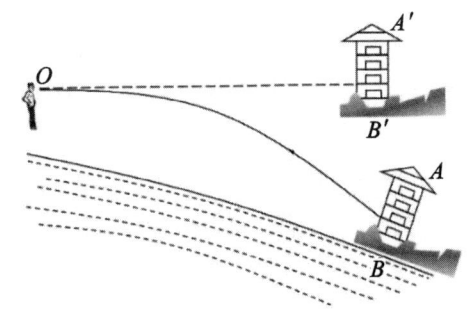

图 3.13 "海市蜃楼"示意图

$$\Delta h = \frac{\alpha A (\alpha T_0 - n_0) l^2}{n_0^2} - h \tag{20}$$

反之,若折射率由上至下线性减小,将产生海市蜃楼的"下蜃景",如图 3.14(b)所示,此时产生的虚像是倒立的。

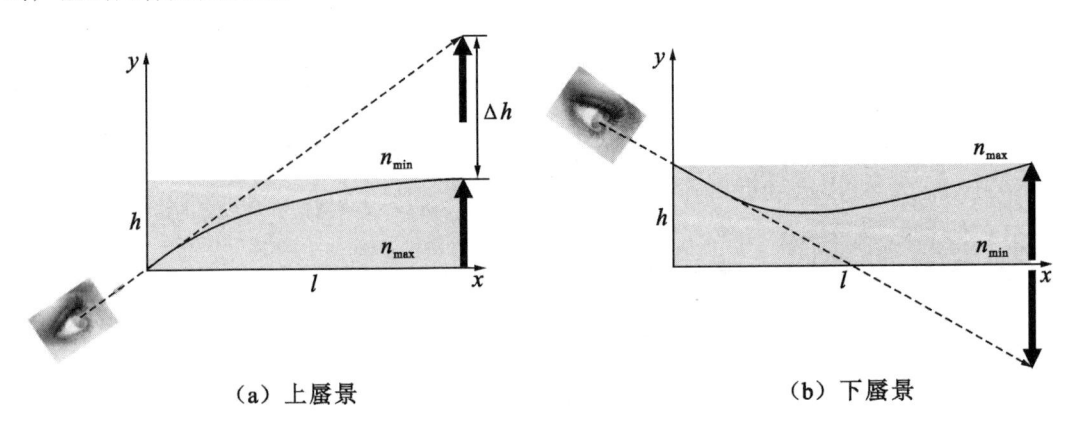

(a) 上蜃景　　　　　　　　　　　　(b) 下蜃景

图 3.14 "上蜃景"及"下蜃景"的形成原理

【实验器材】

1. 液体折射率测量仪

液体折射率测量仪由盛液容器和安装在容器正上方支架上的半导体激光器构成,如图 3.15 所示。仪器底板为白色有机玻璃,其表面刻有原点位于中心的直角坐标,用于读取圆形暗斑的直径值。

图 3.15　液体折射率测量仪　　　　图 3.16　透明固体折射率测量仪

2. 透明固体折射率测量仪

透明固体折射率测量仪由不同厚度透明有机玻璃板和安装其在正上方支架上的半导体激光器构成,如图 3.16 所示。透明有机玻璃板的底面均刻有以中心为原点的直角坐标,可根据坐标读取圆形暗斑的直径值。

3. 海市蜃楼实验系统

海市蜃楼实验系统由位于同一水平面上的常温水箱、梯度温度水箱、电源系统和激光器构成,其俯视图如图 3.17 所示。其中,梯度温度水箱安装有半导体制冷片,目的是在竖直方向上建立稳定的梯度温度场,温度分布为上高下低。常温水箱、梯度温度水箱左侧均贴有完全一致的图案,用于海市蜃楼现象的对比观察。

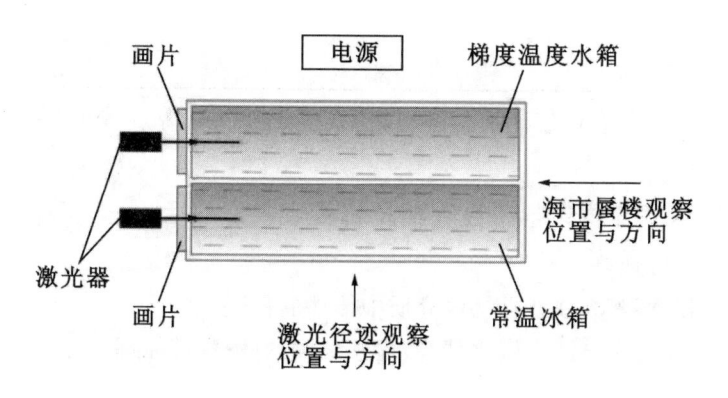

图 3.17　海市蜃楼实验系统结构俯视图

【实验内容】

1. 测量均匀介质的折射率

① 水平放置液体折射率测量仪,将一定量待测液体倒入盛液容器中,打开激光器并调整其位置,使激光的入射点正好位于仪器底板的坐标原点。观察入射激光束在测量仪底板形成的圆形暗斑,改变待测液体深度,确定圆形暗斑直径与液体深度的定性关系,并分析其光学原理。

② 测量液体深度及其对应圆形暗斑的直径,将实验数据记录在表3.2中。

表3.2 液体折射率测量

次数	液体高度 h/cm	圆形暗斑直径 d/cm	液体折射率 $n = \dfrac{n_0 \sqrt{16h^2 + d^2}}{d}$	
1			n_1	
2			n_2	$\bar{n} =$
3			n_3	

分析实验数据,计算液体折射率,讨论实验误差的来源及减小误差的方法,给出实验结论。

③ 水平放置透明固体折射率测量仪,打开激光器并调整其位置,使激光的入射点恰好位于有机玻璃板的坐标原点。观察入射激光束在底板上形成的圆形暗斑,测量玻璃板厚度,读取圆形暗斑直径,将实验数据记录在表3.3中。

表3.3 有机玻璃折射率测量

次数	玻璃板厚度 l/cm	圆形暗斑直径 d/cm	玻璃折射率 $n = \dfrac{n_0 \sqrt{16l^2 + d^2}}{d}$	
1			n_1	
2			n_2	$\bar{n} =$
3			n_3	

分析实验数据,计算有机玻璃折射率,讨论实验误差的来源及减小误差的方法,给出实验结论。

2. 非均匀折射率介质光学特性观察及解释

① 观察海市蜃楼现象。
② 打开激光器,观察光在线性梯度介质中传播的径迹。
③ 设计实验,用光学方法观察酒精与水互溶过程并解释其原理。

【实验风险与伦理】

1. 严禁用激光束直射眼睛。

实验3 折射率与光的传播特性

2. 液体折射率测量实验仪由有机玻璃制成,只能用于测量水、盐水、糖水等折射率,禁止用其测量有机溶剂类介质的折射率。

3. 请用自来水清洗仪器,严禁用有机溶剂擦拭。

4. 海市蜃楼实验系统内的自来水两个月需要更换一次。

【思考与实践】

1. 了解测量折射率的其他方法并说明原理。

2. 了解光在引力场形成的弯曲时空,试分析其与光在非均匀介质中的传播特性间的等价性。

实验4 驻波法测量声速

声音(sound)是人类最早研究的物理现象之一。中国先秦时就有"发于声,声成文谓之音,音和乃成乐"之说。世界上最早的声学研究工作主要在音乐方面。《吕氏春秋》记载,黄帝令伶伦取竹作律,增损长短成十二律;伏羲作琴,三分损益成十三音,这是最早的声学定律(acoustic principle)。1957年,中国河南信阳出土了为纪念晋国与楚作战而铸的蟠螭文编钟,其音阶完全符合自然律,音色清纯,可以用来演奏现代音乐。

声波在不同介质中传播速度显著不同,通过测量声速可以了解介质特性及状态变化,在声波定位、医疗诊断、海底探测等应用中具有重要意义。1738年,巴黎科学院的科学家利用炮声进行声速测量,得到0℃时空气中的声速为332 m/s,与目前最准确的数值331.45 m/s只差0.15%,这在测量仪器只有秒表的情况下,的确是一件了不起的事情。关于声速的研究,英国物理学家牛顿(Newton,1643—1727)在1687年出版的《自然哲学的数学原理》中推理"振动物体要推动邻近媒质,后者又推动它的邻近媒质,那么,声速应等于大气压与密度之比的二次方根。"然而,据此算出的声速只有288m/s,与实验值相差很大。直到1816年,法国数学家拉普拉斯(Pierre-Simon Laplace,1749—1827)指出,只有在空气温度不变时,牛顿对声波传导的推理才正确,而实际上在声波传播中空气密度变化很快,不可能是等温过程,而应该是绝热过程。因此,声速的二次方应是大气压乘以比热容比(定压比热容与定容比热容的比)与密度之比,据此算出声速的理论值与实验值就基本一致了。

【实验目标】

理解声波的产生原理及特性,掌握声速的测量方法;学习驻波的产生条件,理解波腹、波节的概念,了解生活中驻波的应用;感受学习科学概念对个人科学素养形成的意义。

【实验原理】

1.声音的本质

波源的机械振动在弹性介质中的传播形成机械波。形成机械波必须具备的两个条件是:波源和传播波的弹性介质。需要特别指出的是,介质中有机械波传播时,介质本身并不随波一起传播,其传播的只是振动的运动形式。波的传播方向与传播波的介质上质元振动方向相互垂直的为横波(transverse wave);波的传播方向与传播波的介质上质元振动方向相同的为纵波(longitudinal wave)。我们把纵波中稠密的部分称为纵波的波峰,稀疏部分称为纵波的波谷。声是一种纵波。如图 4.1 所示,振动音叉的叉股向一侧振动时,压缩邻近的空气,使这部分空气变密,叉股向另一侧振动时,又使这部分空气变得稀疏,这种疏密相间的状态向外传播,即为声波。声波传入人耳,使鼓膜振动,就引起声音的感觉。声波质点分布最密的位置叫作密部,质点分布最疏的位置叫作疏部。声波不仅能在空气中传播,也能在液体、固体中传播。

图 4.1 音叉振动的声波示意图

2. 声音的特点

① 响度(loudness):人主观上感觉声音的大小(俗称音量),由"振幅"和人离声源的距离决定,振幅越大响度越大;人和声源的距离越小,响度越大(单位:分贝 dB)。

② 音调(pitch):声音的高低(高音、低音),由"频率"决定,频率越高音调越高(单位:频率 Hz),人耳听觉范围 20 Hz ~ 20000 Hz。20 Hz 以下称为次声波,20000 Hz 以上称为超声波。

③ 音色(musical quality):又称音品,描述了物体发出声音特有的品质。频谱波形决定了声音的音色。音色本身是一种抽象的东西,但波形是这种抽象事物的直观表现。音色不同,则波形不同。典型的音色波形有方波,锯齿波,正弦波,脉冲波等。

3. 波速与声速

波的传播实际上是振动相位的传播。在波传播的过程中,波形曲线上两个相邻的、相位差为 2π 的质元间的距离定义为一个波长 λ。波长反映了波的空间周期性。波前进一个波长距离所需的时间定义为波的周期,用 T 表示,反映了波的时间周期性。如图 4.2 所示,在横波中,两个相邻波峰或两个相邻波谷之间的距离等于波长;在纵波中,两个相邻密部或两个相邻疏部之间的距离等于波长。

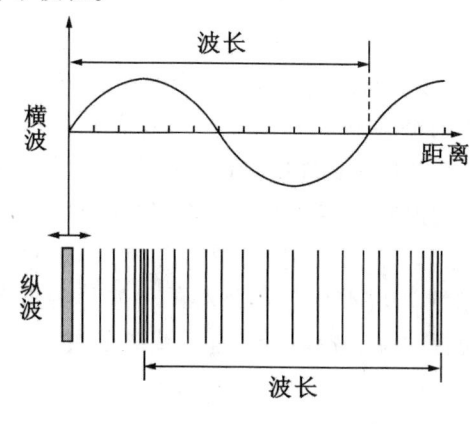

图 4.2 横波与纵波波长概念示意图

波在介质中传播速度称为波速(wave speed),用 u 表示。由于在一个周期内波前进的距离为一个波长,故波速可表示为

$$u = \frac{\lambda}{T} \tag{1}$$

角频率是描述物体振动快慢的物理量,与振动系统的固有属性有关,可表示为

$$\omega = \frac{2\pi}{T} \tag{2}$$

声波在空气中以纵波传播,其传播速度 v 和声源的振动频率 f 及波长的关系为

$$v = \lambda f \tag{3}$$

此外,波在介质中的传播速度由介质本身的性质决定,不同介质中的声速不同。表4.1列出了 0℃ 时声波在常见介质中的传播速度。

表4.1 声波在常见介质中的传播速度

0℃时声波的传播速度 $v/(m \cdot s^{-1})$			
空气	332	玻璃	5000~6000
水	1450	松木	约3320
铜	3800	软木	430~530
铁	4900	橡胶	30~50

对于 -20℃ 至 40℃ 的空气,在 1 个标准大气压下,声速与温度有近似的线性关系为

$$v = 331.45 + 0.59t \tag{4}$$

式中,t 为环境温度,单位是℃。

4. 波的叠加与驻波

两列水波相遇后彼此穿过,仍然保持各自的运动特征继续传播,就像没有和另一列水波相遇一样。事实证明,几列波相遇也能够保持各自的运动特征继续传播,在它们重叠的区域,介质的质点同时参与这几列波引起的振动,质点的位移等于这几列波单独传播时引起的位移的矢量和,即为波的独立传播原理。

波在介质中传播时其波形不断向前推进,称为行波(travelling wave)。而两列频率和振幅均相同、振动方向一致的波在同一直线上沿相反方向传播,叠加后波形并不向前推进,称为驻波(standing wave)。形成驻波时,介质中某些点始终静止不动,另一些点的振幅具有最大值,而其他各点的振幅在零和最大值之间,使介质直线上各点作分段振动。为了更加清晰地理解驻波概念,以横波为例,如图4.3所示,相向传播的两列波(红线和蓝线)相遇叠加,形成驻波(黑线),驻波中振幅最小的位置称为波节,振幅最大的位置称为波腹。在波形上,波节和波腹的位置始终不变且等距离分布,相邻两波节或波腹间的距离都是半个波长。

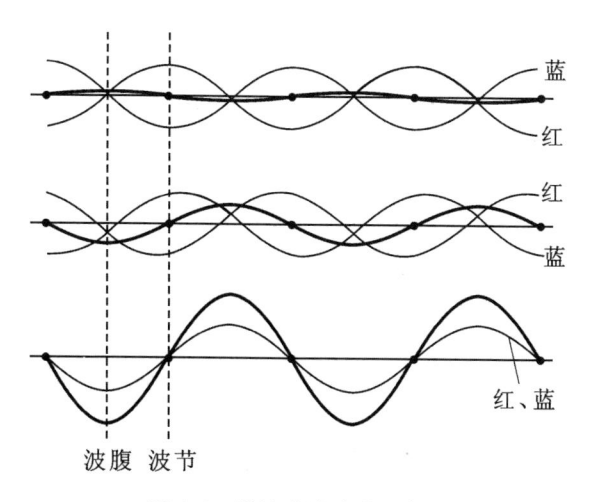

图 4.3　横波驻波波形示意图

波动理论指出，声源发出的声波经介质到达反射面，若反射面与发射面平行，入射波在反射面被垂直反射。于是，声场中同时存在频率相同的两列波，其叠加结果如图 4.4 所示。

图 4.4　纵波驻波波形示意图

若沿 x 方向的入射波方程为

$$Y_1 = A_1\cos\left(\omega t - \frac{2\pi x}{\lambda}\right) \tag{5}$$

反射波方程为

$$Y_2 = A_2\cos\left(\omega t + \frac{2\pi x}{\lambda}\right) \tag{6}$$

式中，A 为声源振幅，ω 为角频率。

当 $A_1 = A_2 = A$ 时，介质中某一位置的合振动方程为

$$Y = Y_1 + Y_2 = \left(2A\cos\frac{2\pi x}{\lambda}\right)\cos\omega t \tag{7}$$

当 $\left|\cos\dfrac{2\pi x}{\lambda}\right| = 1$，即 $\dfrac{2\pi x}{\lambda} = k\pi$ 时，在 $x = k\dfrac{\lambda}{2}(k = 0,1,2,3\cdots)$ 的位置上，声振动振幅最大，对应波腹。

当 $\left|\cos\dfrac{2\pi x}{\lambda}\right| = 0$，即 $\dfrac{2\pi x}{\lambda} = (2k+1)\pi$ 时，在 $x = (2k+1)\dfrac{\lambda}{2}(k = 0,1,2,3\cdots)$ 的位置上，声振动振幅最小，对应波节。

由上述讨论可知，相邻波腹（或波节）的距离为半波长的整数倍。

实验中可通过测量驻波的波长 λ_Z 和发生驻波的频率 f_Z 来测定声速

$$v = \lambda_Z f_Z \tag{8}$$

5. 声波与声压

声波是一种疏密波，其振动方向与传播方向相同，导致空气密度发生变化，从而引起压强变化。所谓声压就是空气中由于声扰动而引起的超出静态大气压强的那部分压强。

声场中不同位置的空气疏密不同，造成不同位置处的空气压强不同，空气密度大的地方压强大，密度小的地方压强就小，处在声场中的物体就会受到压强差产生的力。如图 4.5 所示，红球上方的压强小于下方，会受到一个向上的力，若该力与小球的重力相等，则小球受力平衡。当空气疏密分布不随时间发生移动时，小球将被束缚在密度比较疏的位置，无论是向上或是向下，都会受到一个相反的作用力，使它回到这个位置上。因此，驻波可以用来悬浮物体。

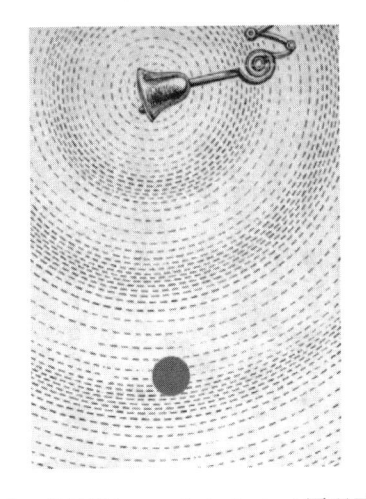

图 4.5 声悬浮（acoustic levitation）原理示意图

【实验器材】

1. 声控发光驻波实验仪

声控发光驻波演示仪是用来演示声驻波现象的装置，该装置由透明亚克力管、声控发光单元阵列、声波扬声器、标尺、支架、电源、可调频率和振幅的声源信号发生器（两台）组成，如图 4.6 所示。驻波管的一端设计有声波信号输入接口和电源接口。

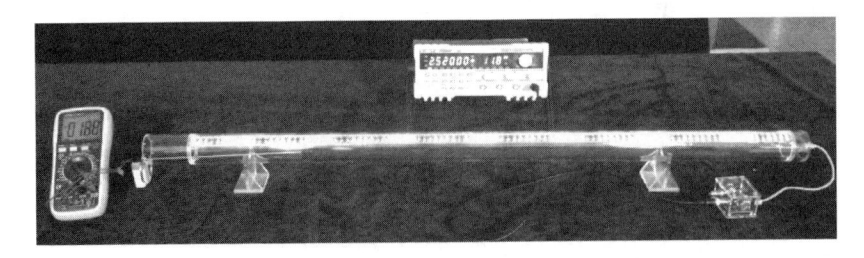

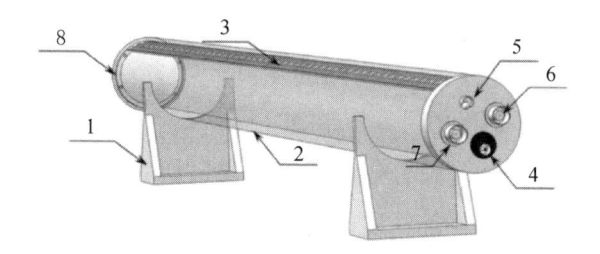

1—支架;2—驻波管;3—声光转换单元阵列;4—电源插孔(9V);5—工作模式开关;
6—音频信号输入接口;7—外同步触发输入接口;8.盖端。

图 4.6　声控发光驻波实验仪

其中,声控发光单元阵列由微型麦克风、触发传感器、放大电路和红、绿双色 LED 灯珠组成,如图 4.7 所示。微型麦克风作为声波探测器,触发传感器用于测量空气的压缩和舒张,在空气压缩时触发红色 LED 发光,在空气舒张时触发绿色 LED 发光,可直接观察驻波空气瞬时疏密状态,其中红色代表处于密部,绿色代表处于疏部。当管端扬声器工作时,调节信号源的频率,可使管内产生稳定的驻波,麦克风采集声音信号来控制对应位置的发光单元,从而使发光二极管的亮度随驻波规律变化,反映了管内驻波情形下声音强度的分析规律。

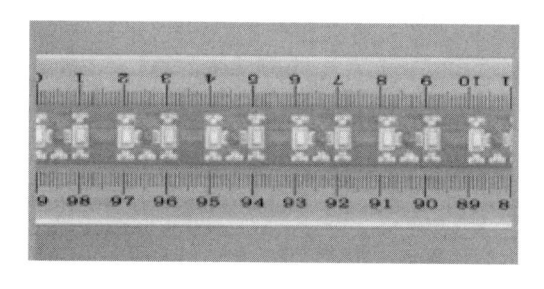

图 4.7　声控发光单元阵列

2.声悬浮演示仪

声悬浮演示器是用来演示声驻波悬浮现象的装置,包括底座、透明演示管、演示球、扬声器、供电模块等,如图 4.8 所示。

图 4.8　声悬浮演示仪

【实验内容】

1.利用声控发光驻波实验仪观察声驻波

准备工作:将标配电源插入装置的电源插孔,开始时所有 LED 灯泡全为绿色,然后逐渐完全熄灭,装置便处于正常工作状态。

(1)观察管内驻波情形下声音强度分布

如图 4.6 所示,将声源信号发生器输出的音频信号从接口 6 接入,信号频率范围为 600 ~ 3500 Hz,信号电压范围为:0 ~ 30 V。将工作模式开关 5 打到接口 7 的一侧(接口 7 未接入任何信号)。在给定的范围内调节信号的输入频率和幅度,当发光阵列呈现明显的明暗分布,便可知管内已经形成了稳定的驻波,如图 4.9 所示。

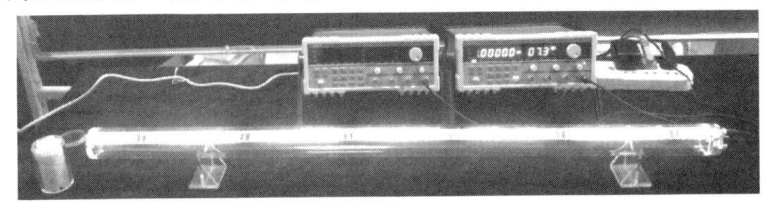

图 4.9 驻波情形下声音强度分布

改变信号发生器输入的频率或幅度,将使发光阵列呈现出明显的明暗分布的信号记录在表 4.2 中。同时,暗处为波节,亮处为波腹,记下波节个数 N,尝试总结规律。随后,揭开端盖 8,比较管端敞开和封闭两种情况下驻波现象有何不同?总结实验,形成结论。

表 4.2 发光阵列呈现明显的明暗分布时输入信号特征及波节个数

组数	频率/Hz	电压幅值/V	波节个数 N
1			
2			
3			

(2)观察管内驻波情形下声音强度和相位分布

如图 4.6 所示,将声源信号发生器输出的音频信号从接口 6 接入,信号频率范围为 600 ~ 3500 Hz,信号电压范围为:0 ~ 30 V。将工作模式开关 5 打到接口 6 的一侧(接口 7 未接入任何信号)。在给定的范围内调节信号的输入频率和幅度,当发光阵列呈现明显的双色明暗分布(红色代表空气振动相位与扬声器相位一致,绿色代表空气振动相位与扬声器相位相反),便可知管内已经形成了稳定的驻波,如图 4.10 所示。

图 4.10 驻波情形下声音强度分布和相位分布

实验 4 驻波法测量声速

改变信号发生器输入的频率或幅度,将使发光阵列呈现出明显的双色明暗分布的数据记录在表 4.3 中。同时,暗处为波节,亮处为波腹,记下波节个数 N,尝试总结规律。随后,揭开端盖 8,比较管端敞开和封闭两种情况下驻波现象有何不同?总结实验,形成结论。

表 4.3 发光阵列呈现明显的双色明暗分布时输入信号特征及波节个数

组数	频率/Hz	电压幅值/V	波节个数 N
1			
2			
3			

(3)环境声音在管内形成的驻波

如图 4.6 所示,将工作模式开关 5 打到接口 6 的一侧(接口 6 和接口 7 未接入任何信号),将管端端盖打开。在管开口端处吹乐器或用手机播放音乐,即可观察到管内驻波现象,记录实验现象。

2.利用驻波法测量声速

如图 4.6 所示,将声源信号发生器输出的音频信号从接口 6 接入,信号频率范围为 600 ~ 3500 Hz,信号电压范围为:0 ~ 30 V。将工作模式开关 5 打到接口 6 的一侧(接口 7 未接入任何信号)。将管端端盖盖上,在给定的范围内调节信号的输入频率和幅度,当发光阵列呈现明显的双色明暗分布(红色代表空气振动相位与扬声器相位一致,绿色代表空气振动相位与扬声器相位相反),且输入的音频信号幅度最小时,驻波管内处于最佳的驻波状态,记下此时信号频率 f_z。同时,暗处为波节,亮处为波腹,记下波节个数 N,即为半波长的个数,根据 $N\frac{\lambda}{2} = L$ 计算出波长,其中管长度为定长(1 m),将实验数据记入表 4.4,由此计算出空气中的声速。由于声速大小与温度有关,表中需要记录环境温度,并与理论值进行比较。

表 4.4 驻波法测量声速

次数	信号频率 f_z/Hz	波节个数 N	波长 λ_z/m	声速 $v = \lambda_z f_z$/(m·s^{-1})	环境温度/℃
1				v_1	
2				v_2	
3				v_3	$\bar{v} =$
4				v_4	
5				v_5	

实验结论:声速 $v_{实验} =$ _____

理论计算:声速 $v_{理论}$ = _____

相对误差:E = _____

结合实验结果进行误差分析。

3. 观察声悬浮现象

打开声悬浮演示仪,调整声波频率旋钮或音量旋钮,观察小球悬浮现象。保持其他条件不变,改变频率,重复上述操作,观察小球悬浮高度是否发生变化并记录实验现象。

【实验风险与伦理】

1. 实验中要减少振动和手接触仪器的面积,以减少干扰。
2. 装置外壳为亚克力材质,使用时防止碰撞和刮擦。
3. 长期不用时应断开电源和信号源,放置于布袋中。
4. 小组成员之间做好实验分工,减少实验误差,共同分享实验成果。

【思考与实践】

1. 实验中为什么通过测量波节的个数计算波长,而不直接测量波腹间的距离?
2. 了解测量声速的其他方法并说明原理。
3. 声悬浮实验中,悬浮的物体停留在波节还是波腹的位置上?

实验 5　电容器存储电量的测量

两个相互靠近的导体,中间夹一层不导电的绝缘介质,这就构成了电容器。电容器(capacitor)是储存电量和电能(电势能)的元件。当电容器的两个极板之间加上电压时,电容器就会储存电荷。电容器电容量的基本单位是法拉(F)。在实际应用中,电容器的电容量往往比1法拉小得多,常用较小的单位,如微法(μF)、皮法(pF)等。

电容量(capacitance)是表示电容器容纳电荷本领的物理量,是电容器的主要电学参数之一。此外,电容器还有额定耐压、绝缘电阻、频率特性、损耗等参数。电容器在调谐、旁路、耦合、滤波、积分、微分、分频等电路中起着重要的作用。

在直流电路中,电容器是相当于断路的。通电后,电容器充电,电容器两个极板分别带正负电荷,形成电压(电势差)。而在交流电路中,电容器会不断地被充电和放电。那么,电容器充电后存储了多少电量?存储的电量与哪些因素有关?如何测量存储的电量?

电容、电荷量、电流这些抽象的电学概念,将会在本实验操作过程中通过实验现象和仪器测量形象地展现出来。

【实验目标】

了解串接电阻(resistance)给电容器充电过程中的电路电流是不断变化的,学会从电流变化曲线来分析电流变化规律;体验滑线变阻器改变电路参数(电流)的基本电路连接方法,初步学习仪器、电路元件参数的选择原则,掌握从测绘的曲线计算出电容器充电后存储电荷量的方法;理解电容充电时间常数的物理意义,学会分析实验中的系统误差和偶然误差,并探究减小系统误差和偶然误差的方法;通过测绘电容器充电过程中电路电流变化曲线,体验科学探究过程的乐趣。

【实验原理】

电容器电容值的大小反映了电容器对电荷的储存能力。电容器电容值通常采用充放电的方式进行测量,但大容量电容器和小容量电容器电容值的测量技术和手段有所不同。

电容的定义为 $C = \dfrac{Q}{U}$,其中,Q 为电容器存储电量,U 为电容器两极板间电势差。如果知道 U 的值,并想办法把 Q 值测出,则电容器的电容量就可以计算出来了。

1. 传统测量电容充电电量方法

测量电容器的电容量可以有多种方法,通常是依据 $Q=It$,通过测量电容器充电或放电过程中不同时刻 t 电流 I 的大小,绘制 $I-t$ 图像,然后计算 $I-t$ 曲线与时间坐标轴包围的面积,该面积就是电容器的存储电量 Q 值。

这种测量电容器的电容量 Q 的方法,测量数据多,绘制图像及数据处理复杂。能否使得电容器充电过程电流 I 保持不变,测量电容器充电时间 t,从而利用 $Q=It$ 简单地计算出 Q 呢?

2. 恒定电流法测量电容器的充电电量

在图 5.1(a)所示的电路中,当开关 S 拨向 1 位置时,电源通过电阻 R 给电容器充电(电容器充电前没有存储电荷),并可在电流计 G 中观测到充电电流,充电电流大小会随时间逐渐减小。电容器充电完成后,将开关 S 拨向 2 位置,电容器放电。

同样地,按照图 5.1(b)所示的电路中,当开关 S 拨向 1 位置时,电容器充电。电容器充电结束后,将开关 S 拨向 2 位置,这时,电容器通过电阻 R 放电,并可在电流计 G 中观测到放电电流,放电电流大小会随时间逐渐减小。

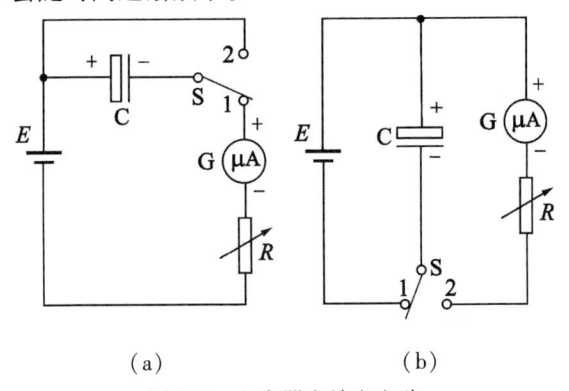

(a)　　　　　　　(b)

图 5.1　电容器充放电电路

如果在电容器充电(或放电)过程中,不断减小电阻 R 的值,则会保持充电(或放电)电流大小不变。这样,我们只要记录充电(或放电)电流 I 和充(或放)电时间 t,就可以利用 $Q=It$ 计算出电量 Q。电源电压 U 已知,则可求得电容量 C。

3. 电容充电过程理论推导

以图 5.1(a)所示电路的充电过程为例讨论。当开关 S 拨向 1 位置时,电源便通过电阻 R 对电容器 C 进行充电。在开关 S 拨到 1 的瞬间,若电容器上没有电荷的积累,电源电压全部降到电阻 R 上,此时,电流 $I_0 = \dfrac{E}{R}$ 为最大。随着电容器上电荷的积累,U_C 增大,充电电流 $I = \dfrac{E - U_C}{R}$ 随之减小,同时向电容提供的电量 Q 也减小,电容两端的电压 U_C 增加的速度变慢,即电容的充电速度越来越慢,直至 $U_C = E$ 时,充电过程终止,电路达到稳定状态。

在充电过程中满足的数学表达式为 $Q = CU_C$,由于 $i = \dfrac{\mathrm{d}Q}{\mathrm{d}t}$,故

$$i = \frac{dQ}{dt} = C\frac{dU_C}{dt} \tag{1}$$

$$U_C + iR = E \tag{2}$$

将式(1)代入式(2),得

$$\frac{dU_C}{dt} + \frac{1}{RC}U_C = \frac{1}{RC}E$$

充电过程中 $t = 0$ 时,$U_C = 0$,方程的解为

$$\begin{cases} U_C = E(1 - e^{-\frac{t}{\tau}}) \\ i = \frac{E}{R}e^{-\frac{t}{\tau}} \end{cases} \tag{3}$$

式中,$\tau = RC$ 称为时间常数(time constant)。当充电时间 $t = 5\tau$ 时,$U_C = 99.7\%E$,通常认为此时充电完成。充电过程中电容两端电压 U_C 与通过电容器电流 i 的变化规律曲线如图 5.2 所示,两条曲线均为渐近线。

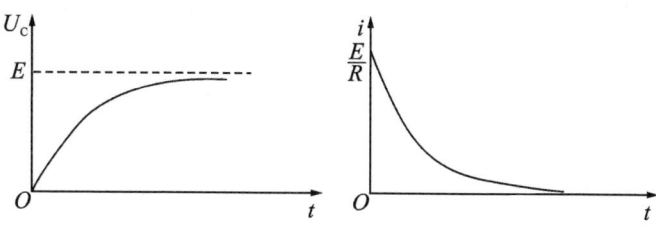

图 5.2 电容充电过程 U_C 与 i 的变化曲线

【实验器材】

电容器充电放电演示仪、稳压电源(0~30 V)、可变电阻器(多圈电位器100 kΩ)、秒表、单刀双掷开关、毫安(或微安)电流表(100 μA)、待测电解电容器(标称值为2200 μF/35 V)、导线若干。

【实验内容】

1.通过灯泡亮度变化观察电容器充电放电过程

电容器充放电演示仪内部电路如图 5.3 所示。当开关拨向 1 位置时,电容器开始充电,此时左侧灯泡最亮。随着充电电流随时间逐渐减小,灯泡亮度也逐渐降低,直到灯泡熄灭。

灯泡充电结束后,将开关拨向 2 位置时,电容器开始放电,右侧灯泡开始最亮。随着放电电流随时间逐渐减小,灯泡亮度也逐渐降低,直到灯泡熄灭。

电容器在充电或放电过程中,检流计 G 指针偏转方向不同,这表明充电电流方向和放电电流方向

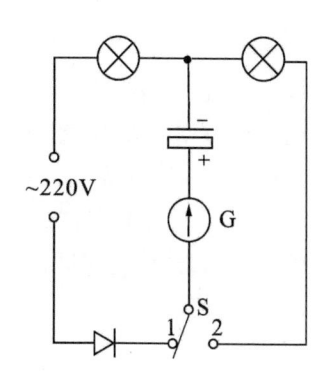

图 5.3 电容器充放电演示仪内部电路

不同。

2. 合理选择测量电路元件参数

① 由 $C=\dfrac{Q}{U}$，$Q=It$，可得 $t=\dfrac{CU}{I}$，由此可知，选择较大 C 值电容器，才能保证充电时间较长，从而使得时间测量相对误差较小。

② 电流表应选择适当的量程，以便充电过程中能够较准确地观察和测量充电电流。

③ 配合电容器和电流表的选择，恰当地选择充电电路中串接变阻器的阻值，使得充电过程中能够较容易地通过调节变阻器，使充电电流保持不变。

根据以上原则，本实验电容器选择 2200 μF/35 V 电解电容器，可变电阻器选择 100 kΩ 多圈电位器，电流表量程选择 100 μA 电流计，电源电压选择 4 V。这样，充电或放电时间一般大于 100 s。

3. 连接电路，观察实验现象

按照图 5.1(a)（或图 5.1(b)）所示电路图连接电路。转换开关 K 拨向 1（或 2）的位置，观察充电（或放电）过程。尝试调节可变电阻器，使得充放电电流保持不变。操作过程中观察电流计的同时，要很专注地调节可变电阻器（可变电阻器使用很多次后，会出现电阻值跳跃现象）。

在操作过程中很难确保充电电流不发生微小的变化，由此就会导致在测量过程中产生偶然误差。为了减小测量中的偶然误差，采取多次测量求平均值的方法，以获得最佳测量结果。

4. 记录实验数据，计算测量结果

为计算方便，每次重复测量时，电源电压保持不变，并且每次充放电的电流也要保持同一值。将测量结果记入表 5.1 中。

表 5.1　电源电压 $U=4$ V，充放电电流 $I=80$ μA

测量次数	1	2	3	4	5
充放电时间 t/s					

根据表 5.1 的测量数据，计算充电时间 t 的平均值和电容器的电容值 C。

5. 测量结果系统误差分析

当放电电流快要结束时，由于可变电阻器的阻值已经调节到了最小（此时阻值为零），充放电电流将逐渐减小而无法保持恒定不变，如图 5.4 所示。但此时电容器的充放电并没有完全结束。那么，充放电时间的结束时刻如何确定？（参考思考与实践）

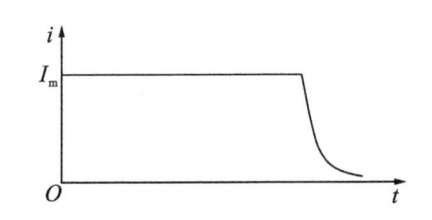

图 5.4　电容恒定电流充电过程 i 的变化曲线

实验 5　电容器存储电量的测量

【实验风险与伦理】

1. 连接电路时,电源正负极接反会导致电流计指针反向偏转,甚至损坏电流计。实验过程中,对连接电路应该认真检查,确保无误后再接通电源。

2. 电容器两个极板之间的绝缘物质称为电介质(dielectric),绝缘电介质的绝缘是相对的。当电容器两端的电压加大到一定程度后,绝缘电介质就可以导电,我们称这个电压为击穿电压。电容被击穿后,绝缘电介质就不是绝缘体了,电容器也就损坏了。所以,使用电容器时,电容器两端的电压不能超过其击穿电压。

3. 实验操作过程中,随时与小组成员之间沟通,避免发生以上实验事故。

【思考与实践】

1. 分析实验测量过程中产生的系统误差和偶然误差,你采取了哪些方法来减小误差?

2. 假设电容器充电过程以恒定电流 $I_m = \dfrac{E}{R}$ 充电 t_0 时间完成充电,如图 5.5 所示。在 $i-t$ 曲线中,曲线与时间轴包围的面积与虚线矩形面积相等,均为电容器的充电电量,即

$$Q = \frac{E}{R}t_0 = \int_0^\infty i\,\mathrm{d}t = \int_0^\infty \frac{E}{R}\mathrm{e}^{-\frac{t}{RC}}\,\mathrm{d}t = EC$$

充电时间 $t_0 = \tau = RC$。电容量可由下式计算

$$C = \frac{Q}{U_c} = \frac{I_m t_0}{E}$$

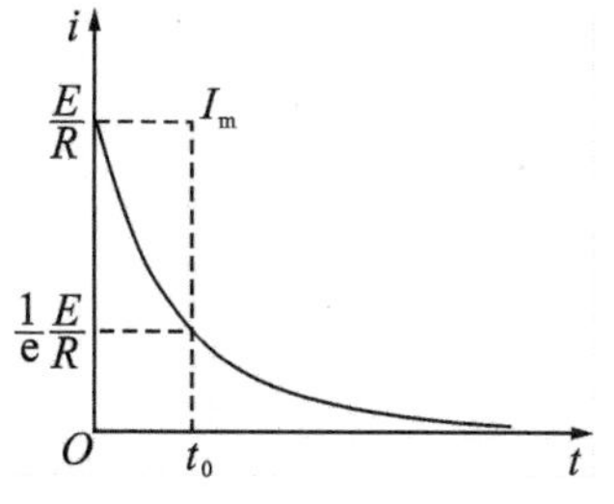

图 5.5　电容器充电过程充电电流的变化曲线

试依据以上原理重新设计实验方案进行测量,并与之前的测量结果做比较。

3. 小电容器测量方法(拓展实验内容)

对于较小容量的电容器,其充放电时间很短,无法使用秒表进行计时。这时,我们可以采用图 5.6(a)所示的方波电源代替图 5.1 中的直流电源和转换开关;使用示波器观测电容器的充电过程,图 5.6(a)中示波器连接在电容器两端,观测其电压变化曲线,如图 5.6(b)所示。

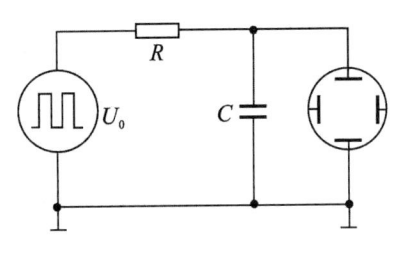

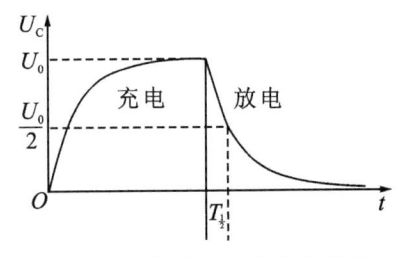

（a）电路接线原理图　　　　　（b）充放电过程U_C变化曲线图

图 5.6　示波器观测小电容器充放电过程

仿照充电过程的理论推导，推导放电过程类似式(3)的结论。设计实验方案测量小电容的电容值。

借助示波器，你还可以设计出哪些实验方案来测量小电容的电容值？

实验6 设计电表测量灯丝伏安特性

伏安法(voltammetry)是测量元件伏安特性最基本的方法,需要借助电压表(voltmeter)和电流表(ammeter)分别测量元件两端的电压和通过元件的电流。设计测量电路时,还需要考虑电压表内阻、电流表内阻及被测元件阻值,合理地选择电流表内接或电流表外接。

电压表和电流表的常规应用就是把电压表并联在元件两端测量电压,把电流表串联在电路中测量电流。除了电表的常规应用外,还有电表的非常规应用,即用电压表替代电流表"测电流"或用电流表替代电压表"测电压"。

本实验提供的实验器材是1只小量程的电流计,既不能直接用来测量电路电流,也不能直接用来测量电压。那么,为了测量灯丝伏安特性,应如何测量灯丝两端的电压和通过灯丝的电流呢?

【实验目标】

学习测量电流表内阻的一种实验方法,掌握欧姆定律(Ohm's law)的应用;学习利用小量程电流计设计制作固定量程电压表的基本思路,学会确定电表准确度等级的方法;掌握用电压表测量电路电流的方法;通过测量灯丝伏安特性,加深理解全电路欧姆定律的应用;通过与合作者共同分析判断实验测量数据的可靠性,体验他人合作研究的过程。

【实验原理】

1. 用欧姆定律测量电流表内阻

在如图6.1所示的电路中,电流计G的量程为I_g,内阻为R_g,将G与电阻箱R串联后经开关S接电源E。

若电源内阻可以忽略,调节电阻箱阻值为R_1时,测得电路电流为I_1,根据全电路欧姆定理,可得

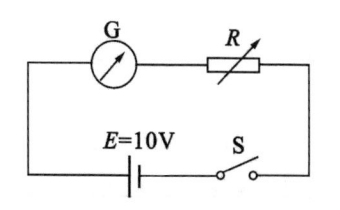

图6.1 测量电流表参数电路原理图

$$I_1(R_g + R_1) = E \tag{1}$$

同理,调节电阻箱阻值为R_2时,测得电路电流为I_2,可得

$$I_2(R_g + R_2) = E \tag{2}$$

由(1)式和(2)式可求得

$$R_g = \frac{I_2 R_2 - I_1 R_1}{I_1 - I_2} \tag{3}$$

如果电流计量程未知,测量电流时得到的 I_1 和 I_2 并不知道单位,但并不影响利用公式(3)式计算电流计内阻值。将计算得到的 R_g 代入式(1)或式(2)即可确定 I_1,这样也就确定了电流计的量程单位。

电流计内阻还可以采用替换法、半偏法等多种方法进行测量。

2. 设计电压表

本实验要测量灯丝的伏安特性,首先需要将小量程的电流计改装成为大量程的电压表或电流表。将小量程的电流计改装为电流表,如果被测量电路的电流未知,则改装电流表量程无法确定,而且,不能说明改装的电流表内阻远小于电路元件阻值。

因此,本实验需要将小量程的电流计改装为电压表。这就要用到上述电表的非常规应用。而且在实际应用中,很少将电流表串接在电路中测量电流。

在图 6.2 中 G 为内阻为 R_g、量程为 I_g 的电流计,可以直接串接在电路中测量不大于 I_g 的电流,也可以并接在元件两端测量不大于 $I_g R_g$ 的电压。

如果要测量超过 $I_g R_g$ 的电压,此时就需要给电流计串接一个分压电阻,将电流计和串接的分压电阻看成一体,这样就构成了大量程的电压表,

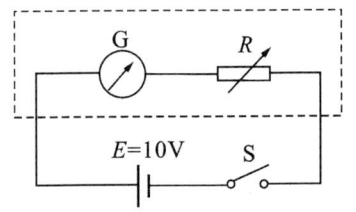

图 6.2 设计 10 V 量程电压表电路图

如图 6.2 虚线框中所示。如果电流计的量程和内阻已知,根据改装后电压表的量程,经过简单的计算就可以得到需要串接的分压电阻的阻值大小。

3. 电表的准确度等级

我国国家标准规定,电表的准确度等级(或称精度等级)分为 0.1、0.2、0.5、1.0、1.5、2.5 和 5.0 共计 7 级。它是根据电表在规定条件下工作时,电表指针指示任一测量值可能出现的最大(基本)绝对误差与电表满刻度值的比值来确定的。若用 ΔA_m 表示最大(基本)绝对误差;用 A_m 表示电表的量限(即满刻度值);用 K 表示电表的准确度等级,则有

$$\Delta A_m = A_m K\% \tag{4}$$

4. 利用电压表测量灯泡伏安特性

按照图 6.3 所示连接电路,虚线框中部分就是设计好的量程为 10 V 的电压表。我们可以测得灯泡两端的电压。将虚线框中的电压表并接在电阻箱两端,如图 6.4 所示,测得电阻箱两端电压,利用欧姆定律可计算出电路的电流值。

这是测量电路电流常采用的一种既简单又行之有效的方法。本实验正是基于这种思想来设计测量电路,并拟定测量方案。

实验6 设计电表测量灯丝伏安特性

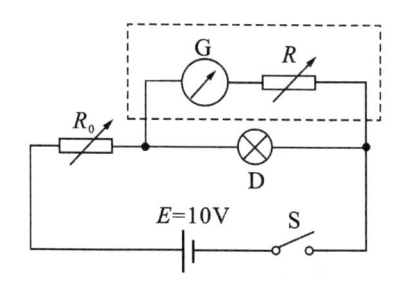

图6.3 灯泡电压测量电路图　　　　图6.4 灯泡电流测量电路图

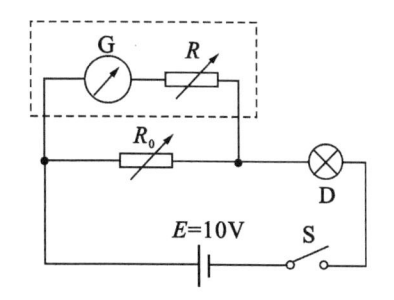

【实验器材】

直流稳压电源(0～30 V)、标准电阻箱、可变电阻器(电位器150 kΩ)、磁电式电流计(100 μA表头)、待测小灯泡(额定电压6 V)、开关、导线若干。

【实验内容】

1. 测量电流计(表头)的内阻

按照图6.1所示连接好电路,电阻箱取2个不同的阻值,分别测量电路的电流值,并记入表6.1中。

表6.1 测量电流计(表头)内阻

测量次数	电阻箱阻值/Ω	电路电流
1		
2		

根据公式(3)计算出电流计的内阻,并确定其量程单位。

2. 设计电压表,确定其准确度等级

如果电流计的内阻 R_g 未知,只要有一个可变电阻器(无须知道阻值是多少)和一个已知的电压,按照图2所示连接好电路(电源 $E=10$ V 已知),调节可变电阻器 R,使得电流计指针指向满量程位置。只要我们不再改变可变电阻器的阻值,这样,图6.2所示虚线框中部分就是一个量程为10 V的电压表。可以用它并接在元件两端测量电压。

依次调节电源电压为 1 V、2 V……9 V、10 V,用设计好的电压表测量电源电压,记入表6.2中,按式(4)计算出所设计电压表的准确度等级。

表6.2 确定电压表准确度等级测量数据

电源/V	1	2	3	4	5	6	7	8	9	10
电压表										
ΔV										
ΔV_m										
K										

3. 测量小灯泡伏安特性曲线及其功率

按照图6.3、图6.4所示连接好电路,调节电阻箱使得灯泡两端电压分别是1 V～6 V,记录相应电阻箱的阻值,测量对应电阻箱两端的电压,记录到表6.3中。

表6.3 测量小灯泡伏安特性曲线及功率数据

测量次数	1	2	3	4	5	6	7
电阻箱阻值/Ω							
电阻箱两端电压/V							
灯泡两端电压/V	0	1	2	3	4	5	6
电路电流/mA							
灯泡功率/mW							

计算出每组数据对应的电路电流值和灯泡功率,记入表6.3中。

4. 在坐标值上绘制出灯泡的伏安特性曲线

灯泡是线性元件吗?

5. 数据分析

利用测量数据,结合思考讨论中的问题,分析测量数据的准确性或可靠性。

【实验风险与伦理】

1. 连接电路时,电源正负极接反会导致电流计指针反向偏转,甚至损坏电流计。实验过程中,应认真检查连接电路,确保线路连接无误后再接通电源。

2. 实验过程中,调节电阻箱阻值时,要格外小心,灯泡两端电压不要超过其额定电压。实验操作时,与小组成员随时沟通,避免烧坏灯泡,影响实验进程。由于各个灯泡灯丝都可能存在差异,万一烧坏灯泡,测量数据则无意义,更换后需要重新测量。

【思考与实践】

1. 当电压表的内阻远远大于灯泡或电阻箱的阻值时,电压表并接到电路中元件的两端,不会对电路产生影响,测量到的电压也是准确的。当电压表的内阻与灯泡或电阻箱的阻值相差不大时,电压表并接到电路中元件的两端,此时电压表是会分流的。这时测量电压准确吗?本实验中你设计的电压表内阻大小与灯泡或电阻箱的阻值接近吗?

2. 利用本实验的测量数据,参考以下知识内容(2),计算小灯泡的动态电阻的变化范围,研究其变化规律。

(1)线性元件与非线性元件

如果元件两端的电压 U 与通过它的电流 I 成正比,那么该元件是线性元件,其伏安特性为直线,此直线斜率的倒数就是元件的电阻值。非线性元件的电阻值随着元件两端电压的变化而变化,其伏安特性是一条曲线,曲线上各点的电压与电流的比值,并不是一个定值,即元件两端电压变化时,元件所表现出的阻值也随之变化。

实验6 设计电表测量灯丝伏安特性

（2）静态电阻和动态电阻

对于非线性元件，有两个电阻概念，即静态电阻和动态电阻。静态电阻是导体（或半导体）某工作点两端的电压与通过导体（或半导体）的电流的比值，它表示导体（或半导体）对电流的阻碍作用。动态电阻表示导体（或半导体）两端的电压随电流变化的快慢或趋势，即

$$R = \lim_{\Delta I \to 0} \frac{\Delta V}{\Delta I}$$

动态电阻可以为正值，也可以为负值。正值表示电流随电压的增大而增大；负值则表示电流随电压的增大而减小。例如隧道二极管的伏安特性，在不同区段内工作时，动态电阻可能为正值，也可能为负值。

研究元件某一工作点的电阻一般用该点的静态电阻，而研究元件电阻的变化规律时，一般用动态电阻来讨论。

实验 7　数字式温度计的设计

物理化学实验中测量物质摩尔质量通常采用凝固点降低法,凝固点温度测量是该实验的关键。传统测温采用玻璃液体式贝克曼温度计(Beckmann thermometer)测量温度,这种温度计易损、怕震,操作复杂,而且它的热容量大,达到热平衡所需的时间较长,使用非常不方便,读数困难且误差较大。

热敏电阻(thermister)测温是温度测量领域内被广泛应用的一种测温方法,其基本原理是利用了热敏电阻的阻值随温度改变而变化的特性。作为感温元件的热敏电阻可以由纯金属、合金或半导体等材料制成;例如,铂的电阻性能稳定,常被用作标准温度计;设计测量低温的温度计时,锗半导体常被作为温度计的温度传感元件。

生活中常见的数字温度计(digital thermometer)多种多样,它们是如何感知温度,并将温度这样的热学量转换为数字并显示出来的呢?本实验将为你解开谜团。

【实验目标】

了解铂电阻的温度特性,理解利用铂电阻温度传感器设计数字贝克曼温度计的基本思路,了解运算放大器与模数转换电路的基本工作原理;掌握数字贝克曼温度计的参数选择原则及电路调试方法;体验将热学量转换为数字量的奇妙,提高探究兴趣,增强创新意识。

【实验原理】

1. 铂电阻温度传感器

常用的两种铂电阻为 Pt1000 和 Pt100,在 0 ℃时,其阻值 R_0 分别近似为 1 kΩ、100 Ω。当温度 -200 ℃ $< t < 0$ ℃时,铂电阻阻值 R_t 为

$$R_t = R_0[1 + At + Bt^2 + C(t-100)t^3]$$

当温度 0 ℃ $< t < 850$ ℃时,铂电阻阻值 R_t 为

$$R_t = R_0(1 + At + Bt^2) \tag{1}$$

其中,$A = 3.9083 \times 10^{-3}$ ℃$^{-1}$,$B = -5.775 \times 10^{-7}$ ℃$^{-2}$,$C = -4.183 \times 10^{-12}$ ℃$^{-4}$。当温度大于 -20 ℃时,R_t 也近似满足式(1)。若测得某温度(-20 ℃ ~ 850 ℃)下 Pt1000 的阻值 R_t,则 Pt1000 所处环境温度 t 为

$$t = \frac{-A + \sqrt{A^2 - 4B\left(1 - \frac{R_t}{R_0}\right)}}{2B} \tag{2}$$

2. 温度传感器探测温度的电路

在图 7.1 所示温度传感器电路中，R_{offset} 为参考电阻，R_t 为 Pt1000 温度传感器。分别为它们提供 200 μA 电流，则 $V_+ = 200\ \mu A \cdot R_{offset}$，$V_- = 200\ \mu A \cdot R_t$。图中运算放大器的输出电压为 $V_{out} = G(V_- - V_+)$，其中，G 为放大倍数，其值取决于 R_G

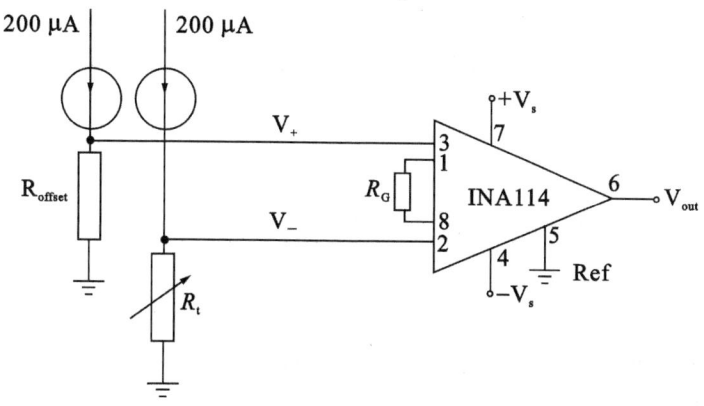

$$G = 1 + \frac{50000}{R_G} \tag{3}$$

图 7.1 温度传感器电路与放大电路

因此有

$$V_{out} = G \cdot (V_- - V_+) = 200\ \mu A \cdot G \cdot (R_t - R_{offset}) \tag{4}$$

3. 模数转换电路

在图 7.2 所示的电路中，AD7705 为 16 Bit 的模拟量/数字量（A/D）转换电路，它可以将输入的 0 V ~ 5 V 的模拟电压转换为 0 ~ 65535 的数字量。若输入电压为 V_{out}，模数转换数字量为 Data，则有

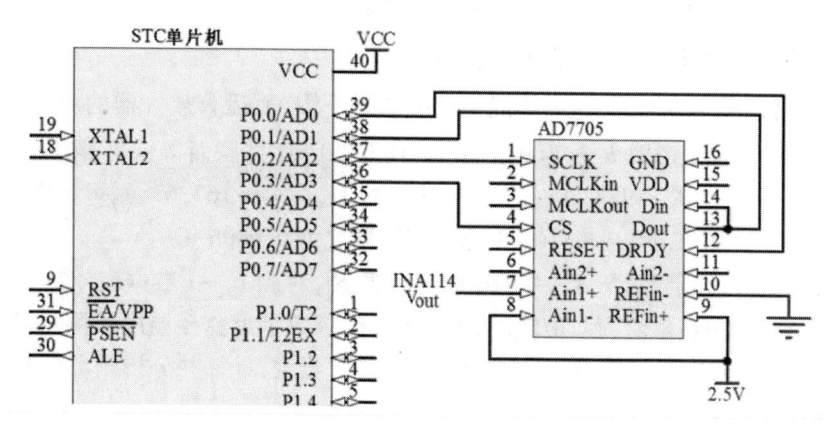

图 7.2 模数转换电路与计算机数据采集电路

$$\frac{5}{V_{\text{out}}} = \frac{65535}{\text{Data}} \tag{5}$$

AD7705通过串行通讯与STC单片计算机连接,并将转换后的数字传送给STC单片机。

4. 运算与结果输出

由式(4)(5)可以得到

$$R_t = \frac{5\text{Data}}{65535} \cdot \frac{1}{200\ \mu\text{A}} \cdot \frac{1}{G} + R_{\text{offset}} \tag{6}$$

STC单片机接收到AD7705发送来的数据Data后,按照式(5)和式(6)计算出R_t,代入式(2)计算出温度值t。然后,STC单片机将温度计算结果送显示屏显示出来。单片机程序设计采用循环结构,不断重复接收Data数据、计算、输出显示,这样,显示屏上即时地显示出所测量温度的数值。

【实验器材】

稳压电源、数字贝克曼温度计、电阻箱、定值电阻、控温装置、温度计、万用表。

【实验内容】

1. 测量Pt1000随值R_t温度传感器的温度特性

自行选用器材实现温度变化且可控,将Pt1000温度传感器置于控温装置中。改变控温装置温度,测量并记录Pt1000的阻值R_t,记录对应温度值t,填入表7.1中。并按式(1)计算出不同温度下温度传感器阻值R_t,将测量值与计算值做比较。

表7.1 温度传感器温度特性测量数据

温度t/℃	0	10	20	30	40	50	60
R_t测量值/Ω							
R_t计算值/Ω							

绘制出Pt1000阻值R_t随温度变化的关系曲线。

2. 数字贝克曼温度计参数选择与测试

从式(4)可以看出,R_{offset}决定着测温系统的测量下限,而运算放大器的放大倍数G决定测温系统的测量范围。若取R_{offset}为952 Ω(1 kΩ与20 kΩ并联而得),可推算出测温下限约为-12 ℃(-12 ℃时,$R_t \approx 953$ Ω);选取$R_G = 300$ Ω,即$G = 167.67$,则可推算出测温范围为-12 ℃~25 ℃(25 ℃时,$R_t \approx 1101.1$ Ω);测温精度为0.0006 ℃。

按照以上讨论,选定R_{offset}、R_G,并用电阻箱代替R_t,对照$R_t \sim t$数据表(参见实验室提供的数据表),调节电阻箱阻值为对应温度t的阻值,记录数字贝克曼温度计测量显示结果,填入表7.2中。比较数字贝克曼温度计测温数据与设置温度,计算并分析测量误差。

实验 7　数字式温度计的设计

表 7.2　数字贝克曼温度计测温显示结果测量数据

温度 $t/℃$	0	10	20	30	40	50	60
R_t 查表值/Ω 即电阻箱阻值							
t 显示值/℃							

【实验风险与伦理】

1. 电源正负极接反,会导致集成电路和许多元件被烧坏。连接电源前,认真检查电源电压;接通电源前,认真确认电源正负极连接正确。

2. 实验操作过程中,随时与小组成员沟通,避免出现以上实验事故。

【思考与实践】

1. 请参考实验内容 2 分析,若要求设计的数字贝克曼温度计测温范围为 $-25\ ℃ \sim 55\ ℃$,应如何选取 R_{offset} 和 R_G 的阻值?测温精度可以达到多少?

2. NTC 热敏电阻。

NTC 热敏电阻的阻值随温度的升高而下降,因为在半导体材料内部,随着温度的升高,自由电子的数目增加很快,虽然自由电子定向运动遇到的阻力也增加,但两者相比,前者对电阻率的影响比后者更大,所以,随着温度的升高电阻率反而下降。NTC 热敏电阻的电阻温度特性可以用指数函数来描述:

$$R_T = A\exp\left(\frac{B}{T}\right) \tag{7}$$

式中 A 是与材料性质和电阻器的几何形状有关的常数,B 为与材料有关的常数,T 为热力学温度。从测量得到的 $R_T - T$ 对应数据可以求出 A 和 B 的值。为了比较准确地求出 A 和 B,可将式(7)线性化后进行直线拟合,即对式(7)两侧取自然对数:

$$\ln R_T = \ln A + \frac{B}{T} \tag{8}$$

从 $\ln R_T - \frac{1}{T}$ 的直线拟合中,即可得 A 与 B。常用半导体热敏电阻的 B 值约在 1500 ~ 5000 K 之间。

热敏电阻的电阻温度系数 α 的定义为:

$$\alpha = \frac{1}{R_T}\frac{dR_T}{dT} \tag{9}$$

它表示了热敏电阻随温度变化的灵敏度。由式(8)可求得

$$\alpha = -\frac{B}{T^2} \tag{10}$$

3. 平衡电桥工作原理。

直流平衡电桥(DC balance bridge)可通过被测电阻与标准电阻的比较来测量未知电阻,

测量原理的电路图如图7.3所示。待测电阻R_x与其他三个电阻R_1、R_2、R_b分别组成电桥的四个臂，在a、c两点间连接直流电源E，在b、d点间跨接检流计G，由于G好像搭接在abc和adc两条并联支路间的"桥"，故称为电桥。通常R_1和R_2称为比例臂，其比值称为比率，R_b为比较臂，而R_x为未知臂。适当调节可调电阻箱R_b的电阻值，就可以改变各桥臂电流的大小，使b、d两点间的电位相等，从而使通过检流计G中的电流为零，这时电阻箱R_b的电阻值记为R_{b1}，则有

$$I_1 \cdot R_{b1} = I_2 \cdot R_1$$
$$I_1 \cdot R_x = I_2 \cdot R_2$$

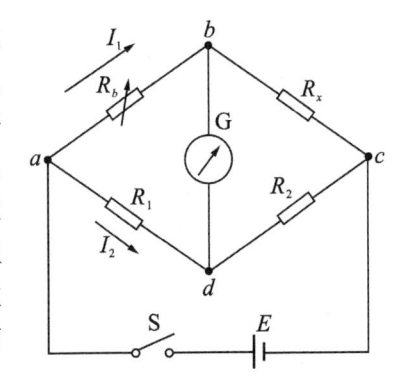

图7.3 平衡电桥

即
$$R_x = \frac{R_{b1} \cdot R_2}{R_1} \tag{11}$$

这就是直流平衡电桥测量电阻的基本原理。如果R_1、R_2未知，交换R_1、R_2位置，重复以上操作，使通过检流计G中的电流为零，这时电阻箱R_b的电阻值记为R_{b2}，则有

$$R_x = \frac{R_{b2} \cdot R_1}{R_2} \tag{12}$$

由式(11)和式(12)可得

$$R_x = \sqrt{R_{b1} \cdot R_{b2}} \tag{13}$$

在实际的测量电路中，R_b可以用高精度的电阻箱，所以用电桥电路测电阻可以达到很高的准确度。

4.用非平衡电桥设计制作热敏电阻温度计。

将图7.3中R_x换成一只热敏电阻，并用图7.4所示的电流计代替检流计G，如图7.5所示，则可用此电桥电路来测量温度。

图7.4 电流计

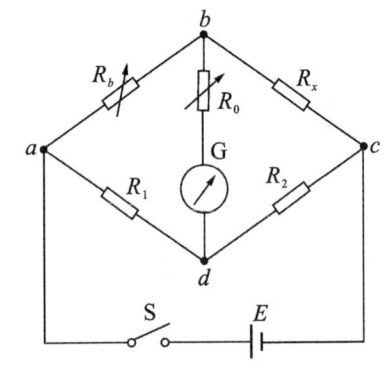

图7.5 非平衡电桥测温电路原理图

当热敏电阻温度发生变化时，检流计G中有电流通过，电桥处于非平衡状态。我们可以用电流计指针的偏转量来表示温度值。

实验 8　电子荷质比与地球磁场的测量

带电粒子的电量与其质量之比称为荷质比(charge－to－mass ratio),是基本粒子的重要参数之一。测定荷质比是研究带电粒子和物质结构的重要方法。1897 年英国人汤姆逊(Thompson, J. J., 1856—1940)通过电磁偏转的方法测量了阴极射线粒子的荷质比,它比电解中的单价氢离子的荷质比约大 2000 倍,从而发现了比氢原子更小的组成原子的物质单元,命名为电子(electron)。1966 年美国华裔物理学家丁肇中(1936 －)重做了当时世界上最重要的一个实验,即测量电子的半径,丁肇中得到的实验结果与理论物理学家推导出的结论相符合。

近代公认的慢速电子荷质比为 $\frac{e}{m} = (1.758802 \pm 0.000005) \times 10^{11}$ C/kg。由于质量的相对论效应,荷质比将随粒子速度的增大而减小。当其速度达到光速之半时,电子的荷质比将为 $\frac{e}{m} = 1.5232 \times 10^{11}$ C/kg。

地磁场是人类生命的保护伞,不但神秘而且有趣。公元 250 年,人类就开始探究地磁场,中国人发明了指南针,沈括(1031—1095)发现了地磁偏角。尽管人类对地磁场研究了几千年,但直到今天还没有真正弄清地磁场的起源。目前关于地磁场产生的原因有多种理论,如永磁体理论,电荷旋转理论,热压电效应理论,温差电效应理论,自激发电机理论,范爱伦带理论等。正是这些研究的深入,人们不断地了解地球奥秘,探索未知的世界,地磁场和人类的生活联系越来越多。现在发现鸽子、海鸥、蝙蝠和乌龟等多种动物都用地球磁场来导航,尽管人类不能感知磁场的存在,但通过设计制作各种仪器设备可以测量地球磁场的大小和方向,并且利用地磁场导航已经有 400 多年的历史了。地球表面以及近地空间的地磁场在不同地区是不同的,这种不同性构成了不同地区的一种典型特征。利用这种特征来确定地理位置,就是地磁导航所依据的基本原理。地磁导航具有无源性,与其他有源制导和导航方式相比,地磁制导与导航在军事领域有着无可比拟的优势。

本实验介绍用磁聚焦的方法测量电子荷质比和地磁场的方法。

【实验目标】

了解阴极射线管(cathode ray tube)的构造及其工作原理,学习磁场聚焦电子束的基本原理;掌握电子束综合实验仪的调节方法,观测电子束在电场中的偏转和电子束在磁场中聚焦的实验现象;掌握利用磁聚焦法测定电子荷质比和地磁场的实验方法;体验电子束在磁场中出现的一次聚焦和二次聚焦的奇妙现象,拓展空间想象力和抽象思维能力。

【实验原理】

1. 示波管的基本构造

图 8.1 示为波管(oscilloscope)结构示意图,其中 F 是灯丝,K 是阴极,G 是控制栅极,A_1 是第一阳极,A_2 是第二阳极,Y 是竖直偏转板,X 是水平偏转板。示波管主要包括荧光屏、电子枪和偏转系统三个部分,它们全都被密封在抽成高真空的玻璃外壳内,从而避免电子与气体分子碰撞而引起电子束散射。

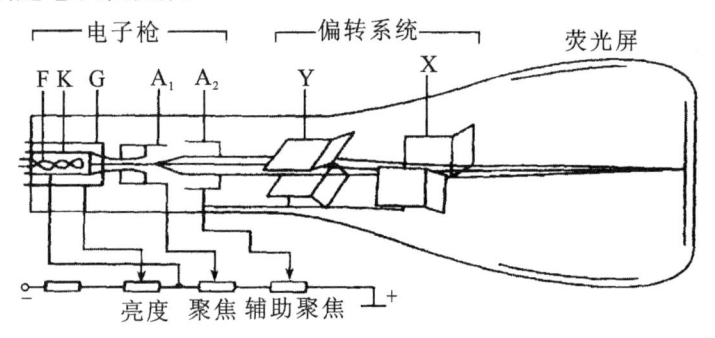

图 8.1 示波管结构示意图

① 荧光屏。荧光屏是示波器的显示部分,当被加速聚焦后的电子打到荧光屏上时,屏上所涂的荧光物质就会发光,从而显示出电子束的位置。当电子束停止发射后,荧光剂发光还能维持一定时间,称为余晖效应(afterglow effect)。

② 电子枪。电子枪由灯丝、阴极、控制栅极、第一阳极、第二阳极 5 部分组成。灯丝通电后加热阴极,阴极是一个表面涂有氧化物的金属筒,被加热后其中的自由电子从金属表面逸出。控制栅极 G 是一个右端有小孔的圆筒,套在阴极外面,它的电位比阴极低,对阴极逸出的电子起控制作用,只有初速度较大的电子才能穿过栅极顶端的小孔,然后在阳极电压加速下奔向荧光屏。调节示波器面板上的"亮度",就是通过调节控制栅极 G 的电位以控制射向荧光屏的电子流密度,从而改变屏上的光斑亮度。阳极电位比阴极电位高很多,电子被它们之间的电场加速而形成射线。当控制栅极、第一阳极、第二阳极之间的电位调节合适时,电子枪内的电场对电子射线有聚焦作用,所以第一阳极也称作聚焦阳极。第二阳极电位更高,又称为加速阳极。面板上的"聚焦"调节,就是调节第一阳极电位,使荧光屏上的光斑更清晰。有的示波器还有"辅助聚焦"功能,该功能实际上就是调节第二阳极电位。

③ 偏转系统。偏转系统由两对相互垂直的偏转板组成,一对是垂直偏转板,一对是水平偏转板。在偏转板上加以适当电压,电子束通过时,其运动方向发生偏转,从而使电子束在荧光屏上光斑的位置发生改变。容易证明,光点在荧光屏上偏移的距离与偏转板上所加的电压成正比,因而可将电压的测量转化为屏上光点偏移距离的测量,这就是示波器测量电压的原理。

2. 磁聚焦原理

置于长直螺线管中的示波管,在偏转电极不加电压和无磁场状况下,示波管正常工作时,调节亮度和聚焦,可在荧光屏上看到一个小亮点。

从阴极表面逸出的电子速度很低,可以认为电子在轴向经阳极(阳极电压 V_2)加速后速度 v_z 是相同的,即

$$\frac{1}{2}mv_z^2 = eV_2 \tag{1}$$

当给垂直偏转板加上交变电压时,电子将获得垂直于轴向的分速度(用 v_r 表示),此时荧光屏上便出现一条直线。然后给长直螺线管通一直流电流 I,螺线管内便产生磁场,其磁感应强度用 B 表示。磁场 B 中运动的电子受到洛伦兹力的作用(v_z 方向受力为零),在垂直于轴线方向(磁场方向)的平面内做圆周运动,设其圆周运动的半径为 R,则有

$$\frac{mv_r^2}{R} = ev_r B \tag{2}$$

其中,m 为电子质量。电子做圆周运动一周所用时间,即周期 T 为

$$T = \frac{2\pi R}{v_r} = \frac{2\pi m}{eB} \tag{3}$$

由此可见,只要 B 保持不变,周期 T 是相同的,当 v_r 不同时,R 也不同,但 T 仍然相同。由于电子在轴向以相同的速度 v_z 做匀速直线运动,所以电子的运动轨迹是因 v_r 而异的螺旋线,螺距为

$$h = v_z T = \frac{2\pi m}{eB} v_z = \frac{2\pi m}{eB} \sqrt{\frac{2eV_2}{m}} \tag{4}$$

也就是说,从第一交叉点出发的电子束,虽然各个电子径向速度 v_r 不相同,但因 v_z 相同,各电子将沿不同螺旋线前进经过距离 h 后,将重新会聚一点,如图 8.2 所示,这就是磁聚焦原理。

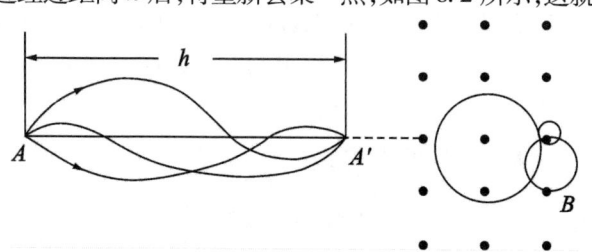

图 8.2 磁聚焦原理图

由式(4)可得电子的荷质比为

$$\frac{e}{m} = \frac{8\pi^2 V_2}{h^2 B^2} \tag{5}$$

对于有限长的螺线管,B 近似取其轴线上中心处的值,即

$$B = \frac{\mu_0 NI}{\sqrt{L^2 + D^2}} \tag{6}$$

上式中,$\mu_0 = 4\pi \times 10^{-7}$ H/m 为真空磁导率,N、L 分别为螺线管的匝数和长度,D 为螺线管的直径,I 为螺线管的励磁电流,代入式(5)得

$$\frac{e}{m} = \frac{8\pi^2 V_2 (L^2 + D^2)}{\mu_0^2 N^2 h^2 I^2} \tag{7}$$

3. 地球磁场测量原理

当改变磁场 B（改变励磁电流）使电子束聚焦后，若在保持加速电压不变的情况下改变磁场方向，且保持 B 值大小不变，电子在屏上的聚焦状态应不变。但事实上，电子束在屏上的聚焦状态会发生明显改变。显然，这是由于地磁场的影响。若要使电子束的聚焦状态不变，需要改变励磁电流大小（即改变 B 值大小）。这样做的目的是为了补偿地磁场的影响。由此可知，磁感应强度正、反两次的平均值与任一次（正向或反向）磁感应强度值之差即为地磁场磁感应强度沿螺线管轴线方向分量的大小。根据这一原理可以测出地磁场水平分量和垂直分量，从而确定出地磁场的大小和方向。王玉清对此实验现象进行了实验研究，在此对他的研究成果应用于我校实验教学表示衷心感谢。

慢慢增大励磁线圈电流到 I_1 时（螺线管中的磁感应强度为 B_1），荧光屏上显示的直线轨迹逐渐聚焦成一小光点；变换磁线圈电流方向，慢慢增大励磁线圈电流到 I_2 时（螺线管中的磁感应强度为 B_2），荧光屏上显示的直线轨迹也逐渐聚焦成一小光点。依据式（6）有

$$B_1 = \frac{\mu_0 N I_1}{\sqrt{L^2 + D^2}}, \quad B_2 = \frac{\mu_0 N I_2}{\sqrt{L^2 + D^2}}$$

由以上分析可知，螺线管所处的外界环境中的磁感应强度沿螺线管轴线方向的大小为

$$B_{/\!/} = B_1 - \frac{B_1 + B_2}{2} = \frac{\mu_0 N}{\sqrt{L^2 + D^2}} \cdot \frac{I_1 - I_2}{2} \tag{8}$$

将螺线管方位调整到与罗盘中指针 N、S 极所指的方向一致，借助水平仪将螺线管调节到水平状态，使螺线管内轴向磁场方向和地球磁场水平分量的方向相互平行。这时由式（8）可测得地球磁场磁感应强度的水平分量 $B_{/\!/}$。根据正反两次电流的大小可判断其方向。

借助水平仪或铅垂线把螺线管调节到竖直放置，由式（8）即可测得地球磁场磁感应强度的垂直分量 $B_\perp$。根据正反两次电流的大小也可判断其方向。地磁场总量的大小 B 为

$$B = \sqrt{B_{/\!/}^2 + B_\perp^2}$$

地磁场的方向用它与水平方向的夹角 θ 表示

$$\theta = \arctan \frac{B_\perp}{B_{/\!/}}$$

【实验器材】

电子束综合实验仪，仪器参数为：螺线管线圈匝数 $N = 526$ T，螺线管的长度 $L = 0.234$ m，螺线管的直径 $D = 0.090$ m，Y 偏转板至荧光屏距离 $h = 0.145$ m。

【实验内容】

1. 准备

实验前检查励磁电流电源开关应处于关闭状态，并把励磁电流调节旋钮逆时针旋到底，做好测量准备工作。

实验 8　电子荷质比与地球磁场的测量

2. 观察磁聚焦现象，测量电子荷质比

① 开启实验仪电源开关，"电子束/荷质比"转换开关置于荷质比位置，此时荧光屏上出现一条直线，把阳极电压调到 700 V。

② 开启励磁电流电源，逐渐加大电流，可以看到荧光屏上的直线一边旋转一边缩短，直到变成一个小光点，此时为第一次聚焦，读取并记录此时励磁电流值。继续增大励磁电流，荧光屏上光点又发散而后又一次变成小光点，此时为第二次聚焦，读取并记录此时励磁电流值。当励磁电流较大时，及时记录聚焦电流，不可长时间施加励磁电流。

将电流调为零。再将电流换向开关扳到另一侧，再从零开始增加电流使屏上的直线反方向旋转并缩短，依次出现第一次、第二次聚焦，记录两次聚焦时的励磁电流值。

③ 改变阳极电压为 800 V，重复步骤②，实验数据填入表 8.1 中。

表 8.1　磁聚焦测量电子荷质比

电流 \ 电压	700 V 第一次聚焦	700 V 第二次聚焦	800 V 第一次聚焦	800 V 第二次聚焦
$I_{正向}$(A)				
$I_{反向}$(A)				
$I_{平均}$(A)				
电子荷质比 $\frac{e}{m}$				

④ 实验结束时，先把励磁电流调节旋钮逆时针旋到底，然后关闭电源。

⑤ 计算出电子荷质比测量结果的平均值，与公认值比较，计算测量误差，分析实验结果。

3. 测量地球磁场

自拟实验方案，测量本地地球磁场的水平分量和垂直分量，计算出本地地球磁场倾角。

【实验风险与伦理】

1. 实验操作过程中示波管亮度调节适中，以免影响荧光屏的使用寿命。

2. 当励磁电流较大时，及时记录聚焦电流，不可长时间施加励磁电流，以免励磁线圈发热损坏。

3. 实验操作过程中，随时与小组成员沟通，避免出现以上实验事故。

【思考与实践】

1. 在磁聚焦实验中，当螺线管中电流 I 逐渐增加，电子射线从一次聚焦到二次、三次聚焦，荧光屏的亮暗如何变化，试做解释。

2. 测量电子荷质比除了本实验的测量方法外，还有许多实验也可以测量出电子荷质比。如塞曼效应、费米－狄拉克分布实验、双电容器法、水解法、磁控管法等。通过查阅相关资料，比较各种测量电子荷质比方法的特点。

实验9 永磁悬浮与电磁悬浮

在生活中我们常常会接触到各种形状的磁铁,磁铁的磁极之间有同性相斥和异性相吸的性质,磁铁磁极间的这种相互排斥力或吸引力会随着磁极间距离的变化而变化。永磁悬浮(permanent magnetic levitation)是利用磁铁同性磁极间相互排斥的性质,在垂直方向上悬浮磁体受到的排斥力与重力平衡而悬浮的。那么,永磁体悬浮必须满足哪些物理条件呢?

电磁悬浮(electromagnetic levitation)就更加神奇,2006年建成运行的上海浦东机场到龙阳路的电磁悬浮列车,时速可以达到400 km/h。电磁悬浮是依赖复杂的电磁控制技术来实现悬浮的,本实验将为你揭开电磁悬浮的电磁原理和其中蕴含的自动控制技术。

【实验目标】

探究永磁体磁极之间相互作用力与距离关系,能够定性分析永磁悬浮的物理条件;学习霍尔效应(Hall effect)原理及其应用,掌握利用霍尔元件测量磁场的方法;理解霍尔元件在闭环控制电路中的作用,了解闭环控制电路方式下实现电磁悬浮的基本原理;体验永磁体在空中悬浮的奇妙现象。

【实验原理】

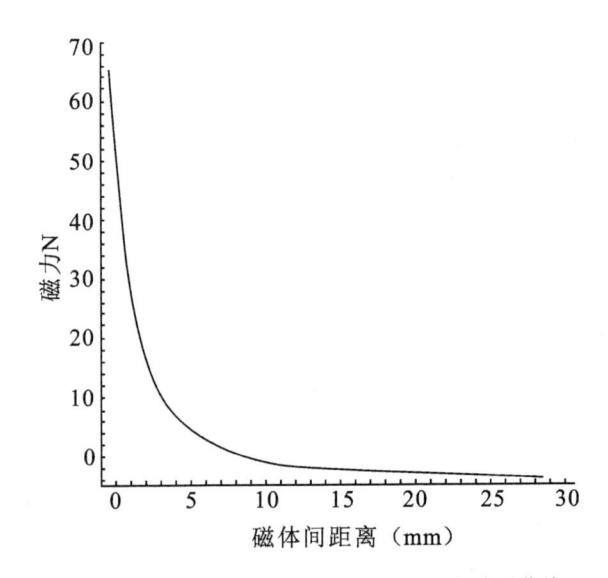

1.磁体间相互作用力

磁体间相互作用力与磁体间距离关系曲线如图9.1所示,在磁体间距离较大时,其相互引力近似为0,可忽略不计;随着磁体间距离的减小,磁体间相互作用力逐渐增大,在磁体间距离较小的范围内,随着磁体间距离的减小,其相互作用力会急剧增大。

2.霍尔效应与霍尔开关

霍尔效应从本质上讲是运动的带电粒子在磁场中受洛伦兹力作用

图9.1 磁体间相互作用力与磁体间距离关系曲线

而引起的移位,这种移位会导致在垂直电流和磁场方向上产生正负电荷的聚积,从而形成附加的横向电场,即霍尔电场。

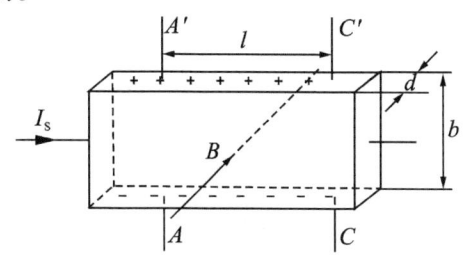

图9.2 霍尔效应原理示意图

当一块通有电流的半导体薄片垂直地放在磁场中时,薄片的两端就会产生电位差,这种现象就称为霍尔效应,如图9.2所示。此电位差值称为霍尔电势 U_H

$$U_H = U_{AA'} = K\frac{I_S B}{d}$$

式中,K 为霍尔系数,I_S 为薄片中通过的电流,B 为外加磁场的磁感应强度,d 是半导体薄片的厚度。利用霍尔效应原理,若已知 K、I_S、d,则可通过测量 U_H,从而得到磁场的磁感应强度 B。

利用霍尔效应原理不仅可以测量磁场的大小和方向,还可以制成各种霍尔传感器,将微小位移、应力、角度、转速等非电学物理量转换为电学量,在工业自动控制、检测技术和信息处理等领域得到广泛的应用。应用霍尔效应原理设计制作的手持式钳形电流表(图9.3),可用来不接触地测量电路中的电流,通常用于测量较大的电流。

霍尔开关是在霍尔效应原理的基础上,利用集成封装和组装工艺制作而成的,它可方便地把磁场信号转换成开关电信号。当磁场变化达到一定的大小时,霍尔开关内部的触发器翻转,霍尔开关的输出电平状态也随之翻转。也

图9.3 钳形电流表

就是说,当霍尔开关所处磁场增强(或减弱)到某一强度时,霍尔开关输出电平会发生跳变。

3. 闭环控制方式

闭环控制是根据控制对象输出反馈来进行校正的控制方式,它是在测量出实际输出值与预先设置值之间发生偏差时,按定额或标准做出相应的纠正。闭环控制,从输出量变化取出控制信号作为比较量反馈给输入端,控制输入量。一般这个取出量和输入量相位相反,所以叫负反馈控制,自动控制通常采用这种负反馈闭环控制方式。

【实验器材】

永磁体、永磁悬浮演示器,太阳能悬浮电动机、手持式钳形电流表、霍尔开关演示仪、上推式电磁悬浮演示仪、上拉式电磁悬浮演示仪、悬浮地球仪。

【实验内容】

1. 探究永磁体磁极间相互作用力与距离的关系

将一个永磁体靠近另一个永磁体,在移动永磁体的过程中,体验手上受力的变化规律。如图9.4所示。永磁体之间的相互作用力与两者之间距离有什么关系?

图9.4 永磁体磁极间相互作用力演示仪

2. 使用手持式钳形电流表测量电路电流

用钳形电流表测量电路中的直流电流(DC)和交流电流(alternating current)。按照图9.2霍尔效应原理分析钳形电流表测量交流电电流的原理。

3. 利用霍尔开关控制电机运行

手持霍尔开关慢慢地靠近电机轴上的磁体,如图9.5所示,观察电机通电后的旋转现象。改变霍尔开关与磁体间的距离,观察电机通电启动与断电减速现象,电机通电或断电与什么有关系?

分析观察到现象中包含着什么控制原理。

图9.5 霍尔开关控制电机

4. 闭环控制方式实现电磁悬浮

接通电磁悬浮演示仪的电源,小心地将永磁体放到线圈附近,试着将它悬浮起来,如图9.6所示。在操作过程中,霍尔元件用来探测磁场大小,并反馈给线圈电流控制电路,控制电路调节线圈供电电流大小,从而保证电磁场大小刚好使得永磁体悬浮起来。这是一个完整的闭环控制系统。

比较上推式电磁悬浮与上拉式电磁悬浮原理是否相同?

实验 9 　永磁悬浮与电磁悬浮

（a）上推电磁悬浮　　　　　　（b）上拉式电磁悬浮

图 9.6 　电磁悬浮演示仪

【实验风险与伦理】

1. 为了保证实验现象的顺利再现,实验操作过程中,仪器应远离强磁场和导磁性良好的铁磁性材料。

2. 强磁铁异性磁极接近时,瞬间会产生巨大吸引力而快速吸合。实验操作过程中要与小组成员密切配合,随时相互提醒,避免损坏磁体或伤及皮肤等事故。

【思考与实践】

1. 钳形电流表和高斯计都是利用霍尔效应原理设计制造的电磁测量仪器,不仅可以测量直流电流和稳恒磁场,还可以测量交变电流和交变磁场。当测量交变电流和交变磁场时,图 9.2 中霍尔元件上下两侧聚集的电荷极性,将会随着测量交变电流和交变磁场的变化不断地变换极性。查阅资料,了解霍尔电势建立时间,深刻体会钳形电流表和高斯计测量交变电流和交变磁场的频率极限。

2. 闭环控制方式在常见电器和工业控制中得到了广泛的应用。如冰箱和空调的控温系统、电梯运行控制系统、PID 调制系统等。查阅相关资料,体会闭环控制方式的特点。

实验10　超导磁悬浮

　　超导体(superconductor)是一种非常独特的导体,那么,什么是超导体?为什么很神秘?
　　我们先从导体说起。按导电性能分,可将材料分为导体、半导体和绝缘体。众所周知,导体是有电阻的,在导电的过程中会消耗电能。不同类型导体的电阻不同,在18 ℃下,常见金属导体的电阻率由小到大依次为银、铜、金、铝、锌、铁、铂、锡、铅、汞。在这些导体中,银的电阻率最小、汞的电阻率最大;当温度降低时,导体的电阻率一般都会减小,那么,导体的电阻是如何减小的?是连续减小、还是突变性减小?
　　1911年,荷兰物理学家昂内斯(Onnes,H. X.,1853—1926)在研究低温条件下温度对导体电阻的影响规律时,发现了一种非常奇特的现象,当温度下降到-269 ℃时,水银的电阻突然消失了。这是以前从未出现过的现象,是人类历史上首次发现零电阻的现象,昂内斯将这一现象称为"超导电性",将具有这种超导电性的材料称为"超导体"。
　　除了零电阻特性之外,超导体还有一个基本特性,即完全抗磁性。这一特性是1933年由德国科学家迈斯纳(Meissner,W.)和奥森菲尔德(Ochsenfeld,R.)发现的,简称为迈斯纳效应。完全抗磁性是指在弱磁场条件下的超导体处于超导状态时,体内的磁感应强度为零的现象。
　　只有零电阻特性的导体可称之为理想导体,理想导体并不是超导体。超导体必须同时具有零电阻特性和完全抗磁性。从磁场对超导体磁化行为的影响规律看,超导体又可分为第一类超导体和第二类超导体。简单地说,第一类超导体只有一个临界磁场(Hc),在临界磁场以下,处于超导态的超导体体内的磁感应强度为0;当外加磁场大于其临界磁场时,超导体由超导态转变为正常态,简称超导体失超,不再具有超导电性,超导体体内的磁感应强度与外加磁场相同。
　　第二类超导体有两个临界磁场,磁场强度较小的称为下临界磁场(Hc1),磁场强度较高的称为上临界磁场(Hc2)。当外加磁场小于Hc1时,处于超导态的超导体体内的磁感应强度为零;当外加磁场大于Hc1、小于Hc2时,外加磁场会进入超导体,并以磁通涡旋线的形式分布在超导体内,磁通涡旋线所在处为正常态,其余部分仍为超导态,这种混合态超导体仍具有很好的超导特性;当外加磁场大于Hc2时,超导体由超导态转变为正常态,超导体失超,不再具有超导电性,超导体体内的磁感应强度与外加磁场相同。
　　超导体具有三个临界参数:临界温度(Tc)、临界电流密度(Jc)、临界磁场(Hc),要想利用超导体的超导特性,必须使超导体的温度低于其Tc、通过超导体的电流密度小于其Jc、外加磁场小于其 Hc(对于第二类超导体小于 Hc2)。这三个参数既相互联系又相互影响,只有这三个参数同时满足条件时,超导体才具有超导特性。

1986 年柏诺兹(Bednorz, J. G.)和缪勒(Müller, K. A.)发现了 35 K 超导的镧钡铜氧体系。这一突破性发现导致了更高温度的一系列稀土钡铜氧化物超导体的发现。柏诺兹和缪勒也因为他们的开创性工作而荣获了 1987 年度诺贝尔物理学奖(Noble prize in physics)。

1987 年初吴茂昆(1949—)、朱经武(1941—)和中国科学院物理研究所赵忠贤(1941—)等宣布了 90K 钇钡铜氧超导体的发现,第一次实现了液氮温度(77.3 K)这个温度壁垒的突破。此后临界温度超过 90 K 的超导体相继被发现,包括 Y-Ba-Cu-O、Bi-Sr-Ca-Cu-O、Tl-Ba-Ca-Cu-O、Hg-Ba-Ca-Cu-O 等,其中,Hg-Ba-Ca-Cu-O 临界温度最高达 135 K,从而开创了液氮温度超导体(称之为高温超导体)的新纪元。2000 年以后,人们又发现了 MgB_2、铁基超导材料、H_2S 等超导材料。其中,H_2S 在约 150 万个大气压下的临界温度高达 203 K。用 BCS 理论(解释常规超导体的超导电性的微观理论)无法解释这些高温超导现象,关于高温超导体的理论机制至今仍不清楚,是目前材料科学和凝聚态物理的研究重点和热点之一。

由于超导材料独特的物理特性,使其在大电流传输电缆、强磁场磁体、核磁共振成像仪、超导电机和发电机、微波器件、超导量子干涉器件、磁力船舶推进系统、电磁弹射装置、磁悬浮列车、大型强子对撞机(Large Hadron Collider, LHC)、国际受控热核聚变实验堆(International Thermonuclear Experimental Reactor, ITER)等国际大型科技工程方面,得到了广泛应用,并取得良好的经济和社会效益。高温超导材料及其相关应用技术的实用化,将对国民经济发展密切相关的能源、交通、医疗及相关产业的升级等起到积极的推进作用。

【实验目标】

认识超导体,掌握液氮的操作方法;通过探究永磁体与超导体之间相互作用,了解超导体的基本特性;初步学习使超导体悬浮运动磁场分布的设计思路,动手操作、观察超导体在束缚磁场中悬浮运动的奇妙现象;理解交流异步电动机的驱动原理,了解交流异步电动机的拓展应用;体会楞次定律的简洁美和科学探究的思想方法。

【实验原理】

1. 楞次定律

俄国物理学家海因里希·楞次(Heinrich Friedrich Lenz, 1804—1865)在 1834 年发现了楞次定律。楞次定律表述为:感应电流具有这样的方向,即感应电流的磁场总要阻碍引起感应电流的磁通量的变化。楞次定律还可表述为:感应电流的效果总是反抗引起感应电流的原因。楞次定律(Lenz's law)是一条电磁学的基本定律,可以用来判断由电磁感应而产生的电动势的方向。

2. 超导体特性

超导体是一种独特的材料,当超导体处于其临界温度 Tc 以上时,超导体处于正常态,和其他材料一样;当超导体处于其临界温度 Tc 以下时,超导体处于超导态,具有宏观量子力学特性,具体表现为零电阻特性和完全抗磁特性。处于超导态的超导体,其中许多只有在外加磁场很小的情况下才能呈现完全抗磁特性。

根据材料的磁学特性,可以判断它是属于抗磁性、顺磁性、铁磁性、反铁磁性、还是亚铁磁性。也可根据材料与永磁体之间的相互作用来判断其磁学特性。如具有铁磁性的材料与永磁体之间的相互作用为吸引力,而具有抗磁性的材料与永磁体之间的相互作用为排斥力。

3. "小峡谷"型束缚磁场

利用如图 10.1(a)或(b)所示小磁体阵列,可以产生如图 10.2 所示(彩色图片见彩色插页)的磁场分布。

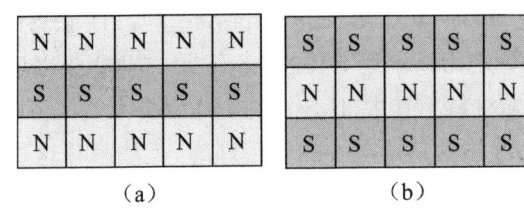

(a)　　　　　　(b)

图 10.1　"小峡谷"型束缚磁场磁体阵列

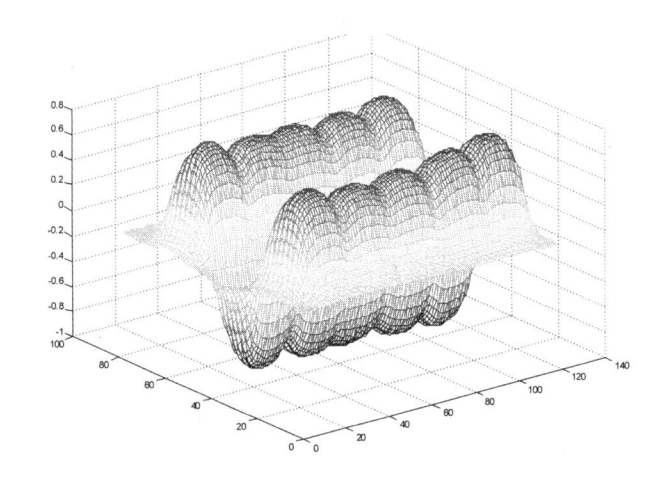

图 10.2　"小峡谷"型束缚磁场分布示意图

4. 旋转磁场与交流电机原理

通常三相交流电机的定子都有对称的三相绕组,任意一相绕组通以交流电流会产生脉振磁场。但若以平衡三相电流通入三相对称绕组,就会产生一个在空间旋转的磁场。旋转磁场是电能和转动机械能之间互相转换的基本条件。如三相感应电动机,定子绕组由三相交流电源供电,转子绕组中的电流靠电磁感应产生,从而把电能变成机械转动能。

磁场的对称轴线随时间而转动,其转速 n_s 由电流频率 f 和磁极对数 P 决定,计算公式为 $n_s = 60\dfrac{f}{P}$,n_s 称为同步转速(以转每分表示)。我国应用的工业电源的频率 f 为 50 Hz,于是两极电机($P=1$)的 $n_s = 3000$ 转/分;四极电机($P=2$)的 $n_s = 1500$ 转/分;依此类推。

如果将三相交流电的 3 个引出线任意两个对调再接向电源,即通入三相绕组的电流相序相反,则旋转磁场的转向也跟着相反。

【实验器材】

铜管,铝管,塑料管,永磁体;楞次定律演示仪;超导体,玻璃器皿,液氮,竹镊子;样品盒,垫片若干,旋转磁极,小电机,环形永磁体轨道。

【实验内容】

1. 楞次定律演示

① 用磁棒分别插入图 10.3 所示楞次定律演示仪两侧的金属闭口环和金属开口环中,观察会发生什么现象?改变插入磁棒速度,会有什么异同?用楞次定律解释实验现象。

图 10.3 楞次定律演示仪

② 将永磁体分别放入垂直的铜管、铝管和塑料管中,观察永磁体下落快慢的区别。为什么?试用楞次定律解释这一现象。

想象如果用一种电阻接近零的材料做管子,会出现什么现象?

2. 探究永磁体与超导体之间的相互作用

改变超导体与永磁体的组合形式和冷却方式,通过观察、操作体验,掌握超导体与永磁体之间磁力特性。

① 常温下,让永久磁体接近和离开超导体,如图 10.4(a)所示,永久磁体与超导体之间有相互作用力吗?

图 10.4 探究永磁体与超导体之间磁力特性的实验装置

② 将超导体置于玻璃皿中(远离磁场),在玻璃器皿中加入液氮,等待超导体被冷却到液氮温度(零场冷),如图10.4(c)所示。超导体被冷却后,用竹镊子将永久磁体夹紧,并置于超导体之上,手能感觉到永久磁体和超导体之间的作用力吗?为什么?

③ 将超导体置于玻璃皿中,然后把永久磁体放置到超导体上面,在玻璃器皿中加入液氮,等待超导体被冷却到液氮温度(场冷),如图10.4(b)所示。超导体被冷却后,用竹镊子夹起永久磁体,永久磁体会从超导体上被夹住拿走吗?

④ 将超导体置于玻璃皿中,将永久磁体置于超导体之上一定高度处(如用塑料片垫高5 mm),在玻璃器皿中加入液氮,等待超导体被冷却到液氮温度(场冷),如图10.4(d)所示。超导体被冷却后,拿掉垫高的塑料片,会发生什么现象?用竹镊子夹紧永久磁体提起来,会看到什么现象?为什么?

3. 超导体在"小峡谷"型束缚磁场中悬浮运动

将超导体置于上部开口的小容器中,放置到在如图10.5所示的小磁体阵列轨道上(用塑料垫高5 mm),在小容器中加入液氮,等待超导体被冷却到液氮温度(场冷)。超导体被冷却后,拿掉垫高塑料片,推动超导体,观察到超导体会怎样运动?为什么?

图 10.5　探究超导体在"小峡谷"型束缚磁场中悬浮运动

4. 观察旋转的4只磁体对导体(或转子)的驱动和制动作用

在超导磁悬浮列车模型两侧固定铝板,当悬浮的磁悬浮列车模型经过如图10.6所示的1对旋转磁极时,观察磁悬浮列车模型被加速或被制动的现象。你能解释这样的现象吗?

图 10.6　探究旋转磁场对导体的驱动和制动作用

【实验风险与伦理】

1. 实验中使用液氮时,一定要注意安全。戴上安全眼镜或面罩,不要让液氮碰到皮肤。接触任何被液氮冷却的物体时应戴上手套。

2. 不要在通风不良的房间中使用液氮,并且不要将液氮倒在地板上,因为液氮会降低空气中的氧气含量而使人窒息。

3. 永磁体和超导体硬度虽高,但易摔掉棱角或摔碎(这一点与玻璃类似)。使用过程中,避免与硬度较高物体(如金属轨道、桌面、地面)相撞,更不能摔到地面。

4. 实验操作过程中要与小组成员密切配合,随时相互提醒,避免损坏超导体或出现液氮伤及皮肤等事故的发生。

【思考与实践】

1. 图 10.6 中的 1 对旋转的 4 只磁体,会产生怎样的磁场?它会对固定铝板的磁悬浮列车模型起到加速或制动作用,这和异步电动机原理相同吗?

2. 超导体的三个基本特性是:完全电导性、完全抗磁性、通量量子化。超导体具有三个临界参数:临界转变温度 T_c、临界磁场强度 H_c、临界电流密度 J_c。查阅相关资料,了解超导体特性及相关参数的意义。

实验 11　几种气体制备装置性能的比较

说起 H_2、O_2、CO_2 等气体的制备，眼前就会浮现出很多种装置，最熟悉的莫过于启普发生器（Kipp generator）。此外，还有一些简易的制气装置也在使用中。但是，这些装置还都存在着一些问题，这就要求我们不断改进，创造出更新形式的气体发生器。

【实验目标】

观察并认识启普发生器、简易气体制备装置以及滴液式气体制备装置的结构；理解这些气体发生器的工作原理；比较这几种气体制备装置操作的难易程度、试剂使用量、气体生成速率等性能；体会气体发生装置的发明与流行是一个任务驱动式的无止境的过程。

【实验原理】

如图 11.1，气体发生器均由漏斗（或具有相同功能的组件）、分成上下两部分的容器和带活塞的导气管三部分组成。启普发生器工作原理是：当导气管活塞打开时，通过液体的压力使液体与固体颗粒接触，发生化学反应，产生气体；活塞关闭时，通过化学反应生成气体的压力使液体与固体颗粒脱离接触，停止反应。简易制气装置则是通过关闭活塞，停止滴液，

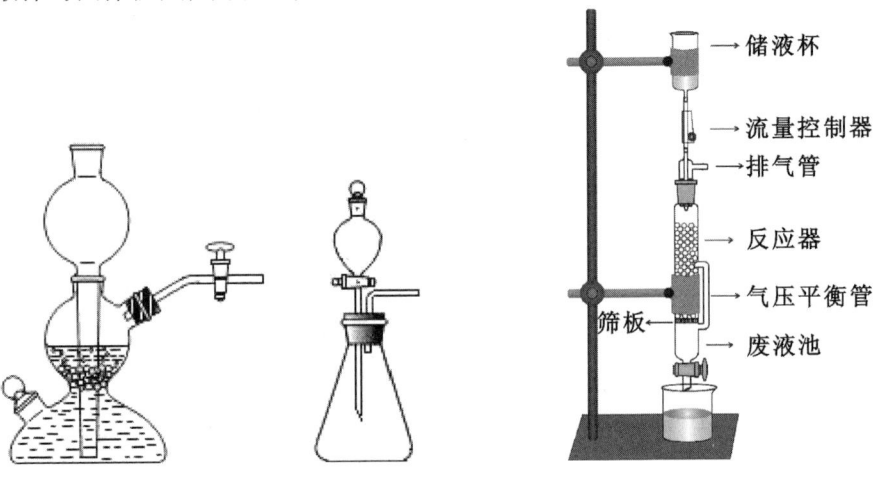

(a) 启普发生器　　(b) 简易制气装置　　(c) 滴液式气体发生器

图 11.1　气体发生装置

也就停止反应。滴液式气体发生器中,储液杯中的液体通过流量控制器滴加到反应器中的固体颗粒上,液滴自上而下,与固体充分接触,充分反应,最后,反应完全的溶液流到废液池中。

实验室常用稀盐酸和大理石(主要成分 $CaCO_3$)反应制取 CO_2。常温常压下,CO_2 是一种无色无味气体,密度比空气的密度大,能溶于水。它不能燃烧,通常也不支持燃烧。

$$CaCO_3 + 2HCl == CaCl_2 + H_2O + CO_2\uparrow$$

【实验器材】

1. 仪器的规格与名称

启普发生器、简易制气装置、滴液式气体发生器、6 mm × 9 mm 乳胶管、φ6 mm 玻璃管、250 mL 集气瓶、火柴、导管若干、铁架台、十字头、烧瓶夹、表面皿。

2. 试剂的规格与名称

大理石颗粒、4 mol/L HCl、pH 试纸。

3. 典型仪器的规格与操作说明

滴液式气体发生器。

(1)装置

为玻璃材质,由储液杯、流量控制器、排气管和反应容器组成。储液杯盛放反应溶液。流量控制器由一次性输液器裁剪而成,通过滑轮控制液体滴加速度。排气管是一个具有2个支管的磨砂玻璃塞。其中一个支管排气,另一个支管与流量控制器连接。反应容器由反应器、气压平衡管、玻璃筛板、废液池及活塞组成。气压平衡管将反应器与废液池连通,调节装置内部的压力。玻璃筛板盛放颗粒状固体试剂和排放废液。废液池存放反应后的液体。根据需要,利用活塞控制反应容器中液体的量。

(2)操作

① 按照图 11.1 组装实验装置,检查气密性。

② 向反应器中加入适量的固体反应试剂,关闭活塞和流量控制器,再向储液杯中加入适量的反应溶液。

③ 缓慢打开流量控制器,反应液流经排气管滴加到固体反应物上,立即产生气体,气体通过排气管流入集气瓶中,反应后的废液通过筛板进入废液池。

④ 通过流量控制器调节反应液的滴加速度,进而控制气体的产生速率。

⑤ 当废液池内液面接近筛板时,打开活塞排出废液。

⑥ 当停止滴加反应液时,反应随即停止。

【实验内容】

1. 认识不同类型气体发生器

观察启普发生器、简易制气装置、滴液式气体发生器的组成与结构。通过拆装仪器,理解这些气体发生器的工作原理。

2. 比较三种制气装置的性能

分别用启普发生器、简易制气装置和滴液式气体发生器制备 250 mL CO_2 气体,记录它们消耗的反应液的量、废液 pH 等,并完成表 11.1。

表 11.1 三种制气装置性能比较

装置	反应液消耗量	气速可控否	能否连续长时间制取气体	废液 pH	仪器清洗时间
启普发生器					
简易制气装置					
滴液式气体发生器					

【实验风险与伦理】

1. 未反应的溶液倒入指定回收瓶中,废液倒入废液桶中。
2. 稀盐酸具有腐蚀性,操作时注意个人防护。

【思考与实践】

1. 查阅资料,还有哪些固—液反应不加热的制气装置,它们的结构与组成有什么特点?
2. 在不改变发生器结构前提下,如何用滴液式气体发生器制备 O_2?

实验 12　可燃性气体爆炸极限的测定

可燃性气体(flammable gas)作为能源,广泛应用于工业和家庭,给人类社会的进步带来很大的便利。但是由于人们对可燃性气体潜在风险缺乏必要的认识,近年来气体爆炸事故时有发生,造成了生命和财产的巨大损失。

如何在大学和中学实验室里安全易行地演示(demonstrate)可燃性气体的燃烧(combustion)、爆鸣(blast),并对其爆炸极限(explosion limit)进行研究是我们亟待解决的问题。本实验以 H_2、CH_4 作为可燃性气体代表,利用气体爆鸣实验装置进行研究,促使实验者对气体燃烧、爆炸进行理性、直观的认识,从而提高安全意识(safety consciousness),规避实验风险(experiment risk)。

【实验目标】

学习气体爆鸣实验装置的构造及原理,了解 H_2、CH_4 的实验室制备方法及燃烧、爆炸发生的条件;独立完成 H_2、CH_4 的实验室制备和爆炸极限的测定;掌握可燃性气体安全使用方法和防范其爆炸应采取的措施;体会量变到质变规律在生活中的价值。

【实验原理】

可燃性气体在空气中达到一定浓度(concentration)时,遇到明火就会发生爆炸。这个能发生爆炸的浓度,叫作爆炸极限(explosion limit)。爆炸极限一般用可燃性气体在爆炸混合物中的体积分数来表示,最低体积分数称为低限(或下限),最高体积分数称为高限(或上限)。当可燃性气体浓度低于下限时,过量空气的冷却作用,阻止了火焰的蔓延,因此不爆炸也不着火;当可燃性气体浓度高于上限时,空气不足,导致火焰不能蔓延,也不会爆炸,但能燃烧。H_2、CH_4 都是易燃易爆气体,与空气体积比爆炸极限,前者是 4.0%~75.6%,后者是 5.0%~15.4%。也就是说,当空气中 H_2、CH_4 的体积分数(volume fraction)在 4.0%~75.6% 和 5.0%~15.4% 这个范围内的任何一个体积,都会发生爆炸。

【实验器材】

1. 仪器的规格与名称

滴液式气体发生器、气体爆鸣器、7#橡胶球胆(2 个,分别装 H_2、CH_4)、100 mL 量筒、

18 mm×180 mm 试管、6 mm × 9 mm 乳胶管、φ6 mm 玻璃管、100 mL 针筒、止水夹、酒精灯、铁架台、升降台、火柴、32 mm × 200 mm 大试管、单孔橡胶塞、玻璃导气管(120°,30°,尖嘴直管)、研钵、水槽、天平、烘箱、脱脂棉、镊子、药匙、玻璃棒。

2. 试剂的规格与名称

20% H_2SO_4 溶液、锌粒(CP)、无水 CH_3COONa(CP)、NaOH(CP)、CaO(CP)。

3. 典型仪器的规格与操作说明

气体爆鸣器：用于演示可燃性气体的燃烧及测量可燃性气体的爆炸极限。它由电池盒、点火器、储气杯及爆炸演示笼等部件构成，如图 12.1(a)、(b)。爆炸演示笼为金属材质，用于防止爆炸时储气杯乱飞。储气杯是塑料(plastics)材质，其体积通过所盛水的体积测量。点火器用于引爆混合气体。用针筒分别从 2 个不同的橡胶球胆中抽取一定量气体，并通过气体导管注入储气杯中，打开点火器(lighter)，如果 H_2、CH_4 分别与空气相混合的浓度达到爆炸极限范围，即可安全地观察到明显的爆炸现象。反之，则观察不到。

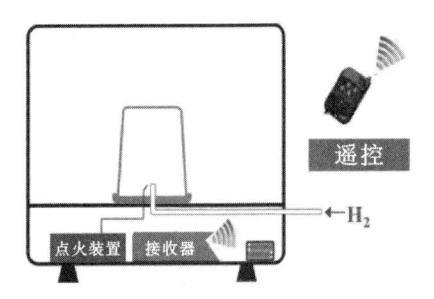

(a)气体爆鸣器　　　　　　(b)气体爆鸣器示意图

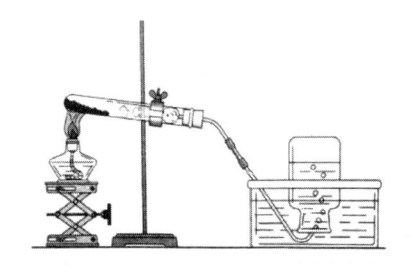

(c)CH_4 制备装置

图 12.1　气体爆鸣装置与 CH_4 制备装置

【实验内容】

1. 制取 H_2 和 CH_4

先向滴液式气体发生器的反应器中加装锌粒(约占反应器 $\frac{4}{5}$ 体积)，关闭流量控制器，向储液杯中加入 20 mL 20% 的 H_2SO_4 溶液，然后缓慢打开流量控制器，H_2SO_4 滴在锌粒上立即

实验 12 可燃性气体爆炸极限的测定

产生 H_2，废液(discharge liquid)进入废液池中。产生的 H_2 从气体出口溢出，可用排空气法或排水法将其收集到试管中，进行验纯。点燃 H_2 时，发出尖锐爆鸣声表明气体不纯，如果是"噗"的一声，则表示气体较纯，如图 12.2。经验纯后，将 H_2 收集到橡胶球胆中。当橡胶球胆鼓起时，即可关闭流量控制器。

(a)用拇指堵住集满 H_2 的试管口　　　　(b)靠近火焰，移开拇指点火

图 12.2　检验 H_2 的纯度

按照图 12.1(c)所示，安装 CH_4 制备装置。装药前先检查装置的气密性。手握住试管，若有气泡产生，则气密性良好。分别称取 7.5 g 无水 CH_3COONa（需提前在烘箱中干燥）、2.0 g NaOH、2.0 g CaO 分别放入研钵中研成粉末后，再混合均匀装入洁净、干燥的试管中。管口略向下倾斜，塞上带导管的橡皮塞并固定于铁架台上。点燃酒精灯后，先均匀预热试管，然后集中在试管的药品前部加热，一段时间后当出气量减弱时再集中于试管底部加热。导气管开始有气泡冒出时不接收，待气泡快速、均匀冒出时，即表示管中空气排尽，然后收集气体进行验纯，方法如 H_2。

2. 测量 H_2、CH_4 的爆炸极限

用针筒分别从橡胶球胆中吸取一定量的 H_2、CH_4 注入储气杯中，打开点火器，观察现象，并完成表 12.1、12.2。

表 12.1　H_2 爆炸极限的测量

H_2 的体积分数	2%	3%	4%	20%	50%	70%	75%	80%	90%
H_2 的体积/mL									
点燃后现象									

表 12.2　CH_4 爆炸极限的测量

CH_4 的体积分数	2%	3%	4%	5%	10%	15%	20%	60%	80%
CH_4 的体积/mL									
点燃后现象									

3. 讨论

将测量的 H_2、CH_4 爆炸极限与文献值比较。根据实验结果,分析采用什么方法可防止可燃性气体发生爆炸。

【实验风险与伦理】

实验过程中,调整好心态,防止过度紧张。当引爆 H_2/空气、CH_4/空气混合气体时,要提醒周围同学注意。

【思考与实践】

结合实验现象,联系生活中的类似情形,讨论爆炸现象的预防(防爆)和利用(如汽车引擎效率的提高)。

实验 13 氢气、氯气制备及燃烧一体化实验

H_2 在 Cl_2 中的燃烧,通常采用启普发生器(Kipp's apparatus)制备 H_2,浓 HCl 和 MnO_2 加热反应制取 Cl_2,然后在集气瓶中进行燃烧实验。存在反应物消耗量大、不便于装卸清洗,有毒的 Cl_2 和具有刺激性气味的 HCl 气体从大口径的集气瓶口大量泄漏造成室内环境污染的缺陷和问题。这些问题为实验教学带来了较大的困难,增加了实验准备的工作强度,也不符合绿色化学和环境保护的理念,如图 13.1。

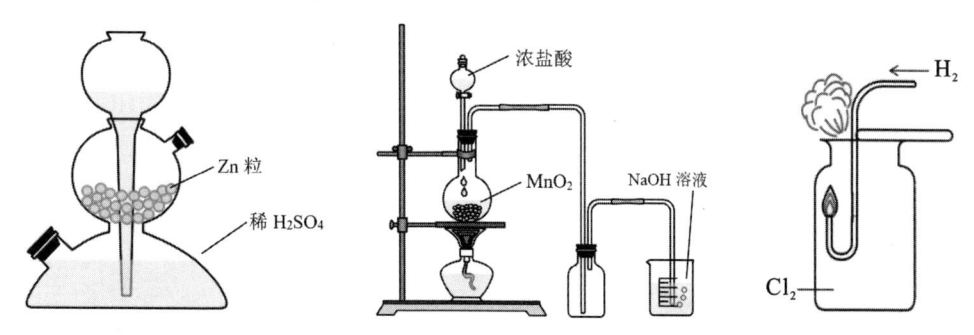

图 13.1 中学教材中 H_2、Cl_2 制备及 H_2、Cl_2 的燃烧反应装置

本实验通过改进实验仪器和装置,提高了 H_2 在 Cl_2 中燃烧实验(combustion experiment)的可操作性,降低其污染和试剂消耗。同时也符合高中化学课程标准"要鼓励教师和实验管理人员开发实验仪器,研究低成本、少污染的化学实验,同时也鼓励学生和教师设计富有特色的实验和实践活动"的指导意见。在实验中,通过对现象的观察,现存问题的分析,装置各部分改进方案的思考与讨论,有助于了解科学家、工程师解决问题的方法,训练科学思维,最终提升学生的科学素养(scientific literacy)和创新意识(creativity consciousness)。

【实验目标】

学习 H_2、Cl_2 燃烧装置的搭建,理解其结构和原理,了解其相对传统反应装置的优点;掌握制备 H_2、Cl_2 的方法,利用专用燃烧装置完成 H_2、Cl_2 混合燃烧实验;认识尾气吸收装置的结构和原理,学会阻止有害气体泄露的方法;认识到化学与人类生活、生产、环境、健康的密切关系,体验通过实验学习化学的乐趣,增强学习化学的内在动力;提升自身的科学素养,逐步建立绿色化学理念,形成承担社会责任的意识。

【实验原理】

实验室中通常采用浓 HCl 和 MnO$_2$ 在加热条件下制取 Cl$_2$。

$$4HCl(浓) + MnO_2 \xrightarrow{\Delta} MnCl_2 + Cl_2 \uparrow + 2H_2O$$

浓 HCl 在加热条件下易挥发出 HCl 气体使得产物 Cl$_2$ 含有杂质进而干扰检验。KClO$_3$ 与浓 HCl 在不加热的条件下能迅速发生反应,产生 Cl$_2$ 且反应液为无色。

$$KClO_3 + 6HCl == KCl + 3Cl_2 \uparrow + 3H_2O$$

但同时有副反应生成易爆的黄绿色气体 ClO$_2$,既干扰产物检验又不安全。

$$2KClO_3 + 4HCl(浓) == 2KCl + 2ClO_2 \uparrow + Cl_2 \uparrow + 2H_2O$$

而 KMnO$_4$ 与浓 HCl 反应所需反应物量少且反应迅速,产物相对较为纯净,故本实验中采用此原理产生少量 Cl$_2$。

$$2KMnO_4 + 16HCl(浓) == 2KCl + 2MnCl_2 + 5Cl_2 \uparrow + 8H_2O$$

实验室中通常采用活泼金属与稀 H$_2$SO$_4$ 反应制取少量 H$_2$,本实验中选取 Zn 粒与 20% H$_2$SO$_4$ 溶液发生反应。

$$Zn + H_2SO_4 == ZnSO_4 + H_2 \uparrow$$

在制取了 H$_2$ 和 Cl$_2$ 后,将两种气体分别通入燃烧喷嘴中混合点燃,产生 HCl 气体。

$$Cl_2 + H_2 \xrightarrow{点燃} 2HCl$$

【实验器材】

1. 仪器的规格与名称

烧杯、试管、滴液式气体发生器、水槽、酒精灯、火柴、橡胶管、玻璃弯管、锥形瓶、燃烧喷嘴、海绵块、橡胶塞、新型氯气发生装置、洗气瓶、鼓气球、洗瓶、广泛 pH 试纸。

2. 试剂的规格与名称

锌粒(AR)、CuSO$_4$(aq)、20% H$_2$SO$_4$(aq)、去离子水、KMnO$_4$(AR)、浓 HCl、AgNO$_3$(aq)、NaOH(aq)。

3. 典型仪器的规格与操作说明

(1) H$_2$、Cl$_2$ 燃烧装置的搭建

① H$_2$ 发生组件。取洁净的滴液式气体发生器,将在 CuSO$_4$ 溶液中浸过的锌粒均匀填充至距离上端约 1 cm 处。关闭流速控制器,在储液杯中加入约 50 mL 20% H$_2$SO$_4$ 溶液(图 13.2 左)。在滴液式气体发生器出气口连接橡胶管,将其另一端与玻璃弯管相连后通入水槽中,在水槽中倒置 3 支充满水的试管,以便 H$_2$ 验纯(purity test)使用。

② Cl$_2$ 发生与吸收组件。取干燥洁净的 Cl$_2$ 发生器,取下橡胶塞,用药匙装入约 3 g KMnO$_4$ 粉末,然后将橡胶塞塞好。将鼓气球通过橡胶管连接至较高的支管口,较低的支管口通过橡胶管与盛有饱和食盐水的洗气瓶进气口相连,其出气口与三通玻璃塞一端连接。三

实验 13　氢气、氯气制备及燃烧一体化实验

通玻璃塞另外两端分别接尾气收集瓶和燃烧喷嘴。尾气收集瓶中盛放适量 20% NaOH 溶液（恰好没过进气管下口），同时用浸润过 NaOH 溶液的海绵条均匀填充尾气收集管（增大尾气吸收面积）如图 13.2 右。

③ 混合气体燃烧组件。将气体发生装置分别置于实验台两侧，中间固定燃烧喷嘴，其竖直支管连接三通玻璃塞，水平支管连接滴液式气体发生器的出气口，在其正上方约 3 cm 处倒置一个内含海绵垫（用蒸馏水润湿）的锥形瓶，一体化装置搭建完成，如图 13.2 所示。

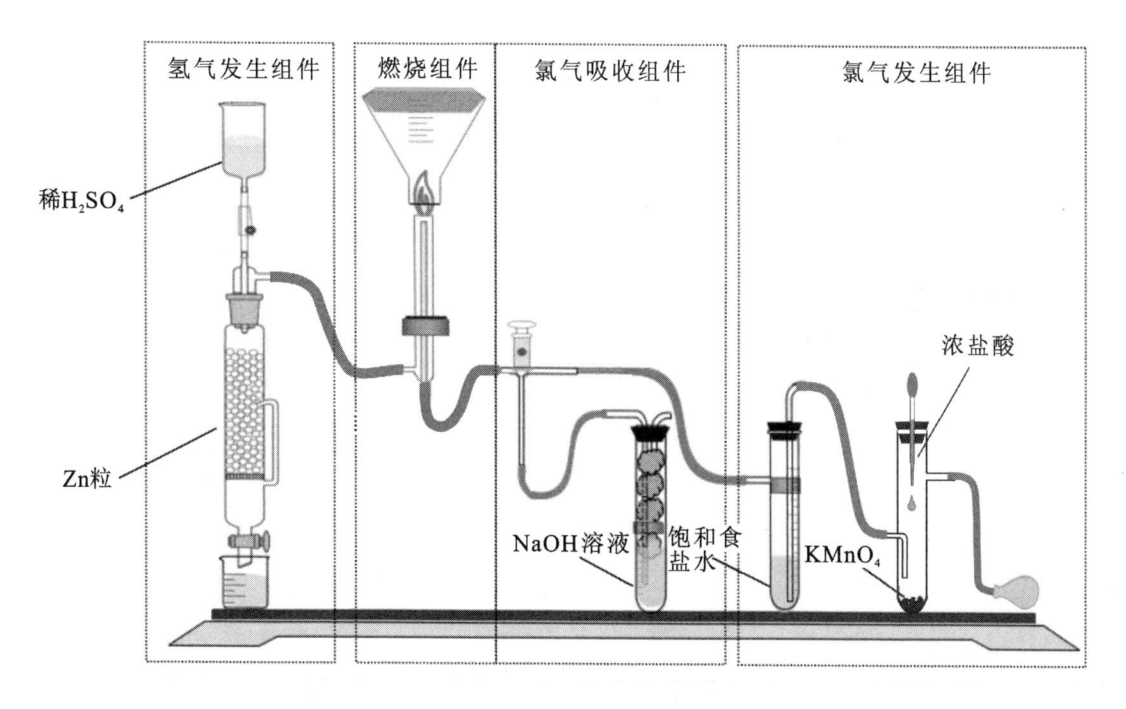

图 13.2　"H_2 在 Cl_2 中燃烧"演示实验装置

（2）产物收集操作说明

① 饱和食盐水洗气瓶的作用：最大限度地在不消耗 Cl_2 同时除去随之带出的 HCl 气体。

② 建议使用锥形瓶避免产生的 HCl 外溢，控制湿海绵含水量，以水滴不易滴下为宜。

③ 停止鼓吹 Cl_2 后迅速将锥形瓶保持倒置塞上橡胶塞后取下，充分振荡（shake）后打开胶塞，此操作防止产生的刺激性气体逸出。

（3）尾气处理操作说明

尾气收集瓶的作用：吸收系统内未发生反应的 Cl_2（$2NaOH + Cl_2 =\!=\!= NaCl + NaClO + H_2O$）以及极少量随产物挥发出的 HCl 气体。（$HCl + NaOH =\!=\!= NaCl + H_2O$）

实验结束后将整个 Cl_2 发生及尾气处理系统浸入水中，目的是防止橡胶管中残留的少量 Cl_2 逸出污染环境、危害健康。

【实验内容】

1. H_2 的制备与验纯

打开流速调节器,调节 H_2SO_4 溶液滴速约 2~3 滴每秒,随即玻璃弯管口产生连续的气泡。在试管中收集无色气体,集满后将其保持倒立移出水面,靠近酒精灯火焰,此时如果发出"噗"的响声(若发出尖锐的爆鸣声则重新收集),说明气体纯净。取下玻璃弯管,将橡胶管与燃烧喷嘴水平支口相连,然后旋开滴液式气体发生器底部旋塞放出废液(防止废液过多造成液泛)。点燃燃烧喷嘴上口的气体,产生淡蓝色火焰。

2. Cl_2 的制备

调节三通玻璃塞,使产生的气体预通入尾气收集装置。在等待 H_2 燃烧稳定的过程中,用胶头滴管吸取 2~3mL 浓盐酸,盖好胶塞后滴入浓盐酸。发生器底部立即产生了黄绿色气体,反应片刻后用鼓气球鼓吹 3 次(约每秒 1 次)将黄绿色气体收集于饱和食盐水上方,等待与 H_2 发生反应。

3. H_2 在 Cl_2 中燃烧

此时,H_2 燃烧的火苗高约 3~5 cm,将三通玻璃塞旋钮旋至通入燃烧喷嘴的一侧。缓慢鼓气,Cl_2 通入喷嘴后火焰颜色变为苍白色。再次鼓吹,现象更为明显。同时,锥形瓶口产生白雾。

4. 结束实验

停止鼓气,断开通 H_2 的橡胶管,关闭流量控制器,打开底部旋塞排出废液。

5. 产物检验

待 Cl_2 消耗完毕,再鼓吹鼓气球两次后反应结束,迅速将倒置的锥形瓶取下(保持瓶口向下防止气体泄漏),用橡胶塞塞住瓶口。振荡 3~5 次后,用塑料镊子夹出湿海绵,将其投入废液杯。用洁净的玻璃棒蘸取锥形瓶中残留的液体,滴于蓝色石蕊试纸上,试纸呈红色说明产物显酸性。随后在锥形瓶中滴加 2~3 滴 HNO_3 酸化的 $AgNO_3$ 溶液,产生白色沉淀。以上现象说明 H_2 在 Cl_2 中燃烧产生了 HCl 气体。

6. 尾气处理

产物检验后做好实验现象记录,随后将三通玻璃塞旋钮旋向通入尾气收集的一侧。连续快速挤压鼓气球 5~8 次,尽量使系统内的 Cl_2 排尽。将 Cl_2 发生装置及洗气装置中的液体倒入指定废液桶中,用自来水冲洗 2-3 次,整理仪器、实验台面。

【实验风险与伦理】

1. 预习时,理解原理,熟悉步骤,关注关键操作环节,用流程图做好实验规划,其中包括操作顺序、时间以及与合作者之间的分工。

实验 13　氢气、氯气制备及燃烧一体化实验

2. 实验时必须在老师指导下进行操作。实验操作要佩戴护目镜和手套,穿长衣裤和鞋袜。

3. 由于 Cl_2 密度大于空气,鼓气球务必与较高的支管口相连,通过鼓吹空气将 Cl_2 由底部压出反应器,该操作是保证 Cl_2 不泄漏的关键所在。

4. 制取 H_2 时,H_2SO_4 滴速不可过快,防止发生液泛现象造成火焰不稳定,影响演示效果。反复多次利用 Zn 粒时注意及时除去较小的不反应颗粒,防止堵塞筛板及出液口。在清洗反应器时,冷却至室温后再清洗,防止损坏仪器。

【思考与实践】

1. 根据图 13.2"H_2 在 Cl_2 中燃烧"演示实验装置,描述各组件的作用,并写出其中发生的化学反应。

2. 你还能设计出哪些实验方案,完成氢气在氯气中燃烧实验? 比较不同方案的优缺点。

实验 14　氯化钴水合物的变色

人们很早就开始接触配位化合物(coordination compound),并用于日常生活中,比如胆矾用作杀菌剂、普鲁士蓝(Prussian blue)用作染料。1798 年,法国化学家塔萨厄尔(Tassaert, B. M.)首次用二价钴盐、NH_4Cl 及 $NH_3 \cdot H_2O$ 制备出 $CoCl_2 \cdot 6NH_3$,并发现铬、镍、铜、铂等金属离子与 Cl^-、H_2O、CN^-、CO 和 C_2H_4 都可以生成类似的化合物。1893 年,瑞士化学家维尔纳(Werner,A.,1866—1919)总结了前人的理论,首次提出了现代的配位键(coordination bond)、配位数(coordination number)和配位化合物结构等一系列基本概念,成功解释了很多配合物的电导(electric conductance)性质、异构(isomerism)现象及磁性(magnetism)。自此,配位化学才有了本质上的发展,维尔纳被称为"配位化学之父",并因此获得了 1913 年的诺贝尔化学奖(Noble Prize in Chemistry)。今天的配位化学已经不仅是现在无机化学研究的主体,它的发展也推动了分析化学(analytical chemistry)、有机化学(organic chemistry)、物理化学(physical chemistry)和生物化学(biochemistry)等分支学科的发展,在化学学科中具有极其重要的地位。普通高中化学课程标准选择性必修课程模块 2,物质结构与性质(structures and properties of matter)中要求:知道配位键的特点,认识简单的配位化合物的成键特征,了解配位化合物的存在与应用。$CoCl_2$ 及其水合物就是一种简单的配合物,人们利用它水合前后颜色的不同制作干湿指示剂、显隐墨水、变色硅胶等。

【实验目标】

了解配合物的结构及性质,学习 $CoCl_2$ 及其水合物的物理化学性质;理解氯化钴水合物变色原理,灵活运用氯化钴水合物变色原理设计趣味实验;体验化学实验的乐趣,深入认识物质的结构与性质之间的关系,树立化学科学独有的认知物质的观念。

【实验原理】

由中心原子(或离子)和几个配体分子(或离子)以配位键相结合而形成的复杂分子或离子,通常称为配位单体(coordinating monomer)(或配合单元)。含有配位单元的化合物称为配位化合物。由于过渡金属离子(transition metal ion)d 轨道未充满电子($d\,1-9$),在配位体场的作用下,5 种简并的 d 轨道能级分裂,低能级 d 轨道上的电子吸收一定波长的光就跃迁到高能级 d 轨道,这种 $d-d$ 跃迁的电子选择性的吸收可见光区内一定波长显示特征光谱,而使配合物呈现颜色。但这种颜色与 $d-d$ 跃迁后的分裂能 ΔE 大小有关。一般产生较大分裂能的配位体形成的配合物,颜色较深。物质吸收的可见光(visible light)波长与物质的颜色,如表14.1所示。

表14.1 物质吸收的可见光波长与颜色

吸收光波长/nm	吸收可见光颜色	物质的颜色
400~435	紫	黄绿
435~480	蓝	黄
480~490	绿蓝	橙
490~500	蓝绿	红
500~560	绿	紫红
560~580	黄绿	紫
580~595	黄	蓝
595~605	橙	绿蓝
605~750	红	蓝绿

由于含有自旋平行电子(spin parallel electron)的离子基态(ground state)和激发态(excited state)的能量差较小,易被可见光激发而显色,所以含有自旋平行电子的离子一般有颜色,有颜色离子形成的化合物都带有颜色。

Co^{2+}就是一种过渡金属离子,电子结构为$[Ar]3d^7$,含有自旋平行电子,如图14.1所示。在配位体场的作用下,Co^{2+}的5种简并的d轨道分裂,产生分裂能(split energy)。分裂能与配体中配位原子的电负性(electronegativity)有关。电负性越小,给电子能力越强,配体的配位能力强,分裂能(break-up energy)大,吸收波长短。Cl^-电负性大于H_2O,其配位能力小于H_2O,所以$[CoCl_4]^{2-}$的分裂能小于$[Co(H_2O)_6]^{2+}$,$[CoCl_4]^{2-}$的吸收波长大于$[Co(H_2O)_6]^{2+}$。

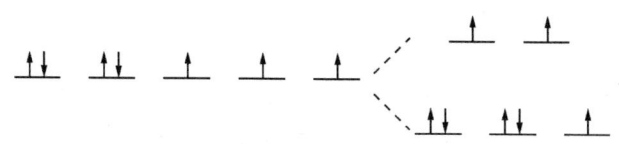

图14.1 Co^{2+}的电子结构及其配合物的电子排布

$[Co(H_2O)_6]^{2+}$为粉红色,在空气中稳定。将$CoCl_2$浓溶液加热,溶液由粉红色变为蓝色,冷却后溶液又变为粉红色,原因是存在下列平衡:

$$[Co(H_2O)_6]^{2+} + 4Cl^- \rightleftharpoons [CoCl_4]^{2-} + 6H_2O$$

【实验器材】

1.仪器的规格与名称

感量0.01 g电子天平、药匙、称量纸、15 mm × 150 mm试管、试管架、试管夹、400 mL烧杯、酒精灯、火柴、石棉网、0～100 ℃温度计、铁架台、烧瓶夹、十字夹、烘箱、搪瓷盘、滴管、滤纸。

2. 试剂的规格与名称

$CoCl_2 \cdot 6H_2O$(AR)、95%乙醇。

【实验内容】

1. $CoCl_2 \cdot 6H_2O$ 在乙醇–水溶液中的变色

称取 0.2 g $CoCl_2 \cdot 6H_2O$,加入试管中,再加入 5 mL 95% 乙醇,溶解。记录溶液颜色。用滴管滴加蒸馏水,振荡,记录现象。当溶液变为粉红色时,停止滴加蒸馏水(约 1 mL)。将试管放入盛有水的烧杯中,加热,如图 14.2 所示,观察现象,记录溶液颜色与温度(temperature)的关系。当溶液颜色为蓝色时,停止加热。根据此现象,即可设计 1 个变色温度计(discoloration thermometer)。

图 14.2　水浴加热装置

2. 自制变色花

称取 1.0 g $CoCl_2 \cdot 6H_2O$ 溶于 10 mL 蒸馏水中。将滤纸(filter paper)折成一朵花,在 $CoCl_2$ 溶液中浸湿,然后将花放入搪瓷盘中,在 75 ℃烘箱(bake oven)中烘干,即得变色花。空气潮湿时,变色花吸水,蓝色的 $CoCl_2$ 变为粉色的 $CoCl_2 \cdot 6H_2O$;空气干燥时,粉色的 $CoCl_2 \cdot 6H_2O$ 脱水,又变回蓝色的 $CoCl_2$。根据变色花的颜色与空气湿度的关系,即可制作 1 个空气湿度指示卡(indicator card)。

【实验风险与伦理】

1. 水浴加热试管时,试管口应远离自己和他人;避免灼热器物灼伤人。
2. 氯化钴有毒,实验操作中应戴手套。实验结束后,废液应倒入指定废液桶中。

【思考与实践】

查阅资料,请回答 Co^{2+} 还有哪些常见配合物及其应用?

实验15　水蒸气蒸馏法提取洋甘菊精油

《普通高中化学课程标准》的 STSE(科学、技术、社会、环境)综合实验(comprehensive experiment)要求:围绕生命健康(life and health)相关问题,以天然药物提取为载体,展开综合实验项目,如水蒸气蒸馏法(steam distillation)提取洋甘菊精油。本实验在高中教学中作为选修内容,又是有机化学实验中的一项重要的基本操作(basic operation),如何使实验过程既快速又能提高产率(productivity),对于实验者来讲具有一定挑战性,对于水蒸气蒸馏提取洋甘菊精油所用蒸馏装置(distillation unit),如何实现所需仪器少、节约能源、缩短时间等,就成为本实验关心的问题。

【实验目标】

学习水蒸气蒸馏提取洋甘菊精油的方法,并完成称取(weighing)、量取(measuring)、加热(heating)、分液(separating)、过滤(filtering)等有机化学实验中的基本操作;体验水蒸气蒸馏法提取植物中挥发油的一般研究方法;在优化水蒸气蒸馏实验方案交流研讨活动中,通过改进水蒸气蒸馏装置,提升科学探究(scientific inquiry)和创新意识(innovative consciousness)等核心素养。

【实验原理】

洋甘菊挥发油与水不相溶,当受热后,根据道尔顿分压定律(Dalton's law of partial pressure),二者蒸气压总和与大气压(atmospheric pressure)相等时,混合液即开始沸腾,继续加热,则挥发油可随水蒸气蒸馏出来,冷却静置,即可分离。

$$P = P_A + P_B$$

式中 P 为总蒸气压,P_A 为水的蒸气压,P_B 为不溶于水的化合物的蒸气压。

【实验器材】

1. 仪器的规格与名称

250 mL 三口烧瓶、带金属网的蒸馏瓶、带孔橡胶塞、安全管、真空塞、500 mL 电热套、19# 直型冷凝管、蒸馏头、尾接管、100 mL 锥形瓶、125 mL 分液漏斗、200 mL 烧杯、玻璃棒、漏斗、铁架台、十字夹、烧瓶夹、电子天平、100 mL 量筒、研钵。

2. 试剂的规格与名称

市售新鲜洋甘菊花瓣、蒸馏水、NaCl(AR)、无水 Na_2SO_4(AR)。

3. 典型仪器的规格与操作说明

水蒸气蒸馏装置。本实验采用一种新型的水蒸气蒸馏装置,由 250 mL 三口烧瓶(水蒸气发生器)、安全管、蒸馏瓶、金属网、蒸馏头、直型冷凝管等组成,如图 15.1。

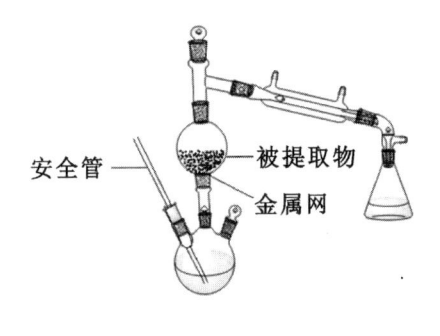

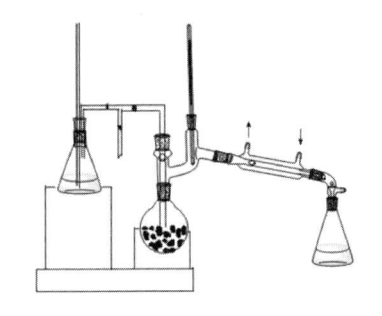

图 15.1　新型水蒸气蒸馏装置图　　图 15.2　传统型水蒸气蒸馏装置图

新型水蒸气蒸馏装置与传统的水蒸气蒸馏装置如图 15.2 相比具有如下优点:
① 所需玻璃仪器省略了导气部分,安装快速方便。
② 减少了一个热源。
③ 蒸馏过程平稳,不会出现阻塞现象,不存在安全隐患。

【实验内容】

1. 采集洋甘菊

采集盛花期的洋甘菊花瓣,将花瓣用清水冲洗,去掉上边的灰尘等杂质,沥干水分。

2. 装入蒸馏原料

称取 100 g 洋甘菊花瓣,置于研钵中捣碎,放入蒸馏瓶中的金属网上,用 150 mL 蒸馏水分三次涮洗研钵及杵,并将洗液一并倒入 250 mL 三口烧瓶中,加入沸石。

3. 安装水蒸气蒸馏装置

如图 15.1 所示按照由下往上,从左向右的顺序安装水蒸气蒸馏装置。

4. 加热蒸馏

打开电热套电源加热水蒸气发生器(水蒸气发生器盛放约 $\frac{2}{3}$ 容积的水),使水沸腾,待蒸馏瓶中有蒸汽逸出时,通冷凝水,调节馏出速度(1~2 滴/秒)。待馏出液透明澄清时,停止加热,蒸馏结束,关闭冷凝水,拆卸水蒸气蒸馏装置。

5. 分离油层

将馏出液转移至分液漏斗中,向乳浊液中加入 NaCl 固体后分液,除去水层,即得油层分离产物。

6. 除去水分

向油层分离产物中加入无水 Na_2SO_4 固体,静置后过滤,得到洋甘菊精油。

7. 数据记录与处理

将实验数据记录在表 15.1 中,并计算洋甘菊精油的产率。

表 15.1　水蒸气蒸馏结果

样品	洋甘菊 m/g	水 V/mL
洋甘菊精油	m_1/g	
蒸馏结果/用洋甘菊精油的产率来表示	计算公式:$\frac{m_1}{m} \times 100\%$ 洋甘菊精油的产率:	

【实验风险与伦理】

1. 水蒸气蒸馏装置安装正确,连接处严密。
2. 调节加热源,控制蒸馏速度 1~2 滴/秒,并时刻注意安全管。
3. 按安装相反顺序拆卸仪器。

【思考与实践】

1. 本实验中,在进行水蒸气蒸馏过程中,需要检查什么事项?若安全管中水位上升很高说明什么问题,如何处理才能解决呢?
2. 通过水蒸气蒸馏操作提取天然产物实验中,被提纯物质应该具备哪三个条件?

实验16　铜氨纤维的制备

　　《义务教育化学课程标准》(the compulsory educational chemistry curriculum criteria)和《普通高中化学课程标准》(chemistry curriculum criteria of ordinary senior high school)中都有"化学与社会发展"主题,涉及材料、能源、环境等问题,使学生知道自然资源并不是"取之不尽,用之不竭"的,人类要合理地开发和利用资源,树立保护环境(protect the environment),与自然和谐相处的意识,保证社会的可持续发展(sustainable development)。目前,由于耕地的减少和石油资源的日益枯竭,天然纤维、合成纤维的产量将会受到越来越多的制约。同时,人们环境保护意识的提高,人造纤维(artificial fiber)重新得到人们认识和发掘。铜氨纤维(copper ammonia fiber)就是以棉短绒等失去纺织加工价值的纤维为原料,经过化学加工后制成的一种再生纤维素纤维(regenerated cellulose fiber)。由于铜氨纤维细软,光泽适宜,使用性能优良,吸湿性好,极具悬垂感,服用感近似于丝绸,所以常用做高级织物原料。而且,铜氨纤维易受土壤及水中细菌分解,不会破坏自然环境,燃烧也不会有毒性气体产生,符合绿色环保服饰潮流。

　　棉短绒指经过轧花后棉籽(毛籽)上残留的短纤维,用剥绒机可将这些短纤维剥下来。我国盛产棉花,棉短绒资源十分丰富。如将轧花后的棉籽全部剥绒,所得短绒可相当皮棉总产量的15%～20%,所以棉短绒是一项不可忽视的纤维素资源。铜氨纤维就是将纺织业中的废料棉短绒再利用,实现棉花资源的充分开发使用。通过制备铜氨纤维,学习者学会依据物质性质及其变化来综合利用资源的方法,体会化学在废物再利用中的重要作用。

【实验目标】

　　了解纤维素、纤维、再生纤维素纤维的物理化学性质,学习再生纤维素纤维的制备方法;独立完成铜氨溶液的配制及铜氨纤维的制作;通过用途、性质、结构之间的依存关系,感受透过现象看本质的辩证唯物主义(dialectical materialism)观念;体会作为工具的化学科学在人类日常生活中所扮演的重要角色。

【实验原理】

1.配制铜氨溶液的反应原理

　　$Cu_2(OH)_2CO_3$ 溶于氨水中,Cu^{2+} 与 NH_3 络合形成绛蓝色的铜氨配合物。

$$Cu_2(OH)_2CO_3 + 4NH_3 = 2[Cu(NH_3)_4]^{2+} + 2OH^- + CO_3^{2-}$$

2. 制备铜氨纤维溶液的反应原理

棉短绒的主要成分是纤维素(cellulose),由于分子链中存在大量的分子内氢键和链间氢键(hydrogen bond),形成聚合物(polymer)网络,不溶于水和其他常见的有机溶剂。在铜氨溶液中,铜氨离子与纤维素羟基中的氧络合,减少了纤维素分子内和分子间的氢键,形成可溶性的纤维素–铜–氨配合物。

3. 铜氨纤维的生成原理

可溶性的纤维素–铜–氨配合物在稀酸溶液中水解(hydrolysis),又形成大量的分子内氢键和链间氢键,重新形成聚合物网络。铜氨纤维与棉短绒纤维化学成分相同,但是物理结构不同,所以物理属性不同。

【实验器材】

1. 仪器的规格与名称

50 mL 锥形瓶、2 号橡胶塞、25 mL 瓶口分液器(可用 25 mL 量筒代替)、1 mL 注射器、250 mL 烧杯 2 个、玻璃棒、φ90 mm 表面皿、感量 0.01 g 电子天平。

2. 试剂的规格与名称

$Cu_2(OH)_2CO_3$(AR)、28% $NH_3·H_2O$、3mol/L H_2SO_4、带绒带壳棉籽(可用脱脂棉代替)。

3. 典型仪器的规格与操作说明

瓶口分液器(bottle-top dispenser),如图16.1,也称瓶口分配器、瓶口移液器,是精确量取液体药品的仪器,被广泛用于生物领域、化学领域、临床医学及工业和商业实验室。

瓶口分液器使用方法:

图 16.1 瓶口分液器

① 将进液管插入进液阀上,将分液器直接拧在螺纹瓶口上。
② 将排液管插入出液阀上并旋紧。
③ 打开管帽,将取下的管帽置于排液管下方。
④ 将分液量通过旋转刻度,从零调到相应数值。
⑤ 排气过程:确保排液管管盖打开,将活塞提起一段距离,然后按压下去,重复该步骤1~2次,通过观察窗看到气泡被完全排除时停止(注:如果排气一直没有完全,请检查吸液管或其他阀门是否安装正确)。
⑥ 移液过程:将活塞稳定地提起到最高处,然后同样稳定地按压到底部,这样就完成一次分液过程。
⑦ 在使用后,先将活塞按压至底部,再将旋钮调至零刻度,锁定瓶口分配器。
⑧ 实验结束后,及时拆洗瓶口分液器。

【实验内容】

1. 棉短绒的制取

剥离棉籽上的短绒,制取 0.4 g 棉短绒。

2. 铜氨溶液的配制

称取 1.0 g $Cu_2(OH)_2CO_3$ 于 50 mL 锥形瓶(Erlenmeyer flask)中,用瓶口分液器向锥形瓶中加入 20 mL 28% $NH_3·H_2O$,快速塞上橡胶塞,振荡,使 $Cu_2(OH)_2CO_3$ 溶解(dissolve),成为绛蓝色铜氨溶液。

3. 铜氨纤维溶液的配制

称取 0.4 g 棉短绒(或脱脂棉),加入铜氨溶液中,塞上橡胶塞,振荡,使棉短绒(或脱脂棉)充分溶解,大约 10 min,即形成黏稠蓝色溶液。

4. 纺丝

用注射器(不带针头)吸取 1 mL 铜氨纤维溶液,安装上针头,注射器(injector)的针头插入到 3 mol/L 100 mL H_2SO_4 溶液中,注射溶液,即可观察到蓝色丝状物生成,片刻后,变为透明丝状物(解释现象)。用玻璃棒(glass rod)将 3 mol/L H_2SO_4 溶液中的丝线捞出,放入一盛有 100 mL 蒸馏水的烧杯(beaker)中,洗涤,然后将其用玻璃棒捞出,放入表面皿中,观察形状,体验丝线的拉伸性。

5. 铜氨纤维的性质

比较铜氨纤维与棉短绒(或脱脂棉)的外观、拉伸性(stretchability)等性质。

【实验风险与伦理】

1. 制备铜氨纤维溶液时,应充分振荡,使棉短绒(或脱脂棉)充分溶解。
2. 实验中,做好个人防护。氨水有刺激性气味,应在通风处进行。本实验使用瓶口分液器量取氨水,及在制备铜氨溶液和铜氨纤维溶液时用橡胶塞塞住锥形瓶口,都是减少氨水挥

实验 16　铜氨纤维的制备

发的方法。

3. 实验结束后,将废液倒入指定的废液桶中,切勿乱倒。

【思考与实践】

1. 实验室制备的铜氨纤维丝中往往含有气泡,影响其性能,查阅资料了解如何可以减少或消除气泡。

2. 目前主要有哪些再生纤维素纤维?它们采用怎样的制作工艺?

实验17 化学平衡过程的观察与测量

化学平衡(chemical equilibrium)概念的研究,主要从"化学平衡状态的动态性""化学平衡的'左右两向性'""勒夏特列原理的应用"三大方面考察,来建立化学平衡的概念系统,它们是溶解平衡(dissolution equilibrium)、电离平衡(ionization equilibrium)和水解平衡(hydrolysis equilibrium)等知识的基础和核心,在中学化学基本概念与基础理论知识中占有极其重要的地位。化学平衡概念比较抽象,是中学化学教与学的难点之一。目前,中学化学教材中有关化学平衡的实验只是集中在展现化学平衡的移动,未涉及展示化学平衡建立的过程。同学们在学习化学平衡时,由于无法直接感知、观察化学平衡形成和建立过程,只能仅凭推理与想象来理解化学平衡概念,使得化学平衡的学习尤显抽象难懂。本实验通过展现可逆反应(reversible reaction)——NH_4HS(硫氢化铵)分解体系的压强变化,直接观察并感知化学平衡建立的过程,并计算不同温度下分解反应的平衡常数。

【实验目标】

学会正确使用U型压力计测定平衡压力;观察并感知(observe and perceive)化学平衡建立的过程,认识(recognizing)化学平衡的特征,理解(understanding)化学平衡的概念;能测定(measuring)不同温度下NH_4HS的分解压力(decomposition pressure),计算(calculating)不同温度下分解反应的平衡常数(equilibrium constant)K_p;树立实事求是的科学态度(scientific attitude),以及从微观到宏观(from micro to macro)、从现象到本质(from phenomenon to essence)的科学研究方法。

【实验原理】

NH_4HS为白色斜方晶体,不稳定,易发生分解反应(decomposition reaction)

$$NH_4HS(s) \rightleftharpoons NH_3(g)\uparrow + H_2S(g)\uparrow$$

该反应为可逆的多相反应(multiphase reaction),若将气体看成理想气体(ideal gas),且不将分解产物从系统中移走,则在封闭体系(closed system)中很容易达到平衡,根据道尔顿气体分压定律(Dalton law of partial pressure)及理想气体状态方程(ideal gas state equation),NH_4HS的分解产物NH_3和H_2S的浓度变化与反应装置中压强的变化是一致的。因此,生成物浓度的变化可以通过反应体系中压强(U型压力计)的变化来直观展现。反应开始时,生成物浓度为0,此时U型压力计两侧液面平齐;随着反应的进行,生成物浓度逐渐增大,体系

实验 17　化学平衡过程的观察与测量

内压强逐渐增大，U 型压力计液面高度差值 Δh 逐渐增大；反应一段时间后，U 型压力计液面高度差值 Δh 保持恒定，体系内压强不再变化，此时反应体系中生成物的浓度保持恒定，即反应体系达到平衡状态。

假设反应体系的总压强为 $p_\text{总}$，各气体分压分别为 p_{NH_3}、$p_{\text{H}_2\text{S}}$、$p_\text{空气}$，U 型压力计一侧液面高度差为 Δh（平衡后与最开始高度差），液状石蜡密度为 ρ。

根据道尔顿分压定理及理想气体状态方程可得

$$p_\text{总} = p_{\text{NH}_3} + p_{\text{H}_2\text{S}} + p_\text{空气} = p_\text{大气压} + 2\rho g \Delta h$$

又 $p_\text{空气} = p_\text{大气压}$

所以 $p_{\text{NH}_3} + p_{\text{H}_2\text{S}} = 2\rho g \Delta h = \dfrac{n_{\text{NH}_3} RT}{V_\text{总}} + \dfrac{n_{\text{H}_2\text{S}} RT}{V_\text{总}}$

所以 $n_{\text{NH}_3} + n_{\text{H}_2\text{S}} = \dfrac{2\rho g \Delta h V_\text{总}}{RT}$

又因为生成物总浓度变化 $\Delta c_\text{总} = \dfrac{\Delta n_\text{总}}{V_\text{总}}$，$\Delta n_\text{总} = \Delta(n_{\text{NH}_3} + n_{\text{H}_2\text{S}})$

所以 $\Delta n_\text{总} = \Delta c_\text{总} V_\text{总} = \dfrac{2\rho g \Delta h V_\text{总}}{RT}$

所以 $\Delta c_\text{总} = \Delta h \dfrac{2\rho g}{RT}$

又 $\dfrac{2\rho g}{RT}$ 为常数

所以生成物总浓度的变化与 U 型压力计一侧液面高度差值 Δh 成正比。

又因为 $p_{\text{H}_2\text{S}} = p_{\text{NH}_3}$，$n_{\text{H}_2\text{S}} = n_{\text{NH}_3}$

所以 $p_{\text{H}_2\text{S}} = p_{\text{NH}_3} = \rho g \Delta h = n_{\text{NH}_3} \dfrac{RT}{V_\text{总}}$

所以 $n_{\text{H}_2\text{S}} = n_{\text{NH}_3} = \dfrac{\Delta h \rho g V_\text{总}}{RT}$

又因为生成物浓度变化 $\Delta c_{\text{H}_2\text{S}} = \Delta c_{\text{NH}_3} = \dfrac{\Delta n_{\text{NH}_3}}{V_\text{总}}$

所以 $\Delta n_{\text{H}_2\text{S}} = \Delta c_{\text{NH}_3} V_\text{总} = \dfrac{\Delta h \rho g V_\text{总}}{RT}$

所以 $\Delta c_{\text{H}_2\text{S}} = \Delta c_{\text{NH}_3} = \dfrac{\Delta h \rho g}{RT}$

又 $\dfrac{\rho g}{RT}$ 为常数

所以生成物 NH_3、H_2S 的浓度变化与 U 型压力计一侧液面高度差值 Δh 成正比。因此可以用 U 型压力计一侧液面高度 h 的变化来表示生成物浓度的变化趋势。

在该反应中平衡常数 K_p 可表示为

$$K_\text{p} = p_{\text{NH}_3} \times p_{\text{H}_2\text{S}}$$

固体 NH_4HS 的蒸气压可忽略不计，故体系的总压 $p_\text{总}$ 为

$$p_\text{总} = p_{\text{NH}_3} + p_{\text{H}_2\text{S}} = 2p_{\text{NH}_3} = 2p_{\text{H}_2\text{S}}$$

则有 $p_{NH_3} = \frac{1}{2}p_{总}$ 和 $p_{H_2S} = \frac{1}{2}p_{总}$

则 K_p 也可表示为

$$K_p = \frac{1}{4}p_{总}^2$$

可见,当体系达平衡后,只要测得平衡总压后就可求算出 NH_4HS 分解反应平衡常数。

【实验器材】

1. 仪器的规格与名称

U 型压力计、恒温水浴锅、250 mL 锥形瓶、100 mL 烧杯、橡胶塞、φ6 mm 乳胶管、铁架台、玻璃管、秒表。

2. 试剂的规格与名称

液体石蜡、NH_4HS(AR)。

3. 典型仪器的规格与操作说明

U 型压力计是一种测量气体和蒸汽流体压力或压力差的器具,如图 17.1 所示。其工作原理是:当 U 型压力计没有与测压点连通时,U 型玻璃管内两侧的液位相平;当 U 型管一端与测压点连通时,管内的液位发生变化。若与测压点相连一侧的液位下降,则表示测压点处的压力为正压力,反之为负压力。

压力大小可由下式计算

$$p = \Delta h \rho g$$

其中 p 为被测压力数值;Δh 为两侧液位差(mm);ρ 为工作液体的密度(g/cm³);g 为重力加速度,一般取 9.8 m/s²。若 U 型压力计的两端分别连通两个压力测量点,还可以测量两个压力测量点之间的压差。当以水作为介质时,一般的测量范围为 -9.8~9.8 kPa,非常适合对气体介质的低压和微压的测量。

图 17.1 U 型压力计

使用时注意事项:

① 使用时须将 U 型压力计垂直悬挂在支架上,根据被测点压力的大小在 U 型玻璃管内注入工作液(水,液体石蜡或汞),注入量以标尺刻度的 $\frac{1}{2}$ 处为宜。

② 被测压力必须等于或小于 U 型压力计的最大量值,以防止工作液体冲出玻璃管口。

③ 注意保持 U 型管内壁及工作液的清洁纯净,不用时应用纱布或棉花堵住管口,以免影响精度。

【实验内容】

1. 实验装置的搭建

将液体石蜡注入 U 型压力计内,液面与 U 型压力计 0 刻度线处相平;按图 17.2 所示,连接好实验装置,并检查装置气密性。

实验 17　化学平衡过程的观察与测量

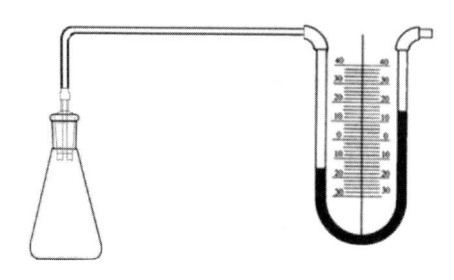

图 17.2　实验装置示意图

2. 化学平衡过程的观察与测量

① 室温下,取 1 g(约 1 平药匙)NH_4HS 粉末迅速加入锥形瓶中,旋紧橡胶塞,匀力振荡锥形瓶,加速反应达到平衡。

观察 U 型压力计液面的变化,每隔 10 s 读取压力计中 U 型管一侧液面的高度值,并把实验数据记录到表 17.1 中,直至 U 型管中液面不再有明显变化为止。

表 17.1　U 型管一侧液面的高度值(室温)

时间		10 s	20 s	30 s	40 s	50 s	60 s	70 s	80 s	90 s	100 s	110 s	120 s
高度值	1												
	2												
时间		130 s	140 s	150 s	160 s	170 s	180 s	190 s	200 s	210 s	220 s	230 s	240 s
高度值	1												
	2												

另取 1 个锥形瓶,按上述步骤,重复测量 1 次,并把实验数据记录到表 17.1 中。

② 取 1 g(约 1 平药匙)NH_4HS 粉末迅速加入锥形瓶中,旋紧橡胶塞,置于 35 ℃ 的水浴中,匀力振荡锥形瓶,加速反应达到平衡。

观察 U 型压力计液面的变化,每隔 5 s 读取压力计中 U 型管一侧液面的高度值,并把实验数据记录到表 17.2 中,直至 U 型管中液面不再有明显变化为止。

表 17.2　U 型管一侧液面的高度值(35 ℃)

时间		5 s	10 s	15 s	20 s	25 s	30 s	35 s	40 s	45 s	50 s	55 s	60 s
高度值	1												
	2												
时间		65 s	70 s	75 s	80 s	85 s	90 s	95 s	100 s	105 s	110 s	115 s	120 s
高度值	1												
	2												

另取 1 个锥形瓶,按上述步骤,重复测量 1 次,并把实验数据记录到表 17.2 中。

③ 取 1 g(约 1 平药匙)NH_4HS 粉末迅速加入锥形瓶中,旋紧橡胶塞,置于 50 ℃ 的水浴

中,匀力振荡锥形瓶,加速反应达到平衡。

观察 U 型压力计液面的变化,每隔 5 s 读取压力计中 U 型管一侧液面的高度值,并把实验数据记录到表 17.3 中,直至 U 型管中液面不再有明显变化为止。

表 17.3　U 型管一侧液面的高度值(50 ℃)

时间		5 s	10 s	15 s	20 s	25 s	30 s	35 s	40 s	45 s	50 s	55 s	60 s
高度值	1												
	2												
时间		65 s	70 s	75 s	80 s	85 s	90 s	95 s	100 s	105 s	110 s	115 s	120 s
高度值	1												
	2												

另取 1 个锥形瓶,按上述步骤,重复测量 1 次,并把实验数据记录到表 17.3 中。

3. **数据处理**

(1) 绘制反应过程图

将表中的高度数据换算成体系压力值 p,以 p 为纵坐标,时间 t 为横坐标,绘制出体系压力随时间的变化曲线图。观察 p-t 曲线图,感知体系的化学反应从不平衡到平衡的进行过程。

(2) 计算平衡常数 K_p

从 p-t 图中读取体系的平衡总压,计算不同温度下分解反应的平衡常数 K_p。

【实验风险与伦理】

1. 玻璃仪器必须要干燥后使用。
2. 实验前要先检验装置的气密性,确保体系不漏气。
3. NH_4HS 要现用现制,加入 NH_4HS 粉末和盖上塞子时速度要快。
4. 避免玻璃仪器(glassware)使用不当损坏而划伤皮肤。

【思考与实践】

1. 化学平衡状态的本质及特征是什么?什么反应才会存在化学平衡?
2. 写出 NH_4HS 分解反应的浓度平衡常数和分压平衡常数表达式。
3. 以 $aA(g) + bB(g) \rightleftharpoons dD(g) + eE(g)$ 为例,推导浓度平衡常数和分压平衡常数的定量关系。

实验 18　水果电池

21世纪,能源已成为经济发展中必不可少的条件,而电池是最为简单的能源载体(energy carrier)。大到航天飞机,小到普通的音乐卡都需要电池的能量来支持。随着人们对生活质量的要求越来越高,简便、无污染的环保电池便成为人们生活中不可或缺的随身物品。在中学化学教科书中有一个十分有趣的实践活动叫"利用水果如苹果、柠檬或番茄等制作原电池"。那么,如何才能做成一个效果较好的水果电池(fruit battery)呢?它的影响因素究竟又有哪些呢?我们把教科书中的实践活动设计成了实验探究(experiment inquiry)活动,用最新奇的水果电池作为切入点,去探讨原电池(primary battery)的工作原理。

【实验目标】

了解化学能与电能的转化关系及其应用,形成对原电池形成条件的分析讨论;理解能形成原电池的反应必须是能自发进行的氧化还原反应(redox reaction),能够用可食用的水果等材料设计出简单的原电池;通过实验过程,扩大实践视野,提高自己的观察能力(observation ability)、推理能力(reasoning ability)和逻辑思维能力(logical thinking ability),在科学探究活动中感受分析(analysis)、联想(association)、类比(analogy)、迁移(migration)以及概括思维(generalization)能力的实践应用;感受科学的发明创造对于改变人类生活水平的价值。

【实验原理】

水果(苹果、橙子和西红柿等)中含有大量的水果酸(如维生素C,其分子式为$C_6H_8O_6$,俗名抗坏血酸),是一种很好的电解质(electrolyte)。假设:水果肉所含的电解质能够自发地电离(ionization),产生的H^+能与金属发生置换反应(displacement reaction),那么在水果中插入两种不同种类的金属片,如铜片和铝片,这时它们就能形成电池的两个电极(electrode),这两个电极就会像化学电池一样能产生出电流。

电极反应如下:

Al 负极:$Al - 3e^- = Al^{3+}$(氧化反应)

Cu 正极:$2H^+ + 2e^- = H_2\uparrow$(还原反应)

铝片上的铝(Al)原子氧化后放出3个电子而成为Al^{3+}溶于溶液中,而这些电子经过外电路到达正极,溶液中的2个H^+因为获得2个电子而在正极的铜片上产生H_2。能够发生这样的一些反应,实证的材料、操作过程、实验现象和结论见下。

【实验器材】

1. 仪器的规格与名称

灵敏检流计、铜片和铝片若干、电子时钟、发光二极管、导线若干、砂纸、100 mL 的小烧杯、美工刀。

2. 试剂的规格与名称

成熟的李子、西红柿、橙子或菠萝等水果,10% 的 $CuSO_4$ 溶液、10% 的乙醇(C_2H_5OH)溶液。

3. 典型仪器的规格与操作说明

检流计(galvanometer)是检测微弱电量用的高灵敏度(high sensitivity)的机械式指示电表。可以用于电桥、电位差计中作为指零仪表,也可用于测微弱电流、电压以及电荷等。其电路框图如图 18.1 所示。

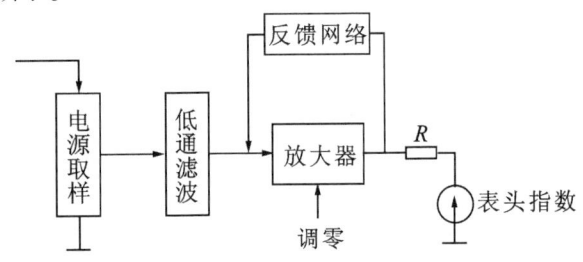

图 18.1 检流计电路框图

直流电流经电流取样电阻(即内阻)后,电流量转换成电压值,经低通滤波后,输至放大器。信号增益由电流取样电阻和放大器增益共同确定,当每档电流值满量程时,放大器输出为 300 mV,经限流电阻加到宽表面表头,偏移显示所测电流大小和极性。

(1)使用前准备

检流计经预热 10 min 后,量程(range)开关打至"调零"档,进行准确调零。

(2)用作直流电桥或电位差计指零

将电桥和电位差计的检流端(如 G 接线端)和检流计输入端相连,选择合适的量程(包括非线档)后,即可使用。

当工作环境湿度(humidity)较大(如超过 80% RH),调零后转入工作量程后,表指针有小的偏移,这是高潮湿环境引起泄漏所致。可以调节"调零"旋钮,给予补偿。

(3)作电流表使用

检流计的内阻(internal resistance)就是检流计输入阻抗,可以理解为电流取样电阻,如果选用的内阻较信号源内阻小许多,可以直接将检流计作高灵敏度电流表使用。

【实验内容】

1. 电路连接

用砂纸打磨去掉铝片表面氧化膜;取水果 3 枚,用美工刀片在上面间隔约 3 cm 距离刻两道口子。按照图 18.2 所示连接电路。

2. 水果电池电极条件探究

以铜—铜作为电极,将其插在准备好的水果肉里;将卡扣另一端的导线与灵敏检流计的正、负极相接,观察检流计的指针有何变化。更换不同电极铝—铝电极,铝—铜电极,分别将其插在准备好的水果肉里,观察检流计的指针又有什么变化？将实验结果记录于表 18.1 中。对比以上实验,分析形成水果电池时电极所应满足的条件。

3. 水果电池产生电流原因探究

若金属电极与水果相连以后,检流计发生了偏转,那么交换接线柱改变检流计的正负极,观察检流计的指针又有何变化。通过指针的变化,判断水果电池的正负极,将实验结果记录于表 18.1 中。

图 18.2　水果电池示意图

表 18.1　操作记录表

电极种类	接通后灵敏检流计是否会发生偏转？若偏转往左还是往右？	若接通后灵敏检流计有偏转,则交换检流计正负极后其指针变化如何？	水果电池正负极	
			正极	负极
Cu – Cu				
Al – Al				
Al – Cu				

4. 原电池形成条件探讨

取约 50 mL 的乙醇溶液于小烧杯中,将与灵敏检流计连接好的铜电极和铝电极插入到乙醇溶液中,观察灵敏检流计指针是否有变化？

取约 50 mL 的 $CuSO_4$ 溶液于另一小烧杯中,将与灵敏检流计连接好的铜电极和铝电极插入到 $CuSO_4$ 溶液中,观察灵敏检流计指针是否有变化？探讨原电池的形成条件。

5. 趣味展示

将线路中的灵敏检流计改换为电子时钟或者发光二极管,展示用水果电池给电子时钟或发光二极管供电的模型;在电路中串联更多的水果,观察电子时钟或发光二极管是否有变化。

【实验风险与伦理】

1. 该实验操作比较繁杂,预习时,理解原理,熟悉步骤,关注关键操作环节。
2. 铜片和铝片质地较软,不宜直接插入水果中,在使用美工刀在水果上开口时,注意安全。
3. 水果电池很不稳定,容易极化(polarization),实验时读数要快。
4. 实验中使用的水果勿食用,以免中毒。

【思考与实践】

1. 水果电池中,为什么铝会失去电子,而铜没有失去电子;铝失去电子后为什么会将电子转移到铜电极上？
2. 什么反应可以被设计成原电池？要形成原电池需要满足什么条件？

实验19 溴钟螺纹实验

一个化学反应(chemical reaction),当正逆反应速率相等时,宏观上反应物与生成物浓度都不再变化,达到化学平衡状态。然而,有一些反应不遵循这个规律——反应过程中,一些物质的浓度会忽高忽低,呈周期性变化。这类反应被称为振荡反应(oscillating reaction),也称摇摆反应(swing reaction)。还有一些比较"神奇"的振荡反应,会在容器中不同部位产生浓度不均匀的有序结构(ordered structure),从而呈现出独特的花纹。为了纪念最早对这类反应进行过研究的两位化学家,就用他们姓的第一个字母合称作 B-Z 振荡反应。

虽然这听着很高深,但实际上,化学振荡是一个很常见的现象,尤其是在生命活动中。例如生物新陈代谢中相当重要的糖酵解反应(葡萄糖→丙酮酸)中,许多中间产物的浓度都是呈现着周期性变化。

【实验目标】

通过观察以溴钟反应(bromine clock reaction)为例的化学振荡反应的现象,了解振荡反应的概念及产生条件;在实验操作过程以及现象的观察活动中,掌握溴钟反应过程、原理及其与化学动力学(chemical kinetics)之间的联系,感受人类通过化学科学原理来揭示大自然奥秘的过程。

【实验原理】

关于 B-Z 振荡反应的机理,可简单归纳如下。

反应系统中存在三个过程:

过程 A:$BrO_3^- + 2Br^- + 3HOOCCH_2COOH + 3H^+ \Longrightarrow 3HOOCHBrCOOH + 3H_2O$

过程 B:$BrO_3^- + 4Ce^{3+} + 5H^+ \Longrightarrow HOBr + 4Ce^{4+} + 2H_2O$

过程 C:$HOBr + 4Ce^{4+} + HOOCCHBrCOOH + H_2O \Longrightarrow 2Br^- + 4Ce^{3+} + 3CO_2\uparrow + 6H^+$

过程 A,B,C 合起来构成一个反应的振荡周期。

当$[Br^-]$浓度足够大时,反应按 A 过程进行,随着$[Br^-]$浓度下降,反应从 A 过程切换到 B 过程,最后通过 C 过程使$[Br^-]$再生,因此,$[Br^-]$在振荡反应中相当于一个开关。铈离子在反应中起催化作用,催化 B 过程和 C 过程。

由以上分析可知,反应中$[Br^-]$和$[Ce^{4+}]/[Ce^{3+}]$随时间呈现周期性变化,由于$[Ce^{4+}]$呈黄色,$[Ce^{3+}]$无色,反应液就在黄色和无色之间振荡。

实验19 溴钟螺纹实验

如果在上述反应液中滴加适量的邻菲罗啉亚铁溶液,那么反应液的颜色会在蓝色和红色之间振荡,原因是铁离子和铈离子一样起催化作用,使$[Fe^{3+}]/[Fe^{2+}]$随反应呈现周期性变化,$[Fe^{3+}]$与邻菲罗啉能形成蓝色络合物,$[Fe^{2+}]$与邻菲罗啉形成红色络合物。

【实验器材】

1. 仪器的规格与名称

培养皿、玻璃棒、滴管、10 mL 量筒、100 mL 量筒、电子天平、100 mL 烧杯。

2. 试剂的规格与名称

丙二酸(s)、$(NH_4)_2Fe(SO_4)_2 \cdot 6H_2O$(莫尔盐)、$KBrO_3$、$KBr$、浓 H_2SO_4、蒸馏水、邻菲罗啉(s)。

【实验内容】

① 配制溶液:A 溶液:2 mL 浓 H_2SO_4 + 5 g $KBrO_3$ + 67 mL 蒸馏水;B 溶液:1 g KBr + 10 mL 蒸馏水;C 溶液:1 g 丙二酸 + 10 mL 蒸馏水;D 溶液:1 g 硫酸亚铁铵 + 0.5 g 邻菲罗啉 + 10 mL 蒸馏水,配制邻菲罗啉亚铁指示剂(indicator)。

② 在烧杯中混合加入 A、B、C 溶液,可以观察到振荡反应开始,溶液由无色变黄色又变无色。

③ 当上述混合溶液变为无色时,加入 8 滴邻菲罗啉亚铁指示剂,可以观察到颜色在红色和蓝色之间变化。

④ 将上述溶液倒入培养皿中,可以观察到培养皿中的溶液先呈均匀的红色,片刻后溶液中出现蓝点,并形成环状向外扩展,形成各种同心圆式图案(concentric pattern);如果摇动培养皿,使一些同心圆被破坏,则可观察到螺旋式图案(spiral pattern)的形成,这些图案同样能向四周扩展。

【实验风险与伦理】

1. 调节好溶液的酸性,若酸性太弱反应则无法进行。
2. 多次试验,控制用量之间的关系,滴加药品的时候缓慢滴加。
3. 佩戴护目镜和手套,避免不安全事故发生。

【思考与实践】

1. 当混合溶液慢慢失去变色作用,停止振荡后,能否重新观察到振荡反应?
2. 试从振荡的三个反应过程归纳出振荡的净反应方程式,并从中得出为什么振荡会趋于衰减,并最终停止的原因。
3. 如何改变振荡体系的周期?

实验20　耳朵的结构与声音信号的接收

对于人类,语言是互通信息、交流思想的重要工具。在听觉(hearing)形成过程中,伴随着目标声音信号,同时被人耳接收的信号中还充斥着各种各样的干扰噪声,人耳可以轻易地滤掉各种干扰而仅专注于目标信号。那么,人们到底是怎样感知声音的?这就需要了解一下人的听觉器官——耳朵。

听觉器官是一个非常灵敏的传声器,它不仅能感受到声音,还可以对声音信号做出具体的分析,比如声源的方向、声强的大小、音质的好坏、频率的高低等。例如,一个有经验的列车巡查工人,可以通过列车运行时发出的声音和金属被敲打后发出的声音判断机器运转是否正常及故障的所在部位。另外,人类在日常活动中,需要通过语言在互相交往和共同生活中彼此交流思想,更不用说欣赏音乐、享受大自然的各种声音了。听觉产生过程很复杂,下面通过一些典型的事实予以说明。我们通过科学探究,发现这些事实的本质,并感受用专业术语来表征这些事实的意义。

【实验目标】

初步学习耳朵组成结构相关的知识,通过人耳仿真模型(simulation mode),感受人耳精密的结构,体验模型中声音传递的基本过程;初步学习人耳听觉特性和人耳组成器官的具体功能,会用人耳模型模拟演练声音在人耳的传递过程,并能独立写出声音传递过程中涉及的相关组织结构;通过人耳模型的观察、拆卸与组装,体验类比(analogy)、模型建构(model construction)等思维过程,能够将所学到的耳朵组成结构、声音传递过程、人耳听觉特性等知识与人耳实际结构联系起来,了解助听器的种类及作用原理;体验人耳结构的精密构成、声音信号传递过程的巧妙之处及人类自身进化的奥妙。

【实验原理】

人的耳朵由外耳、中耳和内耳三部分组成。当声音发出时,会带动周围空气分子的振动即声波(sonic wave),从声源向外传播。声音到达外耳后,通过耳廓(auricle)的收集作用把声音传入外耳道并到达鼓膜(eardrum)。当声波振动鼓膜时,听小骨也跟着振动起来,听小骨将声音信号放大并传递入内耳,从而引起内耳的前庭窗(极小的薄膜)的振动。前庭窗的另一边是充满了液体的耳蜗管道。当前庭窗受到振动时,液体也开始流动,耳蜗里数以千计的毛细胞的纤毛受到液体流动的冲击,经过一系列生物电信号(bioelectric signal)变化,把声

实验20　耳朵的结构与声音信号的接收

音信号转变成生物电信号,经听神经传递至大脑,大脑再把送达的信息加工、整合就产生了听觉。

【实验器材】

人耳结构模型(structural model)、耳蜗模型、不同类型助听器(hearing aid)、音叉、音响。

【实验内容】

1. 学习耳朵的结构和声音信号接收过程

通过观察耳朵结构模型,进一步了解外耳、中耳、内耳的组成结构。

图20.1为完整的人耳结构模型,观察该结构模型的组成并进行拆装。

图20.2为人耳全貌结构示意图,人耳是由外耳、中耳和内耳三部分组成的。外耳和中耳是收集和传导声波的装置,内耳有接受声波的感受器和感知机体位置变化的位觉感受器。

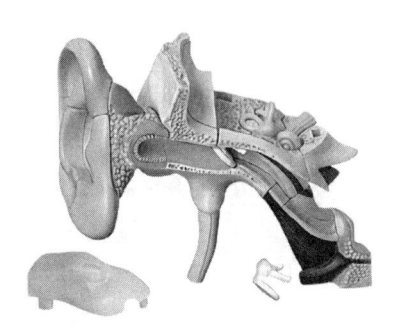

图20.1　人耳结构模型图

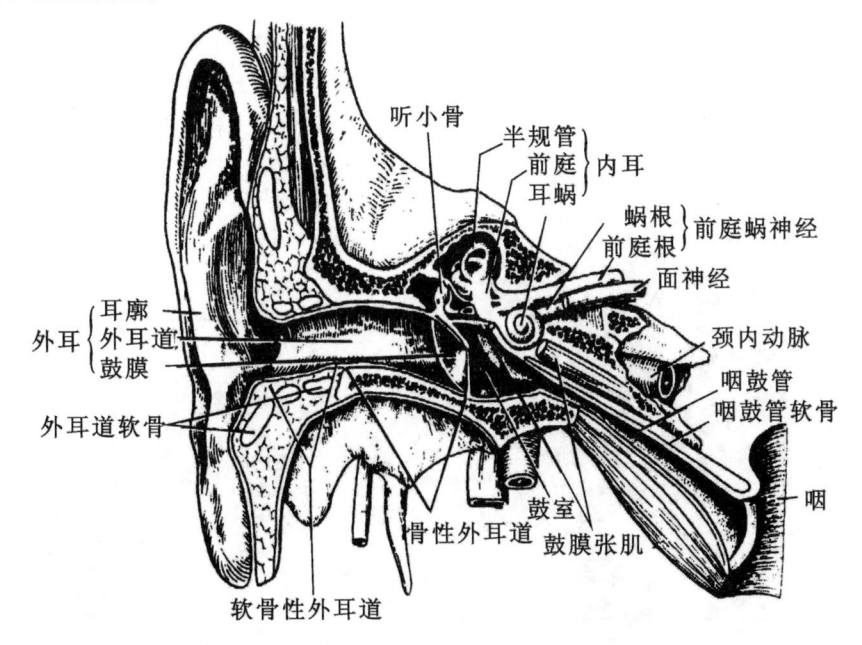

图20.2　耳朵全貌结构示意图

(1)外耳

① 耳廓。人的耳廓在进化过程中已趋向退化,收集声波和定向作用有所减弱,耳廓外形如图20.3所示。耳廓的上方大部分以弹性软骨为支架,外覆皮肤,皮下血管神经丰富;耳廓下方小部分为软骨,仅含结缔组织和脂肪,称耳垂,是临床上常用的采血部位。

② 外耳道是自外耳门至鼓膜的弯曲管道,成人长 2.0~2.5 cm。外三分之一为软骨部,是耳廓软骨的延续;内三分之二为骨性部,两部分相交处比较狭窄。外耳道软骨部分具有可动性,在耳部疾病检查时,可进行拉伸,从而便于观察内部情况。外耳道软骨部的皮肤含有毛囊、皮脂腺和耵聍腺。其中,耵聍腺分泌耵聍,有保护耳道的作用,耵聍与脱落的上皮及尘埃混合后形成耳垢。

(2) 中耳

中耳是传导声波的主要部分,包括鼓膜、鼓室、咽鼓管、乳突窦及乳突小房等。外以鼓膜相隔,内以前庭和蜗窗与内耳相邻。

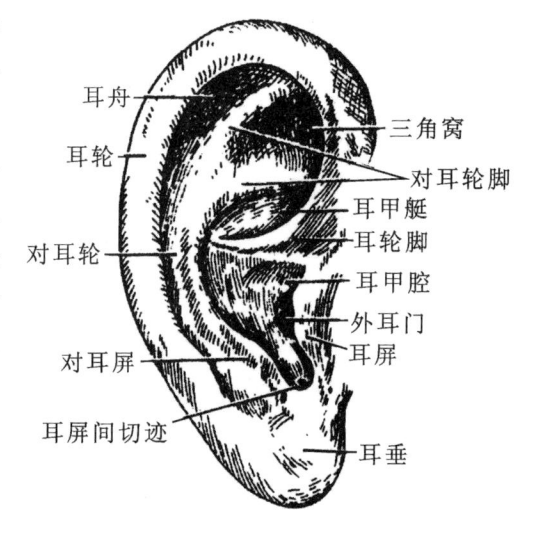

图 20.3 耳廓外形示意图

① 鼓膜介于外耳道和鼓室之间,为一卵圆形的半透明薄膜,如图 20.4。鼓膜外侧向外、向下倾斜,与外耳道底成 45°~50°夹角。鼓膜的直径约为 1 cm,厚约 0.1 mm。鼓膜结构中的纤维层在声波传导中起重要作用。

② 鼓室是颞骨岩部内不规则的小气腔,其外侧壁为鼓膜,内侧壁即内耳的外壁。每侧鼓室有三块听小骨,自外向内依次为锤骨、砧骨和镫骨,如图 20.4。三块听小骨连接成一个曲折的杠杆系统,称为听骨链。当声波振动鼓膜时,经听骨链使镫骨在前庭窗上不断摆动,从而将声波传入内耳。

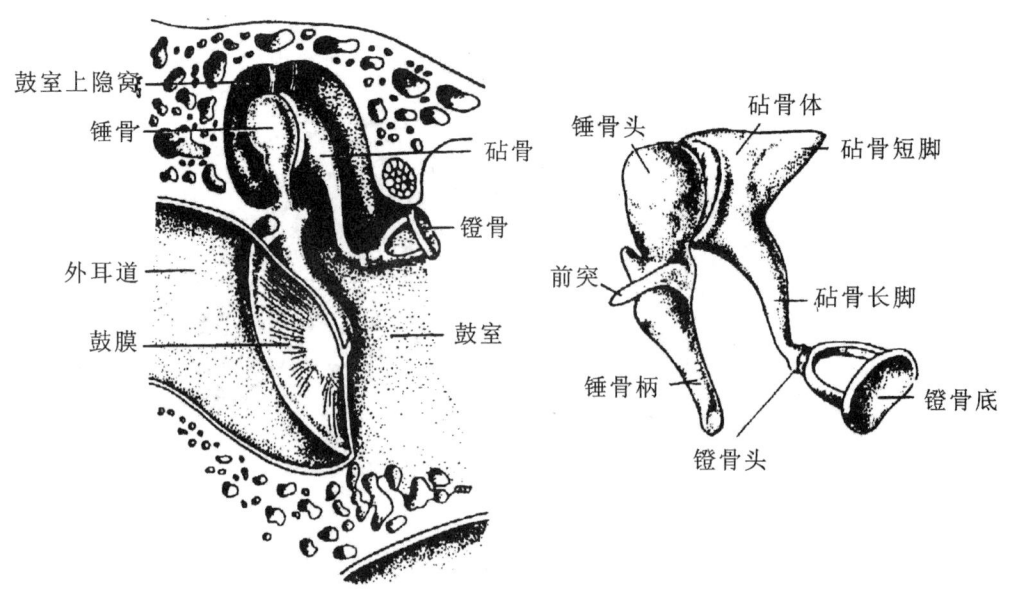

图 20.4 听小骨示意图

③ 咽鼓管是连通鼓室和咽部的扁管,全程长 3.5~4 cm,分骨部和软骨部。咽鼓管与鼻

咽部相通,故咽部感染易沿咽鼓管侵入鼓室。幼儿的咽鼓管短而平,腔径较大,常因咽部感染引发中耳炎。

④ 乳突窦和乳突小房是鼓室向后的延伸。乳突窦是鼓室与乳突小房之间的腔隙,向前开口于鼓室,向后与乳突小房相通。

(3) 内耳

内耳位于鼓室的两侧,颞骨岩部的骨质内,为复杂的弯曲管道,称迷路。迷路分骨迷路和膜迷路。迷路由前向后分为耳蜗、前庭和半规管。耳蜗内有听觉感受器,前庭和半规管合称前庭器,内有位觉感受器。

① 耳蜗位于前庭的前方,形似蜗牛壳,窝顶朝前外方。耳蜗的中央是窝轴,呈圆锥形。将耳蜗经窝轴作一垂直剖面,其剖面如图20.5所示。前庭膜与螺旋板之间的腔为窝管。由窝管下壁的上皮细胞特化形成的螺旋器是听觉的感受器。

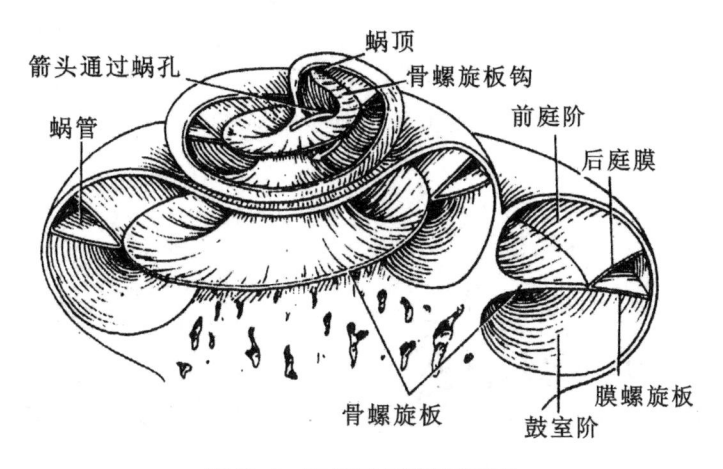

图 20.5　耳蜗垂直切面示意图

② 前庭器包括前庭和半规管两部分。其中前庭中的位觉斑为位觉感受器。位觉斑是头部位置变动或机体做直线加速或减速运动的感受器。头部或身体位置的改变所产生的神经冲动,一方面经前庭神经传至大脑中枢,产生位觉和变速感觉,另一方面向下通过脊髓,反射性地维持身体平衡。半规管位于前庭后方,是三个C形的互成直角排列的骨性小管,分别称为前、后和外骨半规管。其中,前庭结构中的壶腹嵴是旋转变速运动的感受器。当头部或身体做旋转运动时,相应的膜半规管的内淋巴流动方向和速度发生改变,从而将引起的神经冲动经前庭传至大脑,产生旋转的感觉,同时反射性地引起相关肌肉的紧张性,以保持身体平衡。

2. 声波的传导途径

借助人耳模型、耳蜗模型,依据图20.6中声音传递示意图,模拟声音信号的接收、传递过程,将实验现象和结果记录在表20.1中。

表 20.1　实验数据记录表格

每部分名称	声音传递的过程	现象和结果

人耳听觉系统(auditory system)主要由外耳、中耳、内耳以及听觉中枢组成。空气中传播的声波经耳廓收集,通过外耳道的传输引起鼓膜的振动,该振动经过由锤骨、砧骨和镫骨依次相连构成的听骨链高效地传至内耳。声波传到内耳耳蜗的时,耳蜗内的液体也随之振动。耳蜗中的淋巴液在来回运动的过程中使基底膜发生位移,基底膜的运动使覆膜内的毛细胞纤毛产生弯曲,由于听神经纤维末梢与毛细胞相连接,当毛细胞弯曲时带动听神经纤维向听觉中枢传送电脉冲,机械能转换为电能,大脑接收到该电脉冲时,我们就听到了"声音",如图 20.6。

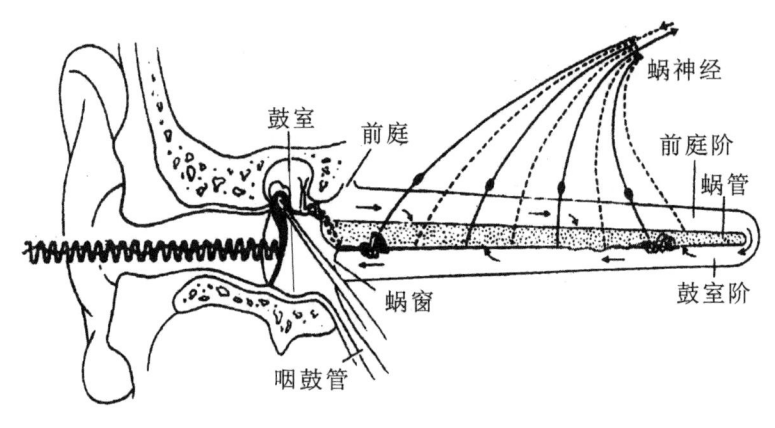

图 20.6　声波传导示意图

从外耳、中耳、内耳、听神经到大脑皮层的听觉路径,称为听通路。在听声音的过程中,耳蜗起了非常重要的作用。首先,耳蜗把声音从机械振动能量形式变成了神经冲动的能量形式,也就是起到"换能器"的作用。其次,在耳蜗中,声音信号是通过"毛细胞"传给听神经,听神经把该频率的声音传送到听觉中枢,引起该频率特有的听觉。人对声音的主观感受主要由响度、音调、音色等特征来描述,其中音调为人耳感受声音的高低即频率,响度为人耳感受声音的强弱即能量的大小。

3. 声源位置、距离的判断与人耳听觉特性

(1)不同条件下声源位置和距离的判断

① 测试同学用眼罩遮上眼睛,另一位同学在测试同学的左、右不同位置敲击音叉,测试同学分析并判断声音的方向及声源音叉所在的位置与距离,记录在表 20.2 中。

实验 20　耳朵的结构与声音信号的接收

表 20.2　双耳测试结果

测试项目	真实数据	实验测试数据
声音的方向		
声源的位置和距离		

② 测试同学用眼罩遮上眼睛,同时用耳塞将一只耳朵塞上,另一位同学在测试同学的左、右不同位置敲击音叉,测试同学分析并判断声音的方向及声源音叉所在的位置与距离,记录在表 20.3 中。

表 20.3　单耳测试结果

测试项目	真实数据	实验测试数据
声音的方向		
声源的位置和距离		

③ 测试同学用眼罩遮上眼睛,另一位同学在测试同学的正前、正后方的不同位置敲击音叉,测试同学分析并判断声音的方向及声源音叉所在的位置与距离,记录在表 20.4 中。

表 20.4　正前和正后方测试结果

测试项目	真实数据	实验测试数据
声音的方向		
声源的位置和距离		

④ 准备 4~5 个相同音响,放置在测试同学的前、后、左、右等不同位置,这几个音响同时播放不同的音乐(音量大小一致),其中含有一首目标音乐,被测试同学用眼罩遮上眼睛并判断出播放目标音乐音响的位置和距离,记录在表 20.5 中。

表 20.5　音乐测试结果

测试项目	真实数据	实验测试数据
目标音乐的方向		
目标音响的位置和距离		

(2)人耳听觉特性

人耳接收的声音信号通常是复杂的,一般是来自不同声源的多个声音的混合信号,但人耳听觉系统通常能够从中提取出自己感兴趣的声音信号并进行跟踪,这种神奇的信息处理能力与人耳听觉特性息息相关。

① 双耳效应。双耳效应(binaural effect)是指人耳在接收声音信号的过程中由于两只耳

朵接收声音信号的不同所形成的双耳信号差,包括声源传输到双耳的时间差和声源传输到双耳的声级差,双耳信号差是判断声源方向和定位的主要依据。此外,人耳对声源的定位机理,综合了声音传播的物理过程及人类听觉系统的生理因素和心理因素,甚至还涉及人类触觉、视觉、嗅觉等对听觉的影响,是一个较为复杂的多元问题。

② 耳廓效应。耳廓效应(auricle effect)补充了上述双耳效应所不能解决的问题。当声音的来源不存在双耳时间差和声级差的情况时,听觉的定位主要依靠单耳信号。人耳廓的形状是一个具有两个凸起脊状物的凹壳空腔,凸起的脊状物可对声音起到反射作用。到达耳廓的声波能够直接传入耳道的为直达波,需要经过反射之后才能进入耳道的为反射波,直达波和反射波的强度比不同,在鼓膜处形成与声源空间方位有关的频谱特性不同,可进行听觉定位。

③ 鸡尾酒会效应。听觉的鸡尾酒会效应(cocktail party effect)是指人耳可以有选择地听取目标声音,即在很多人同时谈话嘈杂的声学环境中,如聚会、公共场合等,人耳能够克服不利条件,分离并提取出自己感兴趣的声源。该理论是 Edward Colin Cherry(1914 – 1979)在1953 年提出的。听觉的鸡尾酒会效应是双耳听觉定位中的另外一个双耳听觉效应,也就是说,如果将一只耳朵堵上,仅利用单耳进行分辨,那么人类将丧失从多种声音中分辨出目标声音的能力。

④ 回音壁效应。人耳的回音壁效应(whispering gallery effect)是指在一个声场里,人们看不到声源却能听得到声音的现象,它的本质是声波在传播过程中经特殊反射作用后的结果。例如,我们站在回音壁前,对着回音壁说话,话音形成的声波传到回音壁上反射回来,我们就可以听到自己说话的回音。人耳的回音壁效应常被用于露天剧场等公共演出场所。构建露天剧场的时候,可以利用人耳的回音壁效应将舞台的声源扩大,反射到听众席,从而使最后一排的听众也能听得非常清晰。"鸡鸣街"胡同正是利用了回音壁效应所产生的神奇听音效果,人们在胡同的西端拍手,在胡同的东端即可听到鸡叫的声音。

⑤ 听觉掩蔽效应。人耳的听觉掩蔽效应(auditory shielding effect)是指一种声音信号的存在会影响人耳对另一种声音信号的感知。实际上,人耳对语音信号的感知过程中往往存在噪声的干扰,此时会出现听觉掩蔽效应。实践证明,在复杂声学条件下,人耳的听觉掩蔽效应对语音的定位和分离起着重要作用。

⑥ 哈斯效应和多普勒效应。哈斯效应(haas effect)泛指听觉不能察觉到延迟声的存在,而将声像定位在先到达的声源位置的现象。多普勒效应(doppler effect)是指当声源与听者彼此相对运动时,听者所感觉到某一特定频率声音的音调发生变化的现象。多普勒效应在生活中有广泛的应用,如医学中的彩超,就是利用了声波的多普勒效应。

4. 耳聋原因分析及助听器作用原理和分类

在全世界,耳聋(deaf)问题困扰着大部分人。目前听力障碍者(hearing impaired)人数约占全世界总人口的 7% ~10%,根据听通路上故障部位的不同,耳聋通常分为传导性耳聋和感音性耳聋两类。当声音传递的正常机械通道受到了阻碍,会产生传导性耳聋,例如鼓膜的破裂和中耳的听骨链受损。感音性耳聋形成的原因是基底膜上的毛细胞发生病变或减少导致的,传统助听器对该类耳聋患者没有帮助,但是这类患者往往还保留着一定数量的听觉神经。如果把声波转换为电信号送入内耳,直接刺激听觉神经则可使这类患者恢复部分听觉。

助听装置(hearing aid)主要分为三类:产声式助听器、电刺激式助听器和振动式助听器。产声式助听器指的是传统助听器,包括盒式助听器、耳内式助听器及耳道式助听器。电刺激式助听器是指电子耳蜗,中耳植入式助听器则属于振动式助听器。听力障碍的原因不同,其所需助听器的种类也不同,因此如若出现听力障碍,一定要及时就医,待医师诊断后科学选配,切不可在市场上随意购买佩戴。

根据上述人耳结构的学习及声音信号传递过程的研究,调研文献,进一步分析耳聋产生的原因,并列举预防耳聋的有效措施。根据耳聋原因的分析,试着设计助听器,并通过市场调研与文献查阅,分析市场现有不同类型助听器的作用原理及其适用的范围。

【实验风险与伦理】

1. 请注意,实验中所用人耳模型组成部件易碎,需轻拿轻放。
2. 由于助听器是针对耳聋患者设计和使用的,实验过程中,请勿将助听器放置于正常人耳上测试,以免损坏正常人的听力。

【思考与实践】

1. 中医素有"久鸣必聋,久聋必痴呆"之说法,耳鸣是我们生活中经常遇到的另一个与耳病相关的问题,查阅文献,列举导致耳鸣的原因有哪些,如何预防和缓解耳鸣?
2. 什么是噪声?噪声的分类?噪声对人体的危害尤其是对人耳听觉系统的危害有哪些?

实验21　眼球的构造与视觉成像

视觉(vision)是最重要的感觉之一。《黄帝内经》中<灵枢·大惑论>篇云"五脏六腑之精气,皆上注于目而为之精"。意思是说人体五脏六腑的精气,都向上输注汇集于眼睛,从而产生精明视物的作用。眼睛是人体非常重要的器官,它是天然、灵敏的"照相机"或"光学成像仪"。大多数人的生存、发展均离不开一双健康的眼睛。利用类比、分析、综合的思维方法,建构眼球模型,全方位认识眼睛的构造和功能,对于保护视力、预防眼部疾病、益于眼睛保健具有重要的科学价值。

【实验目标】

通过对眼球结构相关知识的学习,了解眼球的基本构造;通过眼球模型的观察,理解眼球的基本组成和相关器官的具体功能;利用简单仪器进行眼球成像模拟,辅助理解眼球成像的过程;可独立完成透镜成像实验,通过改变焦距,体验近视眼镜(nearsighted glasses)和老花镜(presbyopic glasses)在成像矫正中的作用;学会利用透镜成像原理(lens imaging principle)和过程,类比分析近视、远视视物不清晰的原因及矫正方法;关注用眼卫生,养成保护视力的良好习惯,预防近视;关爱盲人,珍爱生命。

【实验原理】

角膜(cornea)、房水、晶状体(lens)和玻璃体共同构成了眼球的共轴屈光系统,光线由角膜射入,经此系统成像于视网膜(retina)。瞳孔(pupil)的正后方靠近视网膜的中部有一扁圆形的黄色小区域,叫黄斑(macula),其中心有个凹陷的小坑,这里无视神经细胞,无法产生光的感觉,叫盲点(blind spot)。瞳孔的作用是调节视网膜上的光线强度。在强光下,瞳孔收缩变小;在弱光下,瞳孔扩张放大。近视眼:眼球总焦距变小,晶状体变厚,曲光能力变强,物体成像在视网膜之前;远视眼:晶状体变薄,曲光能力变弱,物体成像在视网膜之后。通过透镜成像的原理,辅助理解视觉成像的基本过程;在透镜成像焦距改变后,通过近视镜和老花镜辅助透镜成像的过程,理解近视和远视矫正的原理和方法。

【实验器材】

可拆卸眼球模型、不同度数的近视眼镜和老花眼镜。

实验21 眼球的构造与视觉成像

【实验内容】

1. 通过观察眼球构造模型,了解眼球结构和视觉成像原理

(1)眼球的结构

人的眼睛就像一个性能优良的变焦距光学仪器,其前半部分像照相机镜头,后半部分像照相机暗箱,视网膜相当于照相底片,如图21.1、21.2。眼球是人眼睛的主要组成部分,其外形近似于球体,居于眼眶内,由三对眼肌控制它的运动。眼球前面部分由眼睑保护,后面由视神经连于间脑,周围附有泪腺、眼外肌等。眼球由眼球壁和内容物组成,其结构组成如图21.3所示。

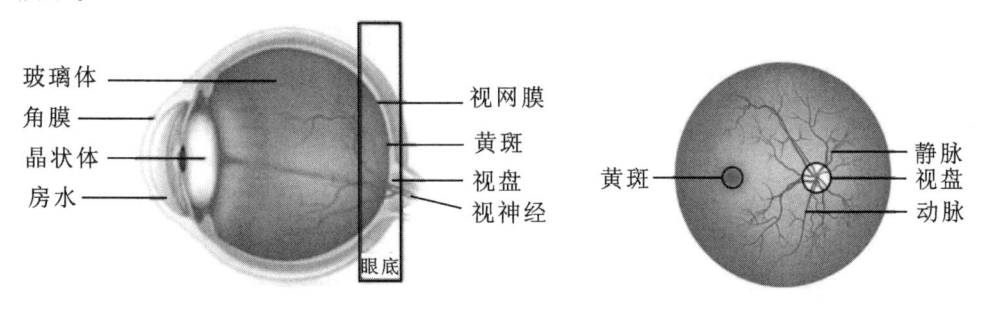

图21.1 眼球生理结构侧视横截图　　图21.2 眼底生理结构图

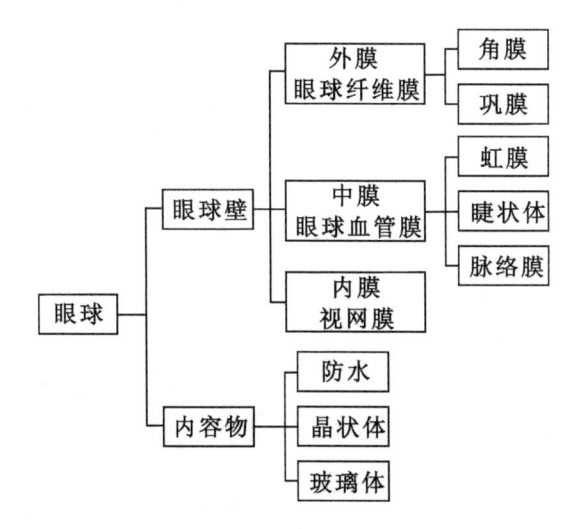

图21.3 眼球的组成结构

① 眼球壁。

眼球壁由外向内分为眼球纤维膜(fibrous tunic of eyeball,眼球外膜),眼球血管膜(vascular tunic of eyeball,眼球中膜)和眼球内膜(internal tunic of eyeball,视网膜)三层。

眼球外膜即眼球纤维膜是眼球壁的最外层,前$\frac{1}{6}$为角膜,后$\frac{5}{6}$为巩膜。角膜(cornea)是无色透明状物质,呈圆盘状,略向前方突出,是人眼睛的第一道曲光物质。巩膜呈乳白色,由致密的结缔组织构成,质地坚韧,具有支持和保护眼球的作用。

眼球中膜即眼球血管膜含有丰富的血管和色素,一般呈棕黑色,由前向后可分为虹膜、睫状体和脉络膜。虹膜(iris)为眼球血管膜的最前面部分,位于角膜和晶状体之间,是一环状薄膜。虹膜中央为瞳孔。虹膜外表层的平滑肌可控制瞳孔的开大或缩小。瞳孔开大有利于视网膜对弱光的感受,瞳孔缩小可防止视网膜被强光过渡刺激。虹膜颜色有人种差异,其颜色主要取决于虹膜色素细胞的多寡。色素细胞少,虹膜呈蓝色;细胞中黑色素增加,虹膜呈棕色;白化病患者因缺乏色素且富有血管,因此其虹膜呈粉红色。睫状体(ciliary body)是脉络膜向前的延伸,在眼球矢状切面上呈三角形。睫状体内含平滑肌组成的睫状肌,该肌收缩与舒张可使睫状小带松弛或紧张,从而改变晶状体的曲度,调节晶状体的曲光能力。看近处物体时,睫状肌收缩,使睫状体前移,睫状小带松弛,晶状体借助本身的弹性而使曲度增加;看远处物体时,睫状肌松弛,睫状体向后移动复位,使睫状小带紧张,晶状体曲度变小。此外,睫状体还可以分泌房水。脉络膜(choroid)占血管膜的后 $\frac{2}{3}$ 部分,衬于巩膜内面,是富有血管和色素细胞的疏松结缔组织,为视网膜提供营养物质。

眼球内膜即视网膜是眼球壁的最内层。视网膜后部有一圆形隆起为视神经盘,该处无感光细胞,称生理盲点。如图21.4,在视神经盘颞侧稍下方约3.5 mm处有一黄色区域,称黄斑,其中央的凹陷,称中央凹,是视觉传导最敏锐的部分。活体时视网膜呈红色,死亡后呈灰白色。

② 眼球的内容物。

眼球内容物包括房水、晶状体和玻璃体,均为无色透明,且无血管,它们共同构成了眼球的屈光系统。

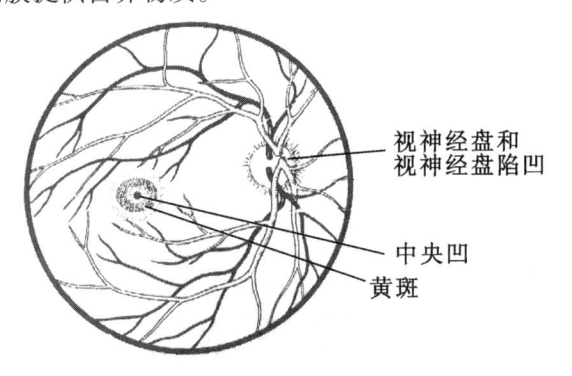

图21.4 视神经盘和中央凹的结构示意图

房水(aqueous humor)是充满眼房内的澄清液体,含少量的蛋白质和无机盐。房水经常循环更新,保持动态平衡,房水循环障碍时,可引起眼内压升高,致视力受损,临床上称为"青光眼"。

晶状体(lens)位于虹膜和玻璃体之间,无色、透明,呈双突透镜状(前面较为平坦,后面曲度较大),富有弹性,不含血管和神经,由房水提供营养。临床上的"白内障"正是由于晶状体因疾病或者创伤导致其变浑浊而产生的。

玻璃体(vitreous body)是无色透明的胶状物质。玻璃体充满于晶状体和视网膜之间,对视网膜有支撑作用。若玻璃体发生浑浊,可影响眼睛视力;若其支撑作用减弱,则可导致视网膜剥离。

(2)视网膜成像

光线通过透明的角膜进入眼睛,再通过晶状体、房水和玻璃体聚焦在视网膜(retina)上。

视网膜上有两种对光敏感的细胞,分别为视杆细胞(圆柱细胞)和视锥细胞(圆锥细胞)。这两种感光细胞在视网膜上的分布很不均匀,圆柱细胞管暗视觉(只对明暗有感觉、对暗弱光起作用,仅能分辨物体的轮廓)主要分布在视网膜外周;圆锥细胞则管明视觉(对明亮光起作用,能分辨物体颜色与细节),并且对色彩有感知功能。它们既分工又相互协调、合作,所以人的眼睛有很强的光强度变化适应能力。当光线刺激光敏细胞,它们就会发出神经冲动,沿着视觉神经传送到大脑。大脑对收到神经冲动进行解读,就产生了所看到的图像。视网膜上成的像是倒像,但人的大脑已经学会了把倒像变为正像,如图21.5。

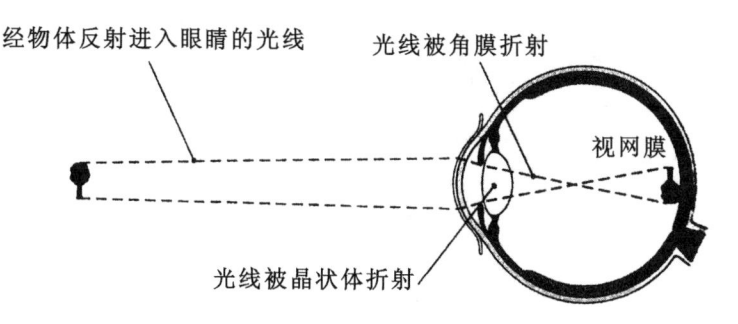

图21.5 视网膜成像示意图

人的眼睛对光线的折射主要是由角膜完成的。但晶状体也可以使光线发生微小偏折。晶状体的形状由睫状肌控制。看远处物体时:睫状肌舒张,悬韧带拉紧,晶状体在牵拉作用下变薄,远处的物体成像在视网膜上,如图21.6左;看近处物体时:睫状肌收缩,悬韧带放松,晶状体在牵拉作用下变厚,近处的物体成像在视网膜上,如图21.6右。

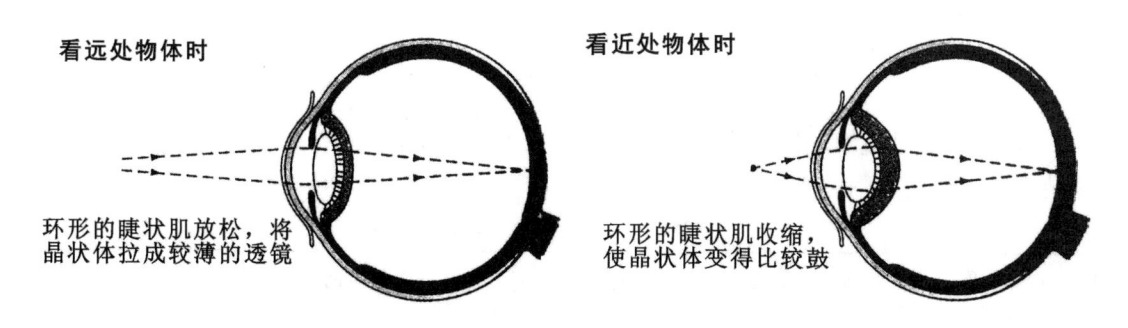

图21.6 远处和近处物体成像示意图

(3)相关知识点

瞳孔和盲点:瞳孔的正后方靠近视网膜的中部有一扁圆形的黄色小区域,直径1~3 mm,叫黄斑,是圆锥细胞最密集的地方,是最能分辨物体颜色与细节之处;黄斑的中心有个凹陷的小坑,直径约2.5 mm,此处无视神经细胞,无法产生光的感觉,所以叫盲点。

2. 尝试构建眼球的结构模型;完成凸透镜成像实验,探索眼球成像的原理

(1)通过观察眼球模型,进一步了解眼球的构成;通过对眼球结构的拆装,尝试独立构建眼球结构模型

(2) 利用光学实验箱观察凸透镜成像,感知光的折射,辅助理解视觉成像的过程,如图 21.7

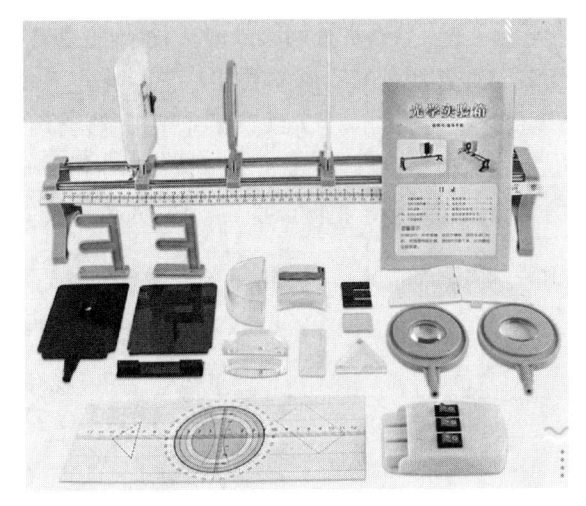

图 21.7　光学实验箱图

① 首先,利用光学实验箱搭建透镜成像装置,观察凸透镜成像(convex lens imaging)的规律,尤其是物像在大小、方向、亮度方面的变化,记录在表 21.1 中。

表 21.1　正常状态下成像结果

物体名称	凸透镜曲度	成像大小	成像方向	成像亮度
F 模型				
- -				
- -				

② 首先,将凸透镜成像装置置于暗箱中,再观察凸透镜成像的大小、方向、亮度的变化,总结成像规律,记录在表 21.2 中。

表 21.2　暗箱中成像结果

物体名称	凸透镜曲度	成像大小	成像方向	成像亮度
F 模型				
- -				
- -				

集体交流和讨论,尝试对上述成像结果进行解释。

③ 透镜成像与视觉成像的相似过程:常规实验室内,凸透镜成缩小、倒立的实像且亮度有所减弱(图 21.8)。若将实验装置放置于暗箱中,则成像的亮度增大,其他没有变化。凸透镜成像实验中,光线通过凸透镜发生折射(refraction),因此在光屏上成倒立、缩小的物像。视觉成像过程中角膜、房水、晶状体、玻璃体共同构成眼球的屈光系统,外界光线通过屈光系统发生折射,因此在视网膜上形成倒立缩小的物像,且眼球中的脉络膜使眼球内成为暗室,

因此视觉成像会更加清晰。

④ 视觉成像的基本路径：外界光线经过眼球的透明部分，在视网膜上形成物像；视网膜受到刺激产生冲动，冲动通过与视网膜相连的视神经传导至大脑皮层的视觉中枢，形成视觉。

图 21.8　凸透镜成像规律探究

3. 通过凸透镜成像实验，分析近视和远视形成的原因，探讨矫正方法

① 近视形成的原因及矫正方法探讨：保持凸透镜、光屏与物体之间的距离不变，将凸透镜更换成曲度更大的凸透镜，观察光屏上物像的变化。

以 F 模型进行实验，当 F 模型通过凸透镜成像清晰时，记录此时所用凸透镜的曲度和 F 模型与凸透镜之间的距离。保持 F 模型、光屏与凸透镜之间的距离不变，用曲度更大的凸透镜更换目前所用的凸透镜，观察成像现象并记录；挪动光屏的位置直到成像清晰为止，记录光屏移动的方向和距离；将光屏恢复移动前的位置，依次将不同近视度数的眼镜，放置于 F 模型与凸透镜之间（透镜前 5 cm），直至成像清晰为止，记录此时所用近视眼镜的度数。将上述数据记录于表 21.3 中。

表 21.3　不同曲度透镜成像与近视眼镜矫正成像结果

物体名称	凸透镜曲度	成清晰像时透镜与物体之间距离	光屏移动的方向和距离	所更换的新凸透镜曲度	成清晰像时近视眼镜度数
F 模型					

② 远视形成的原因及矫正方法探讨：保持凸透镜与物体之间的距离不变，将凸透镜更换成曲度更小的凸透镜，观察光屏上物像的变化。

以 F 模型进行实验，当 F 模型通过凸透镜成像清晰时，记录此时所用凸透镜的曲度和 F 模型与凸透镜之间的距离。保持 F 模型、光屏与凸透镜之间的距离不变，用曲度更小的凸透镜更换目前所用的凸透镜，观察成像现象并记录，挪动光屏的位置直到成像清晰为止，记录光屏移动的方向和距离；将光屏恢复移动前的位置，依次将不同度数的老花眼镜，放置于 F

模型与凸透镜之间(透镜前5 cm),直至成像清晰为止,记录此时所用老花眼镜的度数,将上述数据记录于表21.4中。

表21.4 不同曲度透镜成像与远视眼镜矫正成像结果

物体名称	凸透镜曲度	成清晰像时透镜与物体之间距离	成像板移动的方向和距离	所更换的新凸透镜曲度	成清晰像时远视眼镜度数
F模型					

③ 透镜成像过程探究与近视和远视形成过程分析。保持物体与凸透镜之间的距离不变,更换大曲度或小曲度的凸透镜均会导致F模型成像变得模糊。大曲度的凸透镜会使清晰的像成像于光屏前;小曲度的凸透镜会使清晰的像成像于光屏后;成像不清晰时,在大曲度或小曲度凸透镜前面加不同曲度眼镜(即不同度数的近视或老花眼镜),可调节所成的像,使其清晰。近视和远视形成的原因如图21.9和图21.10。

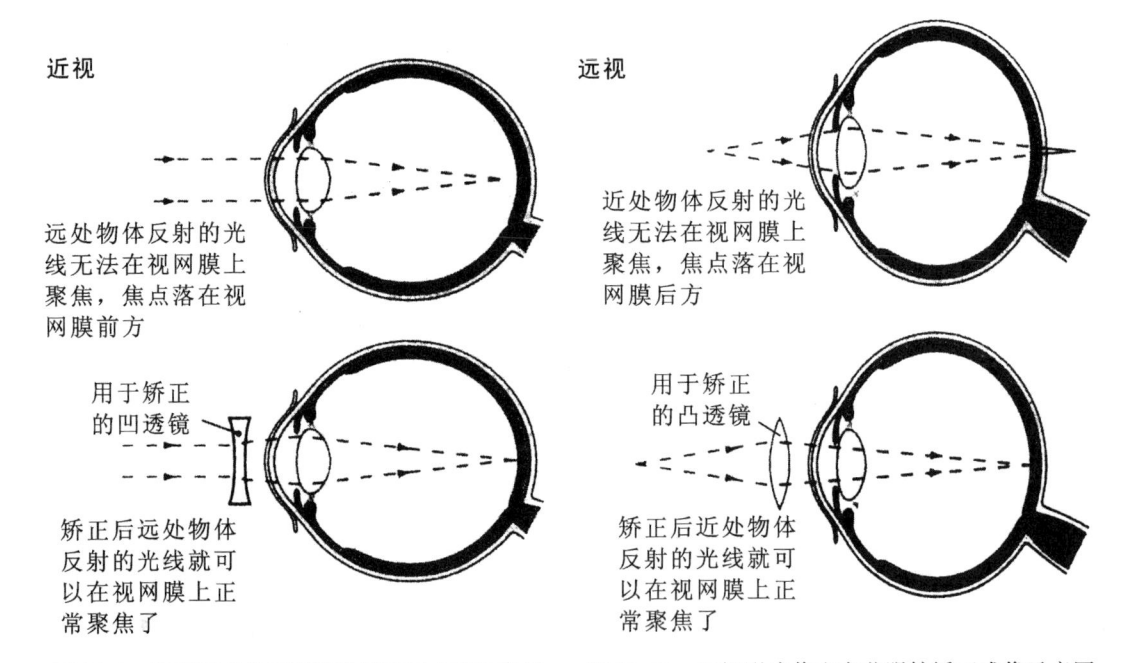

图21.9 近视眼成像和近视眼镜矫正成像示意图　　图21.10 远视眼成像和老花眼镜矫正成像示意图

4. 仿生眼让盲人重见光明

2008年4月,英国伦敦的一家眼科医院通过为盲人(遗传色素性视网膜炎患者)植入仿生眼(bionic eye),使其恢复了一定的视力。通过在患者眼镜上安装一个微型摄像机与发射机,将外部图像、光线转变为无线电信号,发射到系在腰带上的小型处理器上,再传到安装在视网膜上的超薄电子接收器和电极板上,几十个电极刺激视网膜神经,将外界信号通过视神经传到大脑,从而使患者恢复了一定的视力;盲人植入仿生眼后可区分光明、黑暗,看到移动的图像、辨别简单的物体,可抛去拐杖、独立地行走。图21.11为仿生眼及其工作原理示意图。

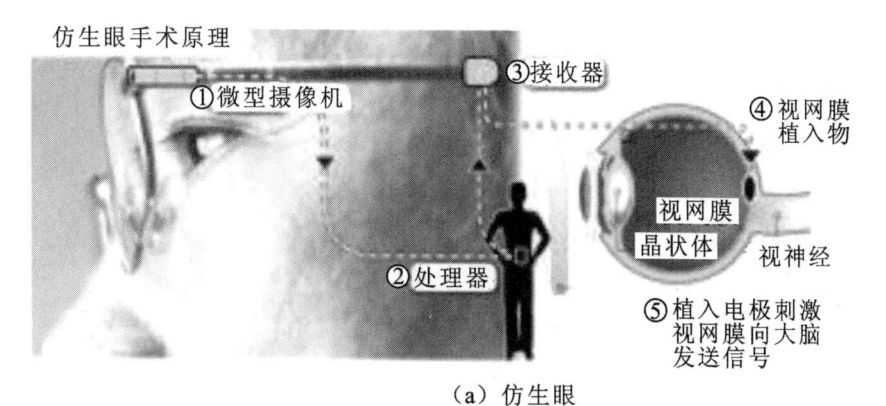

(a) 仿生眼

(b) 仿生眼工作原理

图 21.11 仿生眼及其工作原理示意图

【实验风险与伦理】

1. 请注意,实验中眼球模型组成部件易碎,需轻拿轻放。
2. 不可将实验中所用光源直射眼睛,以免造成伤害。

【思考与实践】

1. 查阅文献,试着列出视力矫正的方法还有哪些?
2. 搜集青少年预防近视的有效措施有哪些?

实验 22　ABO 血型的血清学检测及人的血细胞辨认

长期以来,人们都未认识到血液的个体特性。人类血型的发现和血液分类学的创立,首先应归功于奥地利医学家、生理学家兰德施泰纳(Landsteiner, K., 1868—1943)。

1900年,兰德施泰纳在研究血液的过程中发现,自体的红细胞和血清在试管内混合后不会发生凝集,但从不同个体采集来的红细胞和血清在试管中混合后就有可能发生凝集现象,红细胞粘聚在一起,形成一簇簇不规则的细胞团,即使用力振荡也散不开。兰德施泰纳对这种现象给出了合理的解释,红细胞上有两种特异性结构——抗原 A 和抗原 B,而在血清中则存在能与之特异性结合的结构——抗体 A、抗体 B。如果抗体 A 遇到抗原 A 或抗体 B 遇到抗原 B 就会发生一系列的反应,使红细胞凝集成团。如果把取自不同人的血清和红细胞成对混合,可以分为 A、B、C(后改称 O)三个组,1902年,他的学生 Decastello 和 Sturli 又发现了第四组——AB 组,也即 ABO 血型系统可分为 A、B、O 和 AB 四种血型。在之后数十年的研究工作中,兰德施泰纳又陆续发现了 MNS 血型系统和 Rh 血型系统。由于他在血型研究方面的卓越贡献,1930年兰德施泰纳被授予诺贝尔生理学或医学奖。

【实验目标】

了解血型发现的历史,认识其对人类了解生命和自身奥秘具有的重大意义;熟悉血型与输血常识,理解血型系统的重要临床意义;掌握 ABO 血型检测的原理,学会使用标准血清进行血型检测的方法,能够通过正确判断抗原抗体反应是否发生凝聚的现象得出血型结论;学习制作血涂片,能在显微镜下辨认细胞类型,知道各种血细胞在身体中发挥的重要功能,并能理论联系实际,对血常规化验单上各项数据代表含义有一定的了解。

【实验原理】

1. 血型

血型(blood type)是指血液成分(包括红细胞、白细胞、血小板及血浆蛋白)表面的抗原类型。狭义上的血型特指红细胞膜上的特异性抗原类型。抗原物质(antigen)可以是蛋白质、糖类、糖蛋白或者糖脂。

通常一些抗原为来自同一基因的等位基因或密切连锁的几个基因的编码产物,这些抗

实验 22　ABO 血型的血清学检测及人的血细胞辨认

原就组成一个血型系统(blood group system)。ABO 血型系统是人类最常见,也是最早被发现的血型系统。继 ABO 血型系统被发现之后,人们又陆续发现了 MN、Q、E、T、Rh 等三十余种血型系统,由 1935 年成立的国际输血协会专门负责认定及命名工作。血型的发现开创了免疫血液学、免疫遗传学等新兴学科,对临床输血工作具有非常重要的意义。血型鉴定也曾广泛应用于法医学以及亲子关系鉴定中,但目前已经逐渐被更为精确的基因学方法所取代。

2. ABO 血型系统

在 ABO 血型系统中,红细胞表面的抗原(或称凝集原)有两种——抗原 A 和抗原 B;血清中的抗体(或称凝集素)也有两种,分别是抗体(antibody)A 和抗体 B。按照红细胞所含抗原的有无及不同,人的血型被分为 4 种,如图 22.1：

A 型,红细胞上只含有抗原 A,血清中只含有抗体 B；
B 型,红细胞上只含有抗原 B,血清中只含有抗体 A；
AB 型,红细胞上含 A、B 两种抗原,血清中不含抗体 A、B；
O 型,红细胞上没有抗原,但血清中同时含抗体 A 和抗体 B。

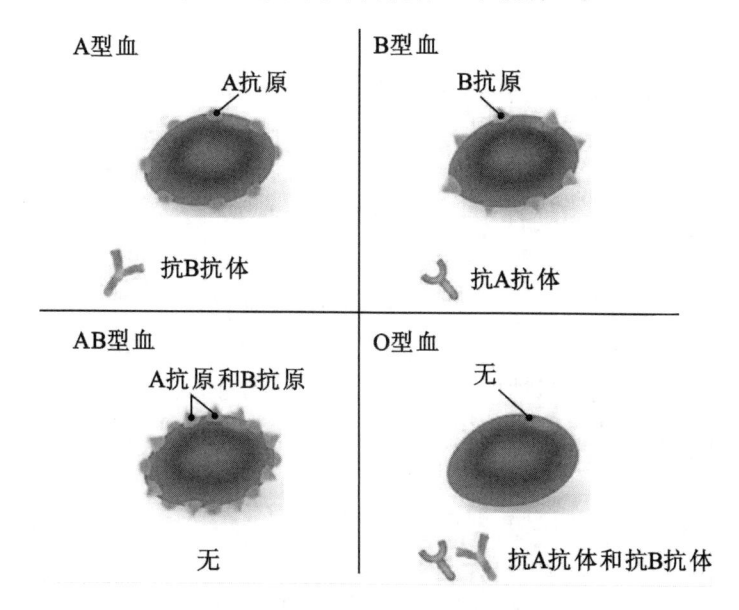

图 22.1　ABO 血型系统抗原、抗体分布图

每一种血型系统都是由遗传因子决定的,并具有免疫学(immunology)特性。在 ABO 血型系统中,血型受来自第 9 号染色体上的 I^A、I^B 和 i 基因控制,I^A、I^B 为显性基因,i 为隐性基因。在 I^A 基因控制下,红细胞膜上形成抗原 A；在 I^B 基因控制下,红细胞膜上形成抗原 B。子女血型取决于父母血型基因的遗传,如表 22.1 所示。

表 22.1　ABO 血型的基因型及表现型遗传状况

父母的血型	父母可能的血型基因	子女可能的血型基因	子女可能的血型
O 与 O	ii + ii	ii	O
A 与 O	I^Ai + ii, I^AI^A + ii	I^Ai, ii	A, O

117

续表

父母的血型	父母可能的血型基因	子女可能的血型基因	子女可能的血型
A 与 A	I^Ai+I^Ai, $I^AI^A+I^Ai$, $I^AI^A+I^AI^A$	I^AI^A, I^Ai, ii	A, O
A 与 B	$I^AI^A+I^BI^B$, I^Ai+I^Bi, $I^AI^A+I^Bi$, $I^Ai+I^BI^B$	I^AI^B, I^Ai, I^Bi, ii	AB, A, B, O
A 与 AB	$I^Ai+I^AI^B$, $I^AI^A+I^AI^B$	I^AI^A, I^AI^B, I^Ai, I^Bi	A, AB, B
B 与 O	I^BI^B+ii, I^Bi+ii	I^Bi, ii	B, O
B 与 B	I^Bi+I^Bi, $I^BI^B+I^Bi$, $I^BI^B+I^BI^B$	I^BI^B, I^Bi, ii,	B, O
B 与 AB	$I^Bi+I^AI^B$, $I^BI^B+I^AI^B$	I^AI^B, I^Ai, I^Bi, I^BI^B	AB, A, B
AB 与 O	I^AI^B+ii	I^Ai, I^Bi	A, B
AB 与 AB	$I^AI^B+I^AI^B$	I^AI^A, I^BI^B, I^AI^B	A, B, AB

3. 血型鉴定技术

血型检测技术分为血清学检测（serological testing）和基因检测（genetic testing）两类。

血清学检测技术是根据抗原抗体特异性结合反应建立起来的一系列检测技术，在反应时通常需要含有抗体的血清参与，故名。血型的血清学检测就是利用了不同血型在红细胞膜上含有的抗原会与血清中相应的抗体产生肉眼可见的凝集反应来进行鉴定，方法有多种，例如玻片法、试管法、微柱凝集法等。根据检测目标不同还可分为正定型试验和反定型试验两种，正定型是用已知的特异性抗体（抗 A、抗 B 标准血清）检查红细胞有无相应的抗原，反定型试验则是用已知血型的 A、B 红细胞试剂检查血清中有无相应的抗体 A、抗体 B。

基因型检测血型技术是通过抽提样本 DNA，利用序列特异性引物 PCR 扩增技术检测血型基因来鉴定相关血型的方法。相比较一般的血清学技术，基因型检测方法更精确，但步骤更复杂、费用更高。

本实验采用正定型玻片法试验，即通过标准血清中的抗体来检测被检者血红细胞表面的抗原，如表 22.2。

表 22.2　ABO 血型的正定型血清学试验

正定型试验（标准血清 + 被检者红细胞）		结果判断
抗 A	抗 B	——
+	-	A
-	+	B
+	+	AB
-	-	O

注："+"为发生凝集反应，"-"为不发生凝集反应。

实验22 ABO血型的血清学检测及人的血细胞辨认

4. 人的血细胞分类及瑞氏染色

血细胞约占人血液容积的45%，包括红细胞、白细胞和血小板。在正常生理情况下，血细胞和血小板有一定的形态结构，并具有相对稳定的数量。

血小板(blood platelet)在止血和凝血过程中起重要作用，正常数值为$(1.0 \sim 3.0) \times 10^{11}$个/L，其本身不是细胞，而是骨髓中巨核细胞胞质脱落下来的小块。血小板直径为$2 \sim 4\ \mu m$，呈双凸扁盘状，在血涂片中，常呈多角形，聚集成群。红细胞(erythrocyte, red blood cell)功能为携带O_2和CO_2，正常成年男性血液中红细胞数值为$(4.0 \sim 5.0) \times 10^{12}$个/L，女性为$(3.5 \sim 4.5) \times 10^{12}$个/L。红细胞直径为$7 \sim 8.5\ \mu m$，呈双凹圆盘状，中央较薄、周缘较厚，在血涂片中呈"甜甜圈"状。白细胞(leukocyte, white blood cell)为无色有核的球形细胞，体积比红细胞大，具有防御和免疫功能。成人白细胞的正常值为$(4.0 \sim 10.0) \times 10^9$个/L。根据白细胞胞质有无特殊颗粒，可将其分为有粒白细胞和无粒白细胞两类。根据颗粒的嗜色性，有粒白细胞分为中性粒细胞、嗜酸性粒细胞及嗜碱性粒细胞，无粒白细胞则有单核细胞和淋巴细胞两种。不同种类的白细胞以不同的方式参与机体的免疫反应。

瑞氏染液是由酸性染料伊红和碱性染料美蓝组成的复合染料，溶于甲醇后解离为带正电的美蓝和带负电的伊红离子。各种血细胞由于所含化学成分不同，对染料的亲和力也不一样，因此，染色后呈现出不同特点，如图22.2所示（彩色图片见彩色插页）。

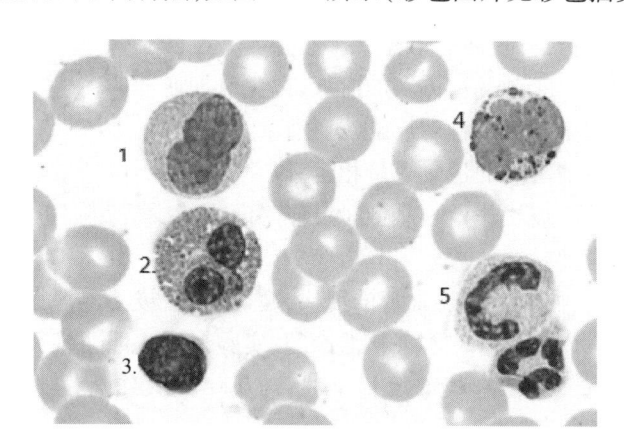

1—单核细胞；2—嗜酸性粒细胞；3—淋巴细胞；4—嗜碱性粒细胞；5—中性粒细胞。
图22.2 各类白细胞的瑞氏染色形态图

【实验器材】

显微镜(microscope)；双凹载玻片、载玻片、一次性采血针、止血棒、75%酒精棉球、吸水纸、擦镜头纸；抗A、抗B标准血清、瑞氏染液。

【实验内容】

1. 加标准血清

取一片洁净的双凹载玻片，在其中一个凹槽中滴加一滴抗A标准血清溶液，另一个凹槽滴加一滴抗B标准血清溶液,注意严防两者相混。

注:抗A标准血清为淡蓝色溶液,抗B标准血清为淡黄色溶液。

2. 采血检测及制作血涂片

血型检测:取75%酒精(alcohol)棉球消毒无名指或小指指端后,用一次性采血针刺破指端皮肤,待血流出,各挤绿豆粒大小1滴分别滴入加有抗A和抗B标准血清的凹槽中(注意手指不能接触到抗血清溶液),静置5~10 min后观察。

血涂片制作:取一片洁净载玻片A,挤一小滴血于玻片中央,用止血棒对指端按压止血;另取一片洁净载玻片B,用其短边一端接触血滴外边缘,倾斜与玻片A平面呈约45°角向玻片A一侧轻推,将血推成一张薄膜,用吸水纸擦去多余血液,晾干;在血膜上滴加覆盖瑞氏染液,染色20 min,之后用自来水呈细流状冲洗掉未与细胞结合的多余染液,晾干,镜检。

3. 观察结果

血型检测:观察是否有凝集现象发生,并根据凝聚情况分析血型;如对结果无法判断,可在显微镜下镜检观察有无红细胞凝集帮助分析判断。

血涂片观察:观察各种血细胞形态结构及颜色。

【实验风险与伦理】

1. 主要用具必须干燥清洁,注意避免交叉污染。

2. 加试剂时,应先滴加抗血清,再滴加血液,以免漏加血清。

3. 采血时注意开放指端勿碰触玻片或抗血清溶液。

4. 滴加血液和抗血清溶液的量应尽量相当,以免出现假阴性结果。

5. 抗原性较弱者采用玻片法检测血型时反应时间不能少于5~10 min,否则凝集现象不易观察,可能造成假阴性结果。

6. 使用完显微镜后,按照教师要求清洁镜头,套好外罩,拔下电源;做完实验后清理实验台面,打扫实验室卫生,恢复实验室本来整洁面貌;实验垃圾按照要求分类放置,切勿随意丢弃,尤其使用过的采血针、棉棒和棉球等污染物,需集中回收作为医学垃圾处理,切勿污染环境。

【思考与实践】

1. 根据实验现象,你是哪种血型,为什么?

2. 输血原则中指出,输血只能在同型血间进行。那为什么还有"O型血是万能血"的说法?你认为这种说法有道理吗,为什么?

3. 现代产检中有一项孕妇血型抗体筛查,请查阅相关资料并根据你学到的知识回答什么情况下需要做这项检查,其目的与意义何在?

4. 根据所学内容并借助资料查阅,试着说说如何分析血常规化验单。

实验 23　真伪食材的鉴别

民以食为天,食以安为先。一直以来,食品安全(food safety)都是全球关注的热点。2008 年中国的"三聚氰胺"事件和 2013 年欧洲发生的"马肉事件",体现的就是用科学的方法制造掺伪食材。其实科学是无辜的,科学仅仅是工具,科学既可以为人,也可以害人。作为消费者个体,我们可以学习一些常用食材的鉴别方法,利用科学的工具,提高自己的生活质量和认识自己的生命意义。

【实验目标】

通过对食材(food ingredients)相关知识的学习,了解食材真伪的概念;通过实验操作,理解用物理法和化学法检验食材优劣、真伪的原理,并能完成相关实验的基本操作;体验实验基本原理和利用简单仪器进行食材的检验并得出相应结论;掌握本实验中常用的物理和化学法检验食品真伪的基本操作,并可以将其灵活运用于生活中食材真伪的检测。在针对食材鉴别实验方案的交流研讨活动中,通过延伸性的问题,提升人们对食材真伪的深入了解意识和举一反三的探究创新意识。

【实验原理】

黑米的黑色素主要是花青素中的矢车菊素和芍药素,花青素具有特殊的性质,其在酸性条件下为红色,在碱性条件下为蓝色,且此颜色变化可逆。利用日常生活中常用的食醋(白醋)、食用碱或小苏打为原料,可对掺假黑米进行鉴别。黑芝麻中的黑色素成分也是花青素,因此利用该方法亦可鉴别染色黑芝麻。黑木耳掺假的形式多是利用品质低下的木耳通过染色、增重方式进行掺假,增重掺假常用的物质有糖、盐、碱、明矾等,可通过浸泡、品尝、感官观察等方式进行鉴别。天然小米具有非常高的营养价值,但是染色小米食用后会对身体产生伤害,小米染色通常是先将小米漂洗,然后加入黄姜粉、柠檬黄、日落黄等黄色素,使色泽暗淡的小米变得鲜黄诱人,而这些黄色色素在水中具有较好的溶解度,因此可以用清水浸泡的方法进行鉴别。

天然的食用肉类(猪肉、鸡肉等),尽管含水量较大,但绝大多数的水分均在细胞内,游离的水分很少,因此新鲜肉用纸巾等吸水材料试验时,不可能有太明显的水渍;而注水肉,由于所注水分,不可能在短时间内进入细胞内,因此大部分呈游离状态,用干纸巾试验时,很快出现较明显的水渍,因此可通过干纸巾实验鉴别注水肉类。

优质酱油一般是由粮食发酵而成,如大豆。根据蛋白及多糖类物质,在高浓度乙醇溶液中会发生沉淀的现象,可判断酿造酱油的发酵程度与其内蛋白质的多少;若酱油的发酵程度比较完全,则大分子的蛋白类物质被降解为肽类和氨基酸,乙醇加入后不会出现沉淀,但挂壁现象比较明显;若为勾兑酱油,则酱油中没有蛋白质,在加入乙醇后不会出现沉淀,同时因酱油中没有多肽,也不会出现挂壁现象。

市场上常见的掺假食醋,一般是用工业冰醋酸勾兑而成的,和酿造食醋相比,酿造食醋中除了酸性成分乙酸(CH_3COOH)外,必然会带有粮食中的成分及酿制过程中产生的一些衍生物,如单糖、小分子醛类等,这些物质均具有还原性,可以使高锰酸钾($KMnO_4$)溶液褪色;而勾兑醋,由于只有乙酸一种物质,没有还原性,因此勾兑醋不能使高锰酸钾溶液褪色,根据这个原理可以鉴别食醋的真伪。

【实验器材】

市场购新鲜猪肉、鸡肉、黄花鱼、鸡蛋;超市购黑米、小米、黑芝麻、黑木耳、蜂蜜、酿造白酒、勾兑白酒;酿造白醋、勾兑白醋;酱油、花椒、醋酸、含量为3%人工合成醋等;干纸巾和湿纸巾、0.3% $KMnO_4$溶液、0.01%甲基紫溶液、碘酒、95% C_2H_5OH等。

【实验内容】

1. 物理鉴别法

(1)干纸巾实验

① 注水肉的鉴别:用干纸巾对折放在新鲜肉(猪肉、牛肉、鸡肉均可)上,按压稍等,如注水,则纸巾上有明显水印并迅速散开;如未注水,则纸巾上只有少量油渍;吸水的纸巾难以点燃,而有油渍的纸巾则可迅速点燃。

② 染色黄花鱼鉴别:真正的黄花鱼背腹部鱼鳞为黄色,嘴和腮无色;染色黄花鱼的通体为黄色;用干纸巾擦拭鱼身黄色部位,纸巾被明显染黄的为假,纸巾不变色的为真。

③ 掺水蜂蜜的鉴定:优质蜂蜜滴在干纸巾上,呈圆珠状,很难散开,周围无水渍;掺水蜂蜜也呈圆珠状,但很快晕开,周围有明显的水渍。

方法扩展:可用玻璃棒做液滴实验鉴别蜂蜜的品质,优质蜂蜜黏度大,拉丝,不容易滴落;劣质蜂蜜黏度小,容易滴落。

(2)湿纸巾实验

染色米鉴别:用水浸湿纸巾,但不要太湿,以不滴水为好。用湿纸巾擦拭所购置的有色米类(黑米、小米均可),纸巾染色者,疑似人工染色,可进一步结合化学法进行鉴别,综合物理和化学法检测的结果进行判断。

知识扩展:染色黑米颜色乌黑,擦去表面浮尘后依然乌黑,有掉色;正常黑米黑色不均匀,有光亮,擦去浮尘后依然有光泽;染色小米情况类似。

染色黑米鉴别方法扩展:

方法1,观外貌:仔细观察黑米的尾部是否有小白点,正常的黑米生长的尾部也就是蒂,会有一个小白点,而经过染色的黑米,尾部没有小白点;且掺假黑米色泽暗淡,米粒大小不均匀,碎米多。

方法2,刮黑米:由于正常黑米的黑色花青素主要集中在皮层,胚乳层仍为白色,因此可以将米粒外面的黑皮全部刮掉,观察米粒颜色;如果是正常黑米,里面的米粒是白色的;而染色黑米,染料颜色会渗到米芯里去,里面的米粒亦呈黑色。

(3)清水实验

① 染色食材的鉴别:黑米、黑芝麻、花椒等物质,用清水浸泡,浸泡过的清水一般为紫红色,稀释后呈紫红色或近紫红色,如果清水变成墨汁一样的颜色,经稀释后仍然是黑色,甚至浸染到容器和手上,则疑为人工染色,需进一步用化学法进行鉴别,综合二者结果进行判断。小米浸泡后,若浸泡后的水呈黄色,而小米由黄色变成了灰色或者发白,则该小米可能是染色小米;新鲜小米用水清洗时,水不会变黄。

染色黑木耳从外观看与天然黑木耳无太大差别,但将其放入温水后,正常黑木耳不易掉色,而染色黑木耳通常容易掉色,1 min 后,染色黑木耳的浸泡液便开始呈现浅灰色,5 min 之后,水的颜色逐渐变为深灰色,浸泡时间越长,则水的颜色越深,而"黑木耳"本身颜色将逐渐变浅,成灰色。

染色黑木耳鉴别方法扩展:

方法1,观外貌:天然黑木耳,正面是黑色,背面是灰色;而经染色的黑木耳,正反面颜色基本一致。

方法2,闻味道:天然黑木耳没有什么味道,仔细闻会有一些清香;而染色黑木耳一般会有异味或酸臭味。

方法3,尝其味:天然黑木耳气味微香,口尝无味无涩;掺糖的木耳有甜味,掺盐的木耳有咸味,掺碱或明矾的木耳有苦、涩味。

② 鸡蛋新鲜度鉴别:将鸡蛋浸在冷水中,如果鸡蛋平躺着,说明鸡蛋很新鲜;倾斜在水中,说明这颗蛋已经放了 3~5 天了;直立在水中,说明这颗蛋已放置 10 天之久;浮在水面上,则说明这颗蛋已经变质了。

2. 化学鉴别法

(1)勾兑酱油及酱油发酵程度的鉴定

准备一个干净的 50 mL 容量瓶,取 5 mL 市售酱油倒入其中,加入 20 mL 95% C_2H_5OH,盖上塞子,充分振摇,观察瓶内混合液体,若液体仍然澄清透明且没有沉淀物,可能为勾兑劣酱油;若沉淀物较多,则为发酵不完全的酱油;若溶液颜色均匀并且有明显粘连物在瓶子上,即为优质酱油。

(2)勾兑食醋的鉴别

市场上的假食醋通常是用冰乙酸兑制而成的;开瓶即有刺激性气味,口尝无香味,而有刺激性酸味;可于 50 mL 烧杯中取 10 mL 食醋,加入少许 $KMnO_4$(或稀 $KMnO_4$ 溶液),摇匀,如溶液不褪色,疑为勾兑醋。

(3)掺假食醋的鉴别

食醋中掺假一般是加入盐酸、HNO_3、H_2SO_4 等矿物质酸。可取被检食醋 10 mL 置于 50 mL 烧杯中,加 5 mL 蒸馏水,混合均匀(若被检食醋颜色较深,可先用活性炭脱色),沿试管壁滴加3滴0.01%甲基紫溶液,若溶液颜色由紫色变为绿色或蓝色,则表明有游离无机酸(H_2SO_4、HNO_3、盐酸、硼酸)存在,证明所鉴定的食醋为掺假食醋。

(4)染色食材的鉴别

将疑为染色的食材(黑米、黑芝麻等)浸泡于清水中,必要时揉搓帮助色素溶解;过滤浸泡液,取少量的浸泡液,滴入食醋(白醋),观察颜色变化。未经染色的食材如黑米,溶液颜色会变为鲜红色或者紫红色,再加入少量的食用碱或者小苏打,溶液会变成蓝色,再反复加入白醋,又变为红色,此反应可逆。若食材是人工染色食材,如用白大米染色而成的黑米,浸泡后的黑米溶液,无论是加入食醋还是加入食用碱或小苏打都不会发生上述变色情况。

3. 数据记录与处理

将实验现象和结果记录在表23.1中,并判断所鉴别食材的真伪。

表23.1 实验数据记录表格

待检测样品名称	物理法检测实验现象	结果	化学法检测实验现象	结果
黑米				
小米				
蜂蜜				
食醋				
酱油				
……				

【实验风险与伦理】

1. 请注意,实验中所有食材,均不可食用。
2. 请勿将所用试剂和食材带出实验室。
3. 实验过程,佩戴护目镜和防护手套。

【思考与实践】

1. 对于染色食材,还可用什么方法进行鉴别?
2. 模拟本实验,想一想还能用什么简单的方法鉴别食材的真伪?
3. 查阅文献,叙述食品中合成色素对人体的危害。

实验 24　食物与消化

食物是指能够食用或饮用的，为人类或其他生物提供营养或愉悦的物质。确切来说，食物是能够满足机体正常生理和生化能量需求，并能延续生物正常生命的物质。

食物的来源可以是植物（plant）、动物（animal）或者真菌（fungus）等，其中主要包含的营养成分为糖（saccharides）、蛋白质（protein）、脂肪（fat）、维生素（vitamins）、无机盐（inorganic salt）和水六类。食物中的大分子营养物质只有被分解成小分子如单糖（monosaccharide）、氨基酸（amino acid）、脂肪酸（fatty acid）等后，才能被我们的身体吸收利用，这个过程被称作为消化（digestion），是由消化系统来进行的。人体的消化系统由消化道（digestive tract）和消化

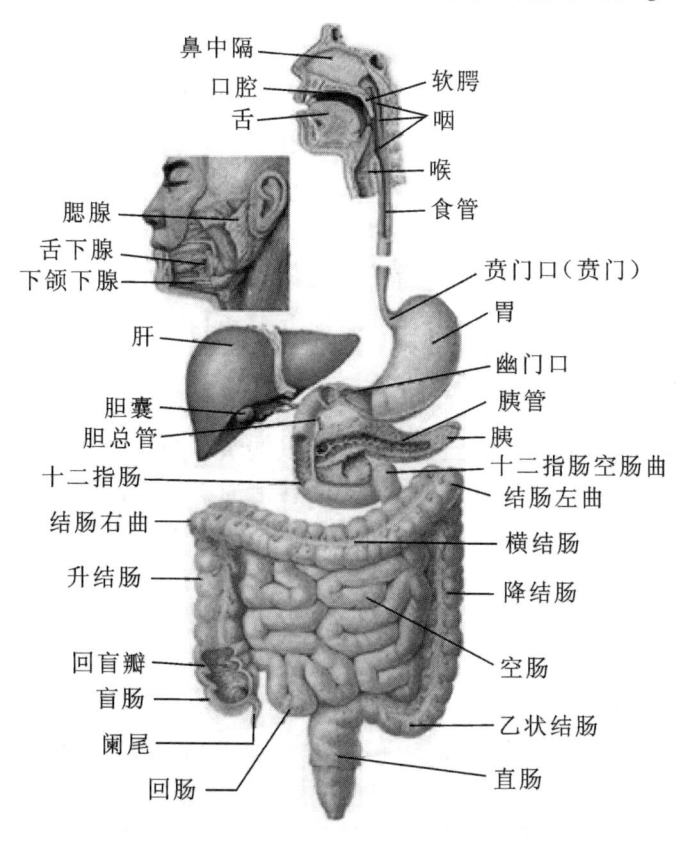

图 24.1　消化系统示意图

腺(digestive gland)组成。如图24.1(彩色图片见彩色插页),消化道包括口腔、咽、食道、胃、小肠、大肠和肛门等器官;消化腺则包括唾液腺、肝、胰等器官以及分布在消化道壁内的小腺体,它们可以分泌对食物消化起重要作用的液体——消化液(digestive juice),如唾液、胃酸、肠液等,其中含有大量酶类。生物体内发生的化学反应绝大多数都是酶促反应,在消化酶的作用下,食物中的大分子被分解生成各种小分子。根据作用底物的不同,消化酶大致可分为三类:糖酶、蛋白酶和脂肪酶。

【实验目标】

了解食物的营养组成及人体消化酶的类别,知道每一种营养大分子在分解成能被机体吸收的小分子的过程中都有相应酶的参与,从而感受人体是高度统一的有机体;熟悉消化系统在食物消化中发挥的功能,并利用唾液淀粉酶(amylase)、胃蛋白酶(pepsin)、胆汁(bile)完成对食物中主要大分子营养物质糖类、蛋白质及脂肪的分解或乳化作用;认识影响酶活性的因素,知道酶的反应必须在一定的环境中才能进行;将实验作为载体配合思考与分析,在操作中学会固定变量的实验探究方法和步骤。

【实验原理】

唾液(saliva)分泌于口腔中,成分主要为水,同时还含有黏蛋白、溶菌酶(lysozyme)和淀粉酶等。大量的水可以起到湿润口腔、软化食物使其便于吞咽的作用;溶菌酶则具有杀菌作用;黏蛋白进入胃后,可保护胃黏膜,增加胃黏膜抗腐蚀作用;而唾液中的重要酶类——淀粉酶可以将一部分淀粉分解成小分子的麦芽糖(maltose),具有重要的促消化作用。碘液可用于识别淀粉物质,淀粉遇 I_2 变蓝,麦芽糖遇 I_2 不变色。

人体胃液(gastric juice)呈酸性,pH为0.9~1.5,主要成分有胃蛋白酶、盐酸和黏液,此外还含有钠盐、钾盐等无机物。其中,胃蛋白酶能促使摄入的蛋白质分解为蛋白胨以及少量的多肽;胃液中的盐酸具有一定杀菌作用,还能激活胃蛋白酶原成为有活性的胃蛋白酶,并为胃蛋白酶水解蛋白质提供酸性环境。

胆汁是肝细胞分泌的,由胆盐、胆色素、胆固醇、卵磷脂等组成。胆汁中不含消化酶,其消化作用主要依靠胆盐。胆盐分子一端亲水,一端亲脂,通过乳化作用可以把大块的脂肪分散成小型的脂肪微粒,增加脂肪与消化酶的接触面积,从而有利于脂肪的消化;另外,胆盐还可以激活胰脂肪酶,并与脂肪酸、脂溶性维生素结合成水溶性复合物,以促进这些物质的吸收。

【实验器材】

电热板、水浴锅(两孔)、电子天平(1%);15 mm×150 mm 试管、18.5 mm×40 孔试管架、试管夹、10 mL 量筒、500 mL 烧杯、100 mL 烧杯、100 mL 棕色滴瓶、100 mL 无色滴瓶、2 mL 移液管、5 mL 移液管、洗耳球、案板、小刀、温度计、长柄药匙、玻璃棒、记号笔、pH试纸(pH 1~14 范围);1%胃蛋白酶溶液、鱼胆汁、淀粉、碘液、1 mol/L NaOH 溶液、1 mol/L HCl 溶液、熟鸡蛋蛋白、食用油、蒸馏水等。

实验 24　食物与消化

【实验内容】

1. 研究唾液淀粉酶的消化作用

(1) 制备(preparation)淀粉糊

用天平称取 1g 淀粉,置于 500 mL 烧杯内,先加入 10 mL 水并置于电热板上加热,用玻璃棒搅拌均匀。再逐渐添加水至 200 mL,其间不断搅拌直至淀粉呈糊状。

(2) 收集(collection)唾液

用清水将口腔漱干净,再含一口水,在嘴里停留 1~2 min,尽可能多地让唾液溶在水中,然后将口中液体吐到洁净的 100 mL 烧杯中。

注意:收集唾液时应尽量减少气泡的产生。

(3) 加热(heating)反应

取 5 支试管,分别标记为 1、2、3、4、5 号。在 5 支试管中分别加入 2 mL 淀粉糊,然后在 1~4 号试管中各加入 3 mL 收集到的唾液,5 号试管作为对照组加入 3 mL 清水。振荡试管使其中液体充分混匀,然后放入 37 ℃ 恒温水浴锅内,孵育。其间注意经常振荡试管,使其中反应均匀。

(4) 碘液检验(iodine solution test)

每隔 5 min,取出 1 支试管(按 1~4 序号顺序依次取),加入 2 滴碘液,振荡,观察颜色变化。最后 5 号和 4 号试管一起取出并检验。

(5) 记录实验结果,如表 24.1。

表 24.1　唾液淀粉酶对淀粉的消化作用实验结果

试管	加入物质	反应时间/min	加碘液后颜色变化	原因分析
1	淀粉糊+唾液	5		
2	淀粉糊+唾液	10		
3	淀粉糊+唾液	15		
4	淀粉糊+唾液	20		
5	淀粉糊+清水	20		

2. 探究温度对胃蛋白酶活性的影响

胃蛋白酶在人体内处于相对稳定的温度环境中,你认为温度对胃蛋白酶的活性有没有影响?请设计一个实验并验证。

实验器材:_____

_____

实验步骤:_____

实验结论：

3. 观察胆汁对脂肪的乳化作用

(1) 食用油(edible oil)的添加

取两支试管分别标记为 1 号和 2 号，在其中各加入 5 mL 清水，随后沿管壁在试管中各加入 2 mL 食用油，观察油水分界现象。

注意：加入食用油时，动作要轻柔，使油漂浮在水的表面，避免油水混杂。

(2) 胆汁的引入

用滴管滴加 6 滴鱼胆汁至上述 1 号试管中，2 号试管中加入 6 滴清水。振荡两支试管使液体充分混合后，静置 20 min。

(3) 观察结果

注意两支试管中的食用油物理状态有什么区别，并分析原因。

【实验风险与伦理】

1. 实验内容中，胆汁对脂肪的乳化作用涉及需要取动物胆汁作为实验材料，本实验选取常见食材——鱼。鱼可在来源追踪直接、有资质的超市购买，要求健康无疾病；杀鱼时尽可能动作快、减少鱼的痛苦；杀死鱼后，取鱼胆，尸体集中回收并进行无公害化处理(pollution free treatment)。

2. 本实验内容较多，操作较繁杂、费时。预习时请理解原理，熟悉步骤，做好实验设计并注意关键操作环节，可用流程图做好实验规划，包括操作顺序、时间以及与合作者之间的分工。

3. 对于一些因为不可预知的因素导致实验的关键步骤失败要有一定的心理准备。

4. 使用小刀时，一定要注意安全，切勿伤到自己或他人。

5. 做完实验后清理实验台面，打扫实验室卫生，恢复实验室本来整洁面貌；实验垃圾按照要求分类放置，切勿随意丢弃。

实验 24　食物与消化

【思考与实践】

1. "研究唾液淀粉酶的消化作用"和"观察胆汁对脂肪的乳化作用"实验均采用了对照组,你能找出哪组是对照组吗？它们的作用是什么？

2. 在"探究温度对胃蛋白酶活性的影响"实验中,你的实验设计取得预期的结果了吗？如果实验失败,你认为应该如何改进？

3. 胃蛋白酶进入小肠后就几乎没有了催化作用,你觉得可能是什么原因？

4. 做完这个实验后,你对饮食养生有什么心得,请试着说一说。

实验25 微生物发酵与酸奶制作

今天早餐你吃的是馒头(steamed bread)还是面包(bread)？吃馒头时有没有蘸些腐乳(fermented bean curd)？吃面包时有没有配上酸奶(yogurt)？你知道吗，你吃的这些食物都是来自微生物发酵(microbial fermention)的产品。

人类利用微生物发酵生产食品的历史由来已久。根据历史记载，我国酿酒历史至少有四五千年。夏禹时期已经有了关于杜康造酒的记载，在殷墟中发现的酿酒作坊遗址，证明早在三千多年前，我国的酿酒业就已经相当发达。而酿醋的历史几乎与酒同期，据现有文字记载，我国古代劳动人民以酒作为发酵剂来酿制食醋，酿醋历史至少也在3000年以上。公元前700多年，西周民间开始利用白菜腌渍酸菜，利用豆酱腌制酱油。公元500多年魏晋时代，民间利用干豆腐加盐自然发酵制作豆腐乳，到了明代开始大量加工，而今腐乳已然成为具现代化工艺的发酵食品。

人类虽然很早就应用微生物发酵获得食品，但并不明白其中的科学道理。直至1857年，微生物学(microbiology)奠基人、法国科学家巴斯德(Pasteur, L., 1822—1895)在显微镜下观察到了啤酒中的酵母菌，揭示出酒精发酵是由酵母菌作用引起的，而酒变酸则是由酒中出现的醋酸杆菌导致的，由此巴斯德还提出了著名的巴斯德消毒法应用至今。1897年，德国毕希纳(Bychner, E., 1860—1917)进一步发现了酶在酒精发酵中的作用。

随着人们对微生物世界的不断认识，微生物发酵生产持续创新。19世纪末到20世纪30年代期间，发酵菌种生产使用的微生物大多是厌氧或兼性厌氧菌，采用固体培养基发酵或液体厌氧发酵，产品都是化学结构比原料更简单的产物，如乙醇、丙酮、丁醇、乳酸等，生产工艺较为简单、对生产设备要求不高、规模一般不大，这时期的发酵工业被称为传统发酵工业。

1928—1944年，英国弗莱明(Fleming, A., 1881—1955)、澳大利亚弗洛里(Florey, B., 1898—1968)和德国钱恩(Chain, E. B., 1906—1979)三人共同发现并生产出青霉素(penicillin)，开创了抗生素时代，挽救了成千上万人的生命。随后链霉素、氯霉素、土霉素、四环素等抗生素的不断出现，进一步增强了人类治疗感染性疾病的能力，并推动了发酵工业迈入现代发酵工业时代。

20世纪70年代以后，分子生物学(molecular biology)蓬勃发展，基因工程(genetic engineering)应用和DNA重组技术不断进步，细胞工程、酶工程、蛋白质工程技术涌现并飞速发展，人类迎来了生物技术产业时代，为传统发酵工业的改造和现代发酵工业的发展提供了无

实验 25 微生物发酵与酸奶制作

限生机。微生物发酵技术发展速度快,菌种生产能力大幅提高,新产品、新技术、新设备等的应用达到前所未有的程度,极大地丰富了人类的生活。我们通过酸奶制作这个实验来了解微生物发酵的一般工艺流程。

【实验目标】

了解微生物发酵技术的发展历史过程,体验科学、技术和社会三者之间的关系;通过学习发酵的基本环节和过程控制等核心问题,了解发酵的生产过程;理解酸奶发酵的微生物学原理,认识乳酸菌的生长特性,掌握酸奶制作的一般技术流程,尤其是发酵中的关键技术——无菌操作、温度和无氧控制,从而理解微生物是发酵的灵魂;体验微生物发酵原理、实验操作及关键环节中表现出来的严谨的科学态度和社会责任感。

【实验原理】

1. 微生物发酵的生产过程

微生物发酵是指利用微生物,在适宜的条件下,将原料经过特定的代谢途径转化为人类所需要的产物的过程,比如酿酒,制醋,面团发酵,生产抗生素、氨基酸、酶制剂等。微生物发酵常因菌种和产品不同而有差异,但一般过程都基本相同,通常包括菌种制备、培养基配制、接种培养、发酵控制和产品提取等环节。

(1) 菌种制备

优良菌种选育和制备是微生物发酵的首要关键步骤。随着生物技术的发展,当前发酵工业所用菌种的总趋势从野生菌转向变异菌,从自然选育转向代谢控制育种,从诱发基因突变转向基因重组定向育种。菌种在进入发酵前通常要经过逐级扩大培养过程,从保藏菌种斜面活化到摇瓶菌种扩大培养,之后种子罐培养。所用的培养基也一步步更粗放、经济,更接近发酵培养基的环境。种子罐菌种培养好以后就需要适时进行大罐接种。

(2) 培养基配制

发酵培养基(fermentation medium)必须满足微生物生长繁殖和产物合成需求,包括碳源、氮源、无机盐、生长因子及水等。对于大规模发酵生产,除考虑上述营养需要外,还必须重视培养基原料的价格和来源。

(3) 接种培养

培养基配制完成后需及时灭菌,待其冷却后进行接种。接种要保证在无菌条件下进行,这一步是发酵成败的关键。

(4) 发酵控制

菌体生长繁殖及发酵累积代谢产物的必要条件包括温度、溶解氧、pH、营养成分补充和泡沫消除等。所有这些条件都必须实时观察、记录、分析、改进,以确保发酵生产正常进行。在发酵过程中,还要经常观察菌体的形态变化,测定代谢产物的积累等情况,以决定放罐的最佳时间进行收获。

(5) 产品提取

发酵过程一旦完成,应及时进行产品提取与收获。根据不同产品,应采取不同的方法进行分离纯化,以获得最高产量和最佳质量。提取方法一般有物理法(如过滤、离心、干燥等)、化学法(吸附、蒸馏、层析、离子交换等)和生物法等。

2. **酸奶发酵**

酸奶制作属于微生物发酵过程。以鲜奶为原料接入乳酸菌,经发酵,牛奶中的乳糖被分解产生乳酸。在酸性条件下,牛奶中酪蛋白(约占全乳的2.9%,占乳蛋白的85%)发生变性凝固,因此整个奶液会呈现凝乳状态。发酵后,牛奶中的乳糖和大分子蛋白质被分解,有利于人体消化和吸收,还能避免一些人群的乳糖不耐受症。

目前市场上的酸奶制品大致可分为凝固型(solidified type)和搅拌型(stirring type)两类。凝固型酸奶的发酵过程是在包装容器中进行的,从而使成品因发酵而保留了凝乳状态。"老酸奶"即属于此种类型。搅拌型酸奶是将发酵后的凝乳在灌装前或灌装过程中搅拌破碎,添加(或不添加)果粒、果酱等制成的具有一定黏度的半流体状制品。与普通酸奶相比,搅拌型酸奶具有口味多样化、营养更丰富的特点。经常作为酸奶伴侣的水果有草莓、蓝莓、芒果、黄桃等。但要注意的是,并非所有水果都能在酸奶中添加,这是因为在很多水果中含有大量果酸、鞣酸、维生素C或其他能与奶中蛋白质发生沉淀、凝聚等反应的物质,将其加入酸奶中可能会引起人体腹痛腹泻等症状。

【实验器材】

电热恒温培养箱、天平、电磁炉、煮锅;烧杯、搅拌棒、镊子、案板、水果刀、剪刀、称量纸、药匙、保鲜膜、记号笔和橡皮筋等;袋装无菌鲜牛奶、食用蔗糖、时令水果和酸奶发酵菌粉等。

【实验内容】

1. **器具灭菌**

采用家庭煮沸消毒法:将烧杯和搅拌棒放入煮锅内置于电磁炉上,加水没过器具,煮沸5 min,取出晾凉。

2. **原料添加**

将100 mL无菌牛奶倒入灭菌后的烧杯中,再加入5%~10%蔗糖,不断搅拌使其溶于奶中。

此步操作中,蔗糖的作用是什么?

3. **接种菌粉**

在奶液中加入0.1%(W/V)发酵菌粉,搅拌使发酵剂均匀分布于混合液中。

如果没有发酵菌粉,你可以采用什么办法来完成酸奶发酵?

4. **发酵培养**

烧杯杯口覆保鲜膜隔绝空气,用记号笔标记实验人、实验时间等信息后,将烧杯迅速放入培养箱中,于43 ℃发酵6~10 h,观察奶液物理状态转变为凝固状态后即可停止发酵。发酵终点也可依据如下条件来判断:pH低于4.6;表面出现少量水痕。

烧杯杯口为什么要覆盖保鲜膜?

5. 添加辅料

掀开覆膜,用无菌的搅拌棒破碎凝乳,在其中加入适量切至 5 mm 左右大小的时令水果块,混匀,重新覆膜封杯口(注意:① 动作迅速,切勿污染;② 如制备凝固型酸奶可省略此步直接进入下一步操作)。

6. 冷却后熟

酸奶完成发酵后在室温下冷却 10~15 min,然后放入冰箱中冷藏过夜后即可食用。
这步操作有什么作用呢?

【实验风险与伦理】

1. 实验前先预习,理解原理,熟悉步骤,关注关键操作环节,用流程图做好实验规划。
2. 所有实验用具包括手必须是清洁的,避免污染;实验时,动作轻柔,勿将奶液泼洒在杯口或外面,以免污染导致实验失败。
3. 使用剪刀或水果刀时,注意切勿伤了自己或他人。
4. 制作水果搅拌型酸奶时,注意所选水果不能与奶中蛋白质发生反应。
5. 做完实验后清理实验台面,打扫实验室卫生,恢复实验室本来整洁面貌;实验垃圾按照要求分类放置,切勿随意丢弃。

【思考与实践】

1. 观察你所做酸奶的品相并品尝味道,分析其成因。
2. 以酸奶发酵为例,试述微生物发酵成功的要素。

实验26　不同生境中被子植物叶片构造与气孔分布比较

叶是植物进行光合作用(photosynthesis)和蒸腾作用(transpiration)的主要营养器官。光合作用需要大的叶表面积,但如此会带来植物体水分损失加快的问题。在自然界长期进化过程中,植物体的形态结构很好地适应了环境,解决了这个困扰。本实验通过探究比较不同生境下被子植物叶片结构和气孔分布的差异来分析生物体对环境的适应性。

【实验目标】

掌握显微镜(microscope)的构造,能熟练使用显微镜进行实验观察;学会根据生物特点灵活制作临时装片,为以后生物学实验研究打下基础;观察不同生境中被子植物叶片结构的特点,比较它们气孔分布的差异,初步形成生物体的结构和功能相统一、与环境相适应的观点。

【实验原理】

1.被子植物叶片的构造

(1)双子叶植物(dicoty ledon)叶片的构造

双子叶植物的叶片由表皮、叶肉和叶脉三部分组成,如图26.1、26.2(彩色图片见彩色插页)。

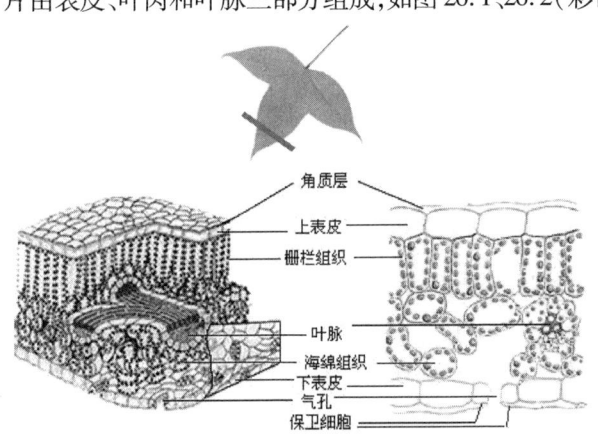

图26.1　叶片的横切立体结构与平面结构示意图

实验 26　不同生境中被子植物叶片构造与气孔分布比较

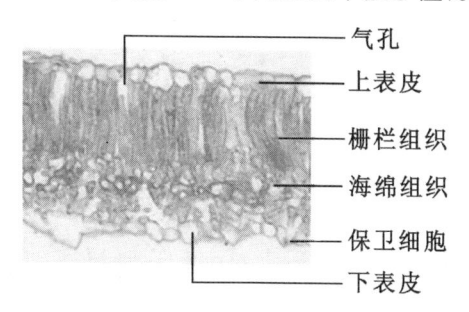

图 26.2　棉花叶横切图

表皮(epidermis)有上、下之分,其上有附属物,属初生保护组织。气孔分布在表皮上,内侧有较大的胞间室,称为气室。

叶肉(mesophyll)属同化组织,是植物进行光合作用的场所,可分为栅栏组织和海绵组织。栅栏组织靠近上表皮,由一些排列较紧密的长圆柱状细胞组成;海绵组织靠近下表皮,由一些排列较疏松的不规则形细胞组成。

叶脉(vein)是叶片内的维管束,属复合组织,常伴有一定的机械组织。叶脉内部结构依大小粗细的不同差异较大,主脉和大的侧脉结构较复杂,可由一至几束维管束构成。维管束内木质部在上方,韧皮部在下方,既能输送水分和养料,又可支撑叶片,使之伸展于空间以获得充足光照。

(2)单子叶植物叶片的构造

单子叶植物(monocot yledon)在叶片结构上与双子叶植物类似,也由表皮、叶肉和叶脉三部分组成。不同的是,单子叶植物叶肉没有栅栏组织与海绵组织之分,另外不同植物在叶片的其他结构上也会有差异,如图 26.3(彩色图片见彩色插页)。

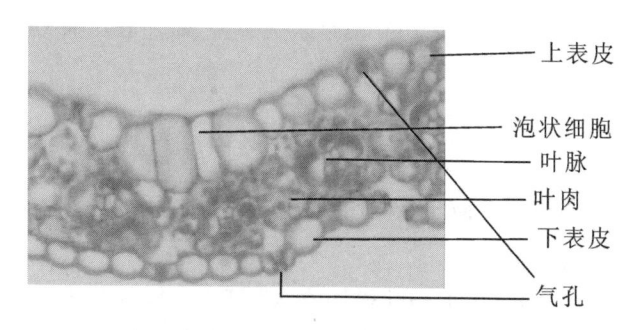

图 26.3　玉米叶横切图

2. 不同生境中被子植物气孔分布的特点

气孔(stoma)由植物叶片表皮上成对的保卫细胞及其之间的孔隙组成,是植物与外界进行气体交换的门户和控制蒸腾的结构。气孔通过开闭,调控植物的气体交换率和水分蒸腾率,对植物的生活起到极为重要的作用,如图 26.4(彩色图片见彩色插页)。

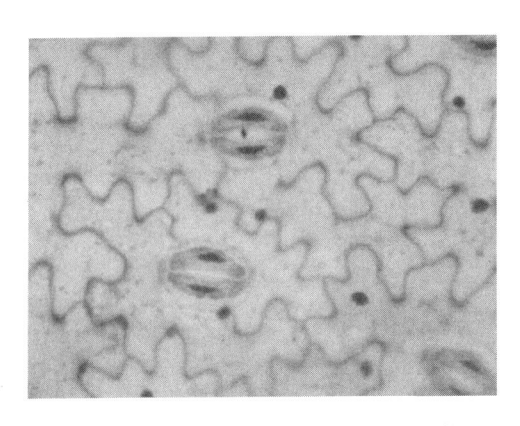

图 26.4　显微镜下的蚕豆叶片下表皮结构图

气孔在植物叶片表皮上的位置、分布和数目,与植物的种类及生态条件有关。

陆生植物(terrestrial plants)的叶:表皮外面覆盖着角质层或蜡质层,通常上表皮分布气孔较少,下表皮气孔较多。但是,并非所有陆生植物的叶片下表皮气孔都比上表皮多,有些植物如小麦、水稻等,它们的叶是直立的,上下叶面接触的阳光都差不多,也称为等面叶,这类植物叶片上下表皮气孔分布量相近。

水生植物(aquatic plants)的叶:叶片表面没有角质层。叶肉一般无栅栏组织和海绵组织之分,细胞排列较松,通气组织发达。生活在水里的叶表皮没有气孔,生活在水面的叶上表皮有气孔,下表皮没气孔。

【实验器材】

显微镜;尖头镊子、单面刀片、滴瓶、载玻片、盖玻片、纱布、吸水纸、镜头纸;玉米叶横切永久装片、夹竹桃叶横切永久装片、水稻叶横切永久装片、眼子菜叶横切永久装片、蚕豆叶下表皮永久装片、长寿花叶子、碗莲叶子、蒸馏水等。

【实验内容】

1. 显微镜下观察不同生境被子植物的叶横切永久装片

(1)陆生植物叶横切片观察

分别取玉米叶横切永久装片、水稻叶横切永久装片、夹竹桃叶横切永久装片,在显微镜下观察叶片的构造,比较单子叶与双子叶植物、旱生与湿生植物叶片构造上的差异。

(2)水生植物叶横切片观察

取眼子菜叶横切永久装片置于显微镜下观察,并与前面几种植物叶结构进行对比,分析水生植物与陆生植物在叶片构造上的不同。

2. 制作陆生与水生植物叶上、下表皮的临时装片及观察

(1)制作长寿花叶上、下表皮临时装片

长寿花叶上表皮临时装片制作:取一块洁净的载玻片,在玻片中央滴加一滴蒸馏水。长寿花叶片下表皮朝上,手持刀片垂直于叶面向下切割,划穿下表皮及叶肉,仅留上表皮一薄

实验 26　不同生境中被子植物叶片构造与气孔分布比较

层相连,然后用手指轻轻沿切口露出的上表皮薄层向一侧撕开,用剪刀剪下约 1 cm 见方的透明薄膜,放在载玻片的水滴中,用镊子展平,盖上盖玻片。

长寿花叶下表皮临时装片制作:方法同上,叶片上表皮朝上,用刀片向下切割,取下表皮薄膜。

(2) 制作碗莲叶上、下表皮临时装片

碗莲叶上表皮临时装片制作:取一块洁净的载玻片,在玻片中央滴加一滴蒸馏水。剪取一小块碗莲叶片,下表皮朝上放在实验台面上,手持刀片,刀刃向外与叶面呈约 120°角倾斜向下切割划穿,用刀片轻轻刮去下表皮及叶肉细胞,仅留上表皮薄膜,剪刀剪下约 1 cm 见方的透明薄膜,放在载玻片的水滴中,用镊子展平,盖上盖玻片。

碗莲叶下表皮临时装片制作:方法同上,叶片上表皮朝上,用刀片刮去上表皮及叶肉细胞,仅留下表皮薄膜。

注:碗莲叶片表皮与叶肉间相连紧密,无法直接撕取,可采用刀刮方法弃去其他部分来获取所需表皮层,去除非保留部分时应尽量干净、完全,以免影响观察。

(3) 显微镜下观察叶表皮结构并计数视野内的气孔数目

将长寿花和碗莲叶上、下表皮临时装片分别置于显微镜下观察,注意表皮上气孔的结构,并计数一个视野内的气孔数目,比较两种植物叶片气孔分布的差异。

【实验风险与伦理】

1. 该实验操作比较繁杂、费时。预习时,需注意理解原理,熟悉步骤,关注关键操作环节。

2. 对于一些因为视觉差异以及不可预知的因素导致实验的关键步骤失败要有一定的心理准备。

3. 为了观察张开的气孔,碗莲叶子与长寿花叶子取材一定要新鲜;制作临时装片时,尽量保留上、下表皮单层细胞,加盖盖玻片时注意避免产生气泡影响观察效果。

4. 实验标本可针对相应季节选取本地适宜的植物,为保证实验质量,实验前教师需摸索适合的装片制作方法。

5. 使用刀片时,一定要注意安全,切勿伤到自己或他人。

6. 使用完显微镜后,按照要求清洁镜头,套好外罩,拔下电源;做完实验后清理实验台面,打扫实验室卫生,恢复实验室本来整洁面貌;实验垃圾按照要求分类放置,切勿随意丢弃。

【思考与实践】

1. 显微镜下观察玉米、水稻、夹竹桃、眼子菜叶的横切片,它们的叶片构造存在哪些差异?有什么意义?

2. 长寿花、碗莲叶上气孔的分布各自有何特点?为什么?

3. 移栽苗木时经常需要先修剪枝叶,你认为有什么道理?

实验27　宇宙环境与天体观测

地球处于宇宙(universe)之中,无时无刻不在受到宇宙环境的影响,最明显的莫过于太阳光热变化对人类生活与生产的影响。地球位于宇宙的什么位置、宇宙环境对地球会产生哪些影响？这些问题必须通过天体观测(astronomical observation)才能深入了解。在人类几千年的探索历程中,仪器的进步对于宇宙认识的改变至关重要。

在古代,农业生产对日期的要求非常严格,通过寒暑变化、候鸟迁徙、花开花落等物候变化来判断日期非常不准,提前或者推后半个月是经常的事。经过长时间的观察,人类终于发现天上星辰的运行十分规律,什么时间出现在天空中什么位置是十分确定的,这样便可以准确地指导农业生产。古人通过观察星空的运转,发现星星们都是围绕北极星(polaris)运转的,自然而然产生了地球是宇宙中心的宇宙观念,并且持续了几千年。在观测星空时偶尔会看到飞逝的流星或拖着尾巴的星星,它们有可能撞击地面产生直接的破坏影响,更多的是作为一种灾异之象影响政治格局。古代天文学最重要的作用便是观象授时,因此发明制作了很多观测天体位置的仪器,如汉代张衡(78—139)的浑仪、元代郭守敬(1231—1316)的简仪等,目的是提高仪器的精度进而提高天体位置的观测精度。

由于古代科学技术的限制,人类的仪器发展十分缓慢,进而导致天体观测时可以得到的信息很少,宇宙观一直难以得到突破,对于宇宙环境的认识也极其有限。1609年,伽利略(Galileo, G., 1564—1642)制作了一架望远镜,并首次将它指向星空,所发现的天体特征彻底颠覆了人类的宇宙观。在伽利略之前大约100年时,哥白尼(Copernicus, N., 1473—1543)提出了日心说(heliocentric theory)的宇宙理论,但缺乏有力的观测事实进行验证。伽利略在望远镜中发现木星有4颗小卫星,还发现金星像月亮一样有相位变化,并通过手绘形式记录了下来,如图27.1、27.2,这些都有力地支持了哥白尼的日心说。

图27.1　金星在望远镜中的相位

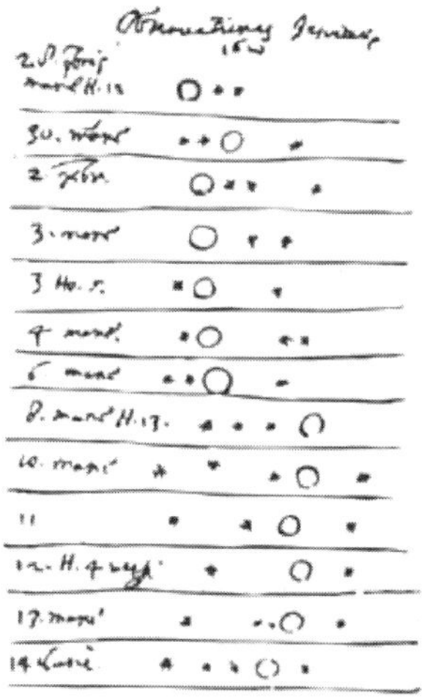

➤➤➤ **实验 27　宇宙环境与天体观测**

图 27.2　望远镜中的木星和它的卫星

　　大约 100 年前,哈勃(Hubble,E.,1889—1953)通过 2.5 m 的望远镜测量得到仙女座大星系的距离,知道了宇宙是由众多星系组成的,银河系(Milky Way galaxy)并不是宇宙,从此人类才对宇宙有了基本正确的认识。望远镜之后,人类又发明了很多仪器和技术,对天体进了深入的研究。如今人类已经可以登陆月球,可以发射漫游车(rover)在火星上行驶,可以飞到太阳系边缘给冥王星拍一张高清照片,可以研究千万光年外星星的物理特性。回顾历史,天文学家通过现象观察(phenomenon observation)、逻辑推理(logical reasoning)、观察测量(observation measurement)、采样分析(sampling analysis)相结合的科学研究方式研究我们地球所处的宇宙环境。为了加深对人类研究宇宙环境和天体观测的理解,我们设计了本实验,通过对简仪和望远镜的研究,一方面加深对两种天球坐标系的理解,建立空间想象能力;另一方面通过仪器的使用,为今后在中学开展基础的天文观测活动打下良好的基础。

【实验目标】

　　通过简仪(abridged armilla)和望远镜(telescope)了解古代和现代研究地球的宇宙环境与天体观测时最为重要的两种仪器;学习简仪和望远镜的组装与使用,理解科学技术和仪器的进步对于人类宇宙观的进步所起的作用;在优化望远镜观测天体的方案交流研讨活动中,通过驱动性的问题,提升科学探究和创新意识的核心素养。

【实验原理】

1. 简仪

　　简仪是中国古代天文学家的重要天文仪器,原型为汉代张衡基于地心说制造的浑仪,元代郭守敬将其改进,可以形象地演示并精确地观测天体的视运动。该仪器包括地平坐标系和赤道坐标系,可以测量星星的高度角、方位角或者赤经、赤纬,进而编制精确的历法指导农业生产和日常生活。通过激光笔模拟星点,体验简仪的使用,加深对两种天球坐标系的理解。

2. 望远镜

望远镜是现代天文学家观测天体的重要仪器,由光学部分的镜筒和机械部分的支架组成,由于它的镜片比人眼大得多,因此可以观察更暗的星星以及更清楚地观测星星。机械部分的支架常见的有两种,地平式和赤道式,对应了常见的两种天球坐标系,通过手动或者电动,即可跟踪星星的运动。通过组装和使用望远镜,理解望远镜的原理。

【实验器材】

1. 仪器的规格与名称

简仪:底板、支架、赤道坐标系统、地平坐标系统、螺母、螺丝,如图27.3。

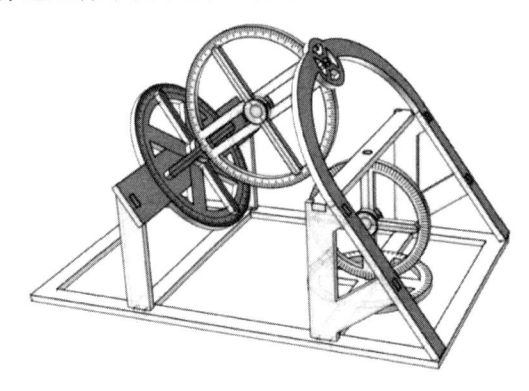

图27.3 简仪模型

天文望远镜:三脚架、附件盘、赤道仪、平衡杆、平衡锤、微调杆、主镜筒、寻星镜、天顶镜、目镜、物镜盖。

2. 模拟仪的规格与名称

方向确定仪:指南针。

星点模拟仪:激光笔。

滤光装置:巴德膜。

3. 模型的组装说明

(1) 简仪

有2套常用坐标系统,用于测量天体的方位角和高度角以及赤经和赤纬。

① 组装:将木板上所有零件拆卸下来,用打磨板将断点处毛刺打磨平整;将赤道部分和地平部分的支架插在底座上;安装地平部分;安装赤道部分。

② 安放:首先将组装好的简仪水平放置,然后将赤道坐标部分指向北。

③ 注意:木板部件较脆弱,请拆卸零件时,小心折断,用力点应在断点处。

(2) 望远镜

通常包括光学镜片观察部分和机械支撑或跟踪部分,如图27.4。

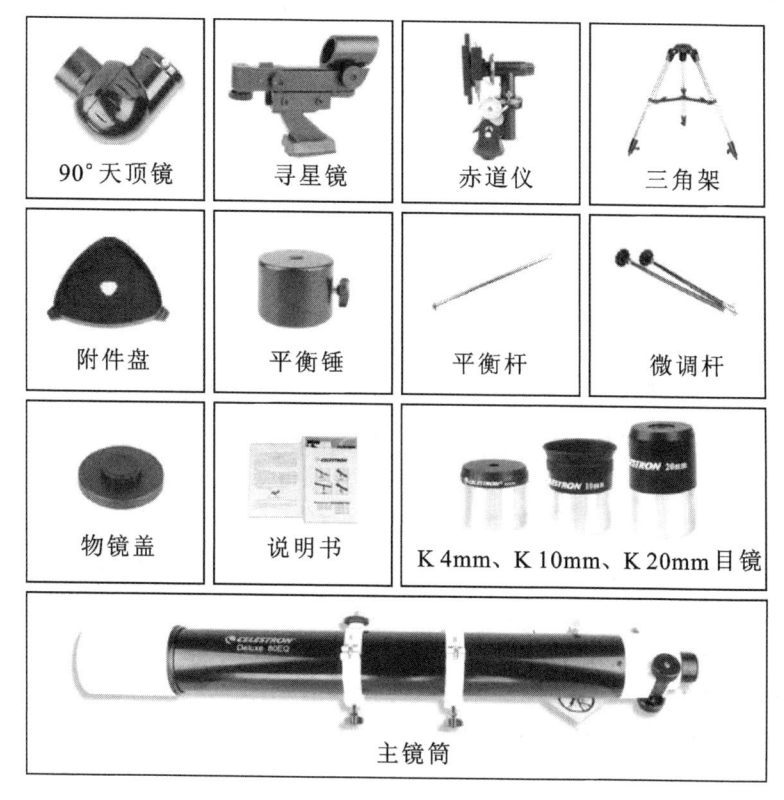

图 27.4　望远镜各部件

① 组装:将三脚架打开,旋转顶部的螺丝将其与赤道仪连接在一起;旋转赤道仪的螺丝将其调节到当地的地理纬度;将平衡杆与平衡锤通过赤道仪的螺纹口连接在一起;将镜筒通过抱箍与赤道仪的鸠尾槽连接在一起;将寻星镜、天顶镜、目镜安装在镜筒上,将微调杆和附件盘安装在赤道仪和三脚架上。

② 调平:组装好望远镜后,调节望远镜的平衡,包括赤经轴和赤纬轴。

③ 注意:望远镜的零部件较多,注意不要掉落遗失。

【实验内容】

1. 简仪的使用

将激光笔(laser pointer)放在简仪上方,充当星点,依次使用地平坐标系统部分和赤道坐标部分的窥管模拟观测星星,大致读取其方位角和高度角以及赤经与赤纬。简仪中的赤道坐标部分实际上和现代天文望远镜中的英国赤道式装置原理完全一样。通过本部分实验,可以建立并加强天球坐标网格在学生头脑中的立体感。简仪仅能观测天体在天球上的位置,并不能得到该天体的物理信息,如温度、元素组成、距离等信息,因此古代天文学家一直努力提高观测经度,以得到更精确的历法,但是对于宇宙观以及地球所处的宇宙环境认识非常有限。

2. 望远镜的使用

使用组装并调平好的望远镜寻找远处的物体,然后缓缓旋转目镜附近的调焦滚轮即可完成调焦使目镜中的影像清晰。望远镜有两个非常重要的作用,一是收集光线的本领更强所以可以看见更多眼睛看不见的星星,二是可以把观测的目标观察得更加清晰。1609 年,伽利略首次将望远镜指向星空,从此人类的宇宙观焕然一新,天文学飞速发展。

使用望远镜寻找远处的物体,并将手机放在目镜处拍摄视场中的物体。使用三脚架可以使望远镜能够稳定地观察星星,手持会晃动非常大,不利于观察与拍摄。三脚架可以认为是地平坐标系统,调节方位角和高度角来寻找与跟踪星星。更加常用的是本实验使用的赤道仪,仅需调节赤经即可寻找与跟踪星星。

使用望远镜观察天体时需要将赤道仪基本对准北极星的方向,这样有利于观察星星时进行跟踪。由于太阳十分刺眼,因此观察时一定要进行减光,通常使用巴德膜。将巴德膜(Baader AstroSolar)加在望远镜的物镜处,观察远处的景象,看看有什么变化。这时会发现目镜中非常黑暗,因为巴德膜有减光效果。课后可以尝试观察一下太阳,找一找表面有没有太阳黑子,这是太阳活动的一种,对地球环境有重要影响。由于白天看不到北极星,可以使用指南针大致确定。使用望远镜寻找太阳有一定难度,可以根据光直线传播的原理,当看到镜筒在地面的影子成为圆斑时,即表明大致找到了太阳。

晚上天晴朗时,使用望远镜观察月亮并在目镜处用手机拍摄找到的月亮,比较和眼睛看到的有什么区别。使用望远镜再寻找观察行星、双星、深空天体,想一想为什么不用望远镜观察织女星?晚上寻找星星和白天寻找太阳原理相同,都是光直线传播。先通过与镜筒平行的寻星镜找到目标星,并将其置于寻星镜的十字丝处,此时即可通过目镜进行高倍观察。依次使用 K20mm 目镜、K10mm 目镜、K4mm 目镜,倍数逐渐增大,每次更换目镜时需要确保目标星在视场中央。由于地球自转,很快目标星就会移出视场,需要旋转微调杆进行手动跟踪。将手机放在目镜处可以进行简单拍摄,如果要对天体进行深度拍摄,则需要将本实验的手动赤道仪更换为自动跟踪的赤道仪,此外还需要增加可以纠正赤道仪机械误差的导星相机(与电脑连接)以及拍摄的单反相机或者天文相机,十分复杂。

3. 实验记录与考核

将简仪模型与望远镜各部件的名称和对应的作用填写在表 27.1 中。

表 27.1 宇宙环境与天体观测实验记录表

模型	部件	作用
简仪	上部	
	下部	
望远镜	物镜	
	目镜	
	三脚架	
	巴德膜	

4. 实验结论

简仪和望远镜是不同时期研究地球的宇宙环境与天体观测的重要仪器,现代天文学家还在望远镜上加巴德膜或其他装置,更加深入研究天体,了解我们地球所处的宇宙环境。

【实验风险与伦理】

1. 该实验中模型的零部件较多,安装比较繁杂,需要细心操作。简仪为木质结构,需防止木板折断,望远镜的镜片较多,防止掉落遗失。

2. 简仪涉及天球坐标系的地平坐标系和赤道坐标系,模拟观测时对空间想象能力要求比较高。预习时,熟悉天球坐标系中的地平坐标系和赤道坐标系,在实验操作时进行部件与天球概念的对应,在脑海中加强天球概念的理解。

3. 实验操作要注意使用激光笔模拟星点时请勿直射眼睛,使用望远镜观察太阳时一定要在前面物镜处加巴德膜进行减光,保护好眼睛。

4. 由于天上星星较多,多数学生并不认识,对于使用望远镜寻找目标天体时可能找不到的情况要有一定的心理准备。

【思考与实践】

1. 除了给望远镜前面目镜处加巴德膜减光可以观察太阳表面,天文学家还给望远镜加装什么仪器对天体进行深入研究?天眼望远镜和课堂上使用的这个望远镜有哪些区别,为什么天眼建在了地无三日晴的贵州?

2. 检索文献。随着人类文明进入现代社会,太阳黑子、耀斑、日珥、日冕物质抛射等太阳活动对地球环境和科技产生越来越多影响,人类如何进行空间天气预报来降低造成的破坏?

实验28　基于GIS软件的数字地形分析

地理信息系统(GIS)是"3S"技术[遥感技术(Remote Sensing, RS)、地理信息系统(Geographic Information Systems, GIS)和全球导航卫星系统(Global Navigation Satellite System, GNSS)的统称]的核心,是从20世纪60年代中期开始逐渐发展起来的一门新技术。它是在计算机软件和硬件的基础上,综合运用信息科学理论和系统工程理论,动态实现地理信息获取、存储、传输、管理、分析和利用的空间信息系统。

GIS是多学科、多技术相互融合的产物,其产生是为了满足自然资源制图的应用需求。GIS利用的数据类型囊括了空间数据和属性数据,其具有采集、管理、分析和输出多种地学空间信息的能力。GIS技术作为一种为地理研究和地理决策服务的计算机技术系统,其具有区域空间分析、多要素综合和动态预测能力,能产生高层次高质量的地学派生信息。GIS是在计算机技术的基础上展开空间数据管理,并由计算机程序模拟常规的或专门的地学分析方法或模型,作用于空间数据,产生更有价值的信息,快速、准确地提供科学决策依据。现阶段,GIS的研究对象早已超出了传统地学问题的范畴,被广泛应用于资源管理、医疗卫生、规划设计及灾害监测等各个方面。

高中地理课程标准对GIS这一地理科学核心技术在地理学科中的应用有着明确的要求,因为该技术能够解决自然地理(physical geography)、人文地理(human geography)、区域地理(regional geography)等地理学分支的很多基本问题。本实验从理解地球运动和制作数字地形图两个方面帮助实验者了解地理信息技术的概念、功能与主要应用领域等,并让实验者通过简单操作来发现和解决实际生活中的地理问题。

【实验目标】

通过实验操作,能够理解地球运动的相关抽象概念,并在ArcGIS Earth软件中完成地球自转方向和太阳照射情况变化的相关演示操作;在通过GIS技术解决生活实际问题的研讨活动中,通过问题驱动,提升科学探究精神和创新意识。

【实验原理】

(1)地球围绕地轴自西向东旋转,称为地球的自转

从北极上空看,地球呈逆时针方向旋转;从南极上空看,地球呈顺时针方向旋转。地球

自转一周所用的时间,就是地球的自转周期(rotation period)。以太阳为参照物,地球自转一周叫一个太阳日,长度为24小时。地球自转运动的重要意义包括:

① 导致昼夜交替现象的出现。

② 地球上水平运动的物体受地转偏向力的作用,运动方向向一侧偏转。

③ 地球上不同经度的地方,都有不同的当地时间。

(2)利用GIS软件将传统地形图矢量化并生成数字高程模型(DEM)使之用来代替对应的遥感地图

数字高程模型(digital elevation model,DEM)是在某一投影平面上规则格网点的平面坐标(X,Y)及高程(Z)的数据集,即是以一组有序数列表示地面高程模型。在ArcGIS软件中运行DEM影像,具有直观性、三维立体显示功能和图层叠加功能,可以多角度、多维度观察数字地形,有助于了解地形特征,提取坡度坡向等地形信息。

【实验环境及数据】

1. 实验环境

表28.1 实验中所需软件

软件名称	软件版本号	公司
ArcGIS Earth 软件	1.11	Environmental Systems Research Institute, Inc.
ArcGIS Desktop 软件	10.2	Environmental Systems Research Institute, Inc.

2. 实验数据

表28.2 实验中所需数据名称及类型

数据名称	数据类型
陕西省区域面状数据	Shp 文件
陕西省 DEM 数字高程数据	Tif 格式栅格图

【实验内容】

1. 认识地球自转(rotation)与公转(revolution)的方向和速度、晨昏线的概念

利用 ArcGIS Earth 软件作为演示平台,360°范围转动地球。从俯视、侧视的角度给学生展示地球的自转方向。利用 ArcGIS Earth 软件的 Daylight 功能展示太阳光照情况,打开 Daylight 功能后,首先需要设定观测点所在时区和具体观测时间,然后通过软件的动画功能模拟观测区域24小时光照的变化情况,如图28.1(彩色图片见彩色插页)。

ArcGIS Earth 北极上空俯视光照图 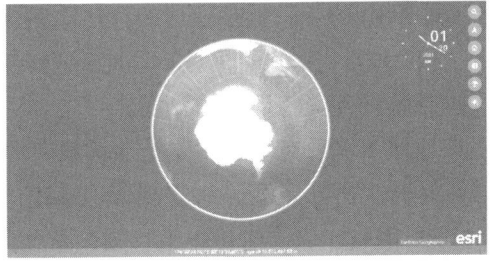　　　　ArcGIS Earth 南极上空俯视光照图

ArcGIS Earth 光照侧视图

图 28.1　ArcGIS Earth 软件操作演示图

2. DEM 数字高程模型数据的下载和三维可视化(3D visualization)

实验内容包括：

① 高程数据的下载。从地理空间数据云上下载(http://www.gscloud.cn/search)SRTM-DEM 90M 分辨率原始数字高程模型数据(简称 DEM 数据)。

② 数据裁剪。将陕西省区域面状数据(http://gis.snnu.edu.cn)和 DEM 数据导入 ArcGIS Desktop 软件的 ArcMap 应用程序中，使用其工具条里的 ArcToolbox 工具箱中的【Spatial Analyst 工具】|【提取】|【按掩膜提取】，剪裁出陕西省的数据面。

③ DEM 数据的二维可视化。在 ArcMap 中，通过调整 DEM 数据图层图例中的色带，用色差表示地形的高低变化。

④ 利用 DEM 数字高程数据绘制等高线。在 ArcToolbox 工具箱中找到【3D Analyst 工具】|【栅格表面】|【等值线】工具，打开后弹出对话框，在其中的"输入栅格"栏输入 DEM 数据，在下方"等值线间距"栏输入 300(即等高距为 300 m)。点击"确定"按钮后，就可以得到等高线数据，并在 ArcMap 中显示。

⑤ DEM 数字高程模型数据的三维可视化。在 ArcGIS Desktop 软件的 ArcScene 应用程序中，加载上述 DEM 数据，先在 DEM 数据图层上单击右键，打开"图层特征"对话框，并在其中找到"基准高度"选项卡，将"根据表面的高程"设置改为"漂浮在一个自定义的表面上"，再在界面左侧的"内容表"中的"场景图层集"上单击右键，打开"场景特征"对话框，在其中设置垂直夸大比例(或可用其后的"根据范围计算"按钮一键搞定)，就可以实现 DEM 数字高程模型数据的三维可视化。通过三维可视化展示地形立体效果，并与上述绘制成的等高线进行对比，就可以发现"等高线越密，表示该区域坡度越大，地形越陡峭；等高线越疏，表示

该区域坡度越小,地形越平缓",如图28.2(彩色图片见彩色插页)。

第一步　DEM数据的二维可视化　　　　　第二步　提取等高线(等高距为300 m)

第三步　数据三维可视化(以陕西省丹凤县为例)
图28.2　平面地形图的三维可视化转换图

3. 实验结论

ArcGIS Earth软件是一款虚拟地球软件,将真实的地球卫星图片布置在三维地球模型上,普通地图和空间数据经过格式处理便能在ArcGIS Earth软件上叠加展示,与传统的二维平面地图及地球仪相比,立体感更强。ArcGIS Desktop软件是一个完整的桌面GIS套件,包括一套综合性的专业GIS应用程序,如ArcToolbox、ArcScene,支持包括制图、数据整理、分析、地理数据和影像管理以及地理信息共享等许多GIS任务。它可供GIS应用人员创建、分析、管理和共享地理信息,以便决策者做出明智可靠的决策。它可用于创建地图、执行空间分析和管理数据。通过浏览ArcGIS Earth可以获得大量的地理信息,包括各区域地形地貌状况、海陆分布特点等;通过运用ArcGIS Desktop软件,可以亲手体验如何在DEM数据上提取等高线(即高程值相等的点的连线,是等值线的一种),以及利用DEM数据制作三维效果图。

等值线一直被视作地理教学中的重点和难点,而等高线与其他等值线相比,学生在日常生活中可观察到地形的具体形态,也便于学生理解,是学习其他等值线的基础。本实验通过 GIS 技术处理当地的地理高程数据,将学生熟悉的地形图制作成数字高程模型,进一步降低了学生理解等高线的难度,帮助学生更深刻地理解等高线的特征及其与地形的对应关系。

【实验风险与伦理】

1. 本研究设计的案例多以 ArcGIS Earth 和 ArcGIS Desktop 两款软件为基础,利用从网上获取的免费坐标与数据进行操作,以辅助初中地理教学。实验前必须认真预习,弄清实验目标、熟悉实验原理并主动学习 GIS 软件操作步骤,才能顺利完成实验目标。

2. 测绘地理信息是国家重要的基础性、战略性资源,广泛应用于经济建设、国防建设和社会发展,尤其是涉密测绘地理信息,直接关系国家主权(national sovereignty)、安全和利益,一旦泄露,其危害重大、影响深远,实验者使用上述资源时应充分认识保密的重要性,同时也要不断加强防范意识与保密意识(confidentiality),不在互联网上发送、传递涉密信息,不在网络地图上标注敏感位置,自觉维护国家安全和利益。

【思考与实践】

1. 实验操作中我们知道了把海拔高度(altitude)相同的点连起来就画成等高线(contour line)。同理,如果把海洋中深度相同的点连接而成的线又是什么呢?上述操作能否在 GIS 系统中实现?

2. 探索地理信息技术在当前生活中的更多应用场景,展望地理信息技术在未来社会中的地位。

实验 29 地球运动与时间测量

1 日、1 年,我们熟悉的时间从何而来?其实就和地球运动有关,但最早人类只是通过生活经验得出的。古人发现日出日落产生了昼夜交替,便称为 1 天,并且规定为十二个时辰(即 24 小时)。古人通过长时间观察还发现每天正午太阳的影子长短会在大概 365 个昼夜交替里从最短变为最长又变为最短,便叫作 1 年。后来人类理解了 1 天是由于地球围绕地轴自转导致的,而 1 年则是地球围绕太阳公转导致的。如何显示、测量时间是非常重要的,因为这与我们的日常生活和农业生产息息相关。

显示 1 天的时间非常简单,古人很容易发现从早到晚人影的方向会随着太阳的东升西落而移动,这便是最简单的地平式日晷(horizontal sundial)。仔细观察会发现,影子的移动速率不均,后来人类发明了倾斜放置的赤道式日晷(equatorial sundial),解决了这一问题。这两种日晷分别对应了地平坐标系和赤道坐标系,因此影子的移动速率有区别。在地平坐标系下,太阳的方位角和高度角随时在变化,而在赤道式坐标系下,太阳的赤纬不变,仅围绕北极星旋转,因此是赤经在匀速变化。由于并不是每天都会是晴天,古人还发明了沙漏、水漏等计时工具在阴天或者晚上用来显示时间。

测量 1 年的时间长短也不难,在 4000 多年前尧的时代就已经在使用圭表了。只需要观察平放的圭上的影子从最短到最长再到最短经历了多少天即可粗略得到一年的时间长短。普通的圭表有很多问题会导致测量不准确,比如表影边缘不清晰、测量影长的技术欠精密等。为了精确测量 1 年的时间长短,元代著名天文学家郭守敬(1231—1316)制造了高 40 尺的高表和叫作景符的辅助仪器,利用"小孔成像(pinhole imaging)"原理,精确量出太阳光在每个节气投射到石圭面上的影长刻度,大大提高了精度,如图 29.1。元朝编制的《授时历》以 365.2425 日为一回归年(tropical year),现代测定的一回归年为 365.2422 日,两者相差仅 26 s。

图 29.1 位于河南登封观星台的郭守敬高表(郑硕提供)

天文授时(astronomical time service)在古代能够指导日常生活和农业生产,但是现代的导弹发射、导航定位等都需要非常高的精度,因此时间计量方式必须改进。最好的铯原子钟(caesium atomic clock)达到 2000 万年才相差 1 s,1967 年,科学家依据铯原子的振荡而对秒做出了重新定义。在国际上,普遍采用铯原子钟的跃迁频率作为时间频率的标准,广泛使用在天文、大地测量和国防建设等各个领域中。回顾历史,天文学家通过现象观察、测量记录、仪器改进相结合的科学研究方式来提高时间测量的精度。为了加深对地球运动与时间测量的理解,我们设计了本实验,通过对日晷(sundial)和圭表(gnomon)的研究,一方面加深对两种天球坐标系的理解,建立空间想象能力;另一方面通过仪器的使用,为今后在中学开展基础的天文观测活动打下良好的基础。

【实验目标】

通过日晷测量 1 天时间的实验,学会日晷组装的基本操作;通过圭表测量 1 年时间的实验,学会圭表组装的基本操作;通过手电筒模拟太阳在天空中的运动,学习利用日晷与圭表进行时间测量的方法,理解地球运动导致太阳视运动如何变化这一实验基本原理;在优化日晷与圭表测量时间的实验方案交流研讨活动中,通过驱动性的问题,提升科学探究和创新意识的核心素养。

【实验原理】

1. 地球自转

地球自转(earth rotation)导致了太阳周日视运动,即每天太阳东升西落。古人通过昼夜交替得出一天的时间概念,即 24 h。很容易可以观察到,站在太阳下的人影会随着每天太阳在天空中的运动而移动,因此可以通过影子的方位来得到具体时刻。

2. 地球公转

地球公转(earth revolution)导致了太阳周年视运动,即每天正午太阳的高度变化。古人长时间观察发现,每天正午站在太阳下的人影长短会发生变化,当达到最短的时候会慢慢变长,当达到最长的时候会慢慢变短。古人通过圭表的表影长短变化得出一年的时间概念,并且精确测量了一年的长短。

【实验器材】

1. 仪器的规格与名称

地平式日晷:日晷版、晷针、指南针。
赤道式日晷:底板、刻度盘、经纬板、经纬图、日晷板、日晷图、晷针、双面胶、指南针。
圭表:圭、表、指南针。
星图:旋转星图。

2. 模拟仪的规格与名称

太阳光模拟仪:手电筒。

3. 模型的组装说明

模型的组装说明如图 29.2。

图 29.2 日晷模型

（1）赤道式日晷

有上下相同的晷面的刻度，常用于显示当地时。

① 组装：将日晷图贴在日晷板上；将经纬图和刻度盘贴在相应的位置；将指南针放在底板上；将日晷针插入日晷板。

② 安放：首先将组装好的日晷水平放置，然后将晷针的高度调整为当地的地理纬度，并通过指南针确定方向将晷针指向北。

③ 注意：晷针较为锋利，小心戳到自己或他人。

（2）圭表

平放的圭上有显示正午太阳影子长短的刻度，常用于测量 1 年的时间长短，如图 29.3。

① 组装：将圭横着放置；将表插入圭上对应的凹槽；将指南针放在圭上。

② 安放：首先将组装好的圭表水平放置，然后通过指南针确定方向将表对着南，圭朝向北。

③ 注意：圭和表的连接处略紧，组装时小心用力过猛。

图 29.3 圭表模型

【实验内容】

1. 不同天球坐标系

对比地平式日晷和赤道式日晷的晷面刻度有什么区别，思考为什么。通过观察可以发现，地平式日晷的晷面刻度不均匀，赤道式日晷的晷面刻度均匀。因为地平式日晷基于地平坐标系，太阳的高度角和方位角都在变化，晷面刻度不均匀。赤道式日晷基于赤道坐标系，太阳的赤纬是不变的，仅围绕北极星做东升西落的圆周运动，因此仅有赤经是变化的，晷面刻度均匀。通过本部分实验,建立并加强天球坐标网格在学生头脑中的立体感。

2. 日晷显示1天时间

使用手电筒充当太阳,人的视线与晷针倾斜方向一致,在赤道式日晷上方从右侧与底板(代表地平面)平行处开始,围绕晷针做圆周运动到左侧与底板平行处结束,即模拟了当天从日出到日落的过程,观察晷针的影子是如何移动的。

晷针的影子始终在手电筒光(即太阳光)的对侧,将从左侧移动到右侧,左侧即为当地早上6点左右,右侧即为当地傍晚6点左右,影子移动到左侧和右侧中间时,即为当地12点。

模拟完毕后请思考刚才模拟的是否正确,应当看上方晷面的影子还是下方晷面的影子?赤道式日晷的晷面代表了天球坐标系中赤道式坐系的天赤道面,晷针冲着北极星,底板代表我们站立的地平面。太阳在天球上运行1周即是1年,运行的轨道为黄道,也就是八大行星的轨道面——黄道面在天球上的投影。地球公转的黄道面与地球的赤道面有夹角,为23°26′,在天球上的黄道与赤道夹角也是23°26′。黄道与赤道相交,有2个交点,一个是春分点,一个是秋分点。当春分和秋分时,太阳直射点位于赤道,在天球上也就是天赤道。当夏至时,太阳直射点位于北回归线,在天球上也就是赤纬23°26′的位置。当冬至时,太阳直射点位于南回归线,在天球上也就是赤纬-23°26′的位置。因此,当使用手电筒模拟时,如果当天是秋季的某天,太阳直射点在赤道和南回归线之间,在天球上也就是位于天赤道和赤纬-23°26′之间,应当将手电筒的高度放低一些,观察下方晷面的影子移动来得到当天的时间。通过本部分实验,理解太阳的周日视运动和周年视运动以及不同季节昼夜时间长短不同,建立并加强赤道天球坐标网格在个人头脑中的立体感。

3. 圭表测量1年时间

使用手电筒充当太阳,人的视线与圭的朝向一致,放在表的上方,不要偏左或偏右,即是正午太阳的位置,可以看到表投在圭上的影子。改变手电筒的高度,即模拟了1年中正午太阳高度的变化,观察表的影子是如何移动的。

表的影子始终在手电筒光(即太阳光)的下方,随着手电筒高度的降低,影子将从短逐渐变长。影子最短时,太阳高度最高,是夏至。影子最短时,太阳高度最低,是冬至。在圭上多画一些线,还可以通过影子的位置得到二分二至(春分、秋分、冬至、夏至4个时间点)以及二十四节气。

模拟完毕后请结合刚才的日晷,在头脑中想象影子最长时,太阳光在1天中应该如何围绕圭表运行。思考夏至时日出的方位和冬至时日出的方位是否一致。

使用旋转星图找到二分二至日当天日出日落的时刻和方位,看看和自己刚才思考的结果是否一致。此外,再关注一下二分二至点所在的星座,想一想为什么9月23号左右秋分时看不到秋分点对应的室女座。

4. 实验记录与考核

将日晷与圭表模型各部件的名称和对应的天球网格名称及不同时间影子位置填写在表29.1中。注意,若模型的部件无对应的天球概念,应填无。

实验29 地球运动与时间测量

表29.1 地球运动与时间测量实验记录表

模型	部件	对应天球概念	对应天球坐标系	使用时间	影子位置
地平式日晷				影子变化与季节关系较小,无须填写	
赤道式日晷	底板	地平面		春节	
				植树节	
				劳动节	
				教师节	
圭表				端午节	
				元旦	

5. 实验结论

日晷和圭表是古人发明的根据太阳视运动的变化来测量时间的科学仪器。太阳视运动的变化是由于地球运动导致的,地球自转导致了太阳的周日视运动,古人用日晷显示1天的时间变化,地球公转则导致了太阳的周年视运动,古人用圭表来测量1年的时间长短及测定二十四节气。

【实验风险与伦理】

1. 该实验操作比较繁杂,原理的理解上对空间想象能力要求比较高。预习时,熟悉天球坐标系中的地平坐标系和赤道坐标系,在实验操作时进行部件与天球概念的对应,在脑海中加强天球概念及地球运动的理解。

2. 实验操作要注意模型的较锋利处或连接紧密处,不要用力过猛,防止刮伤或戳到别人。

3. 对于因为空间想象能力较弱或者预习不足概念不清导致不能将模型部件与天球坐标系的概念准确对应,或难以理解地球运动与太阳视运动关系要有一定的心理准备。

【思考与实践】

1. 赤道式日晷使用时需要将晷针对准北极星,我们在实验中是使用指南针来找到北的方向,然后通过经纬板调节高度,但是指南针指的北是磁场北方向,磁场北和北极星的地理北并不重合,有比较小的夹角。我们如何让日晷的晷针准确对准北极星,具体怎么做?

2. 检索文献。除了通过正午太阳高度变化导致的影子长短变化,测得1年得时间长短及二十四节气,古人还通过太阳的哪种视运动测得?请具体解释。

实验 30　mBot 编程机器人

随着机器人(robot)教育的发展和 STEAM(Science, Technology, Engineering, Art, Mathematics)教育的需求,机器人走进中小学课堂已经成为一种趋势。作为入门级的 STEAM 教育机器人,mBot 让机器人编程学习和教学变得简单有趣。只需一把螺丝刀,一份入门指南,一节课的时间,就能让我们从零开始,体验动手创造的乐趣,认识各种机器人的机械和电子零件,学习积木式编程(block programming),并锻炼逻辑和设计思维能力。

【实验目标】

认识 mBot 各零部件,学会 mBot 小车的搭建及操控;了解超声波传感器、巡线传感器、LED 灯等传感器的作用,学会使用相应的语句指令编写程序,体验程序设计的基本流程;通过项目驱动完成作品,激发对程序设计的兴趣。

【实验原理】

1. 主控板

主控板 mCore 是 mBot 的核心部件,它类似于人的"大脑",用来控制机器人执行程序指令、完成任务,主控板上各部件名称及位置如图 30.1 所示。

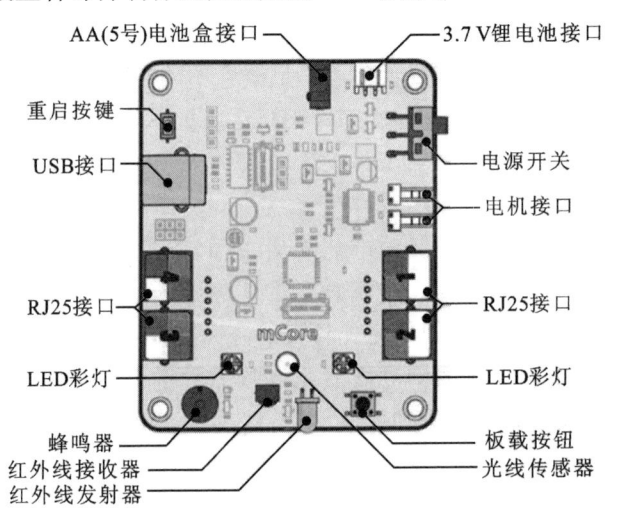

图 30.1　mBot 主控板 mCore

2. 电机

mBot 电机(motor),如图30.2所示,也叫马达,是把电能转化为动能的一种直流驱动装置,用来控制车轮的运动。

3. 超声波传感器

超声波传感器(ultrasonic sensor),如图30.3,这是机器人的"眼睛",用来"观察"前方是否有障碍物。一只"眼睛"发射超声波信号,另一只"眼睛"接收反射回来的信号,由此探测机器人与障碍物之间的距离,如图30.4。

图 30.2 mBot 电机

图 30.3 超声波传感器

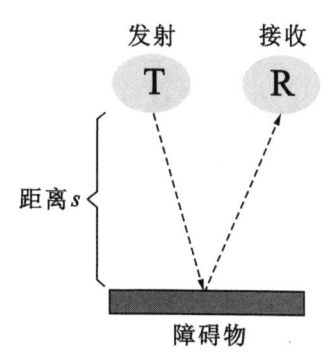

图 30.4 超声波测距原理

4. 巡线传感器

巡线传感器(line follow sensor),如图30.5,利用白色线反射红外线、黑色线吸收红外线的特点,当接收到红外信号时,蓝灯亮,当没有接收到信号时,蓝灯灭。它的返回值与黑线的关系如图30.6所示。

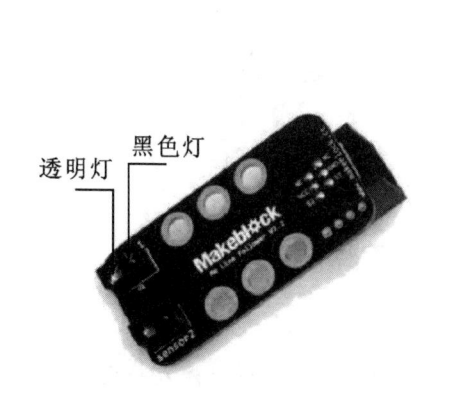

图 30.5 巡线传感器

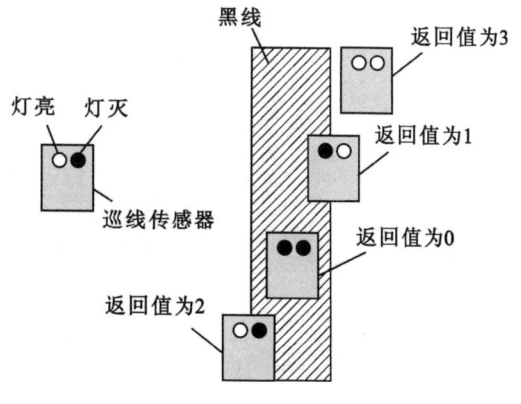

图 30.6 巡线传感器在黑线不同位置的返回值

【实验器材】

1. 硬件

mBot 机器人基础套件(蓝牙版)。

2. 软件

移动端 APP Makeblock 及 M 部落或慧编程（mBlock5）。

【实验内容】

任务一：认识 mBot 及其移动端 APP Makeblock 及 M 部落。

① 参照产品说明书或 MakeBlock APP 中的搭建模块搭建一个基础小车，如图 30.7。

② 在移动设备上安装 Makeblock APP 及 M 部落 APP，如图 30.8。

图 30.7　基础小车　　　　图 30.8　Makeblock APP 及 M 部落 APP

③ 打开小车电源，打开手机蓝牙，将手机靠近小车，进行蓝牙配对连接。

④ 通过小车控制板前边的黑色板载按钮调整小车的运动模式：当绿灯亮起时，小车按自动避障模式运行；当蓝灯亮起时，小车按巡线模式运行；当白灯亮起时，小车为手动操控模式，利用 Makeblock"遥控"模块，将手机作为遥控器来控制小车的运动。

⑤ 使用 Makeblock"编程"模块，完成内置的闯关游戏，如图 30.9，迅速熟悉用程序语句操控小车。

图 30.9　闯关游戏

任务二：利用手机 APP Makeblock 编写程序，让小车沿"S"形路径前进，且左转弯时左边黄灯亮，右转弯时右边黄灯亮。

① 利用"运动"模块语句 [前进 速度 150] 控制小车运动的方向及速度。

通过修改第一个参数可以使小车前进、后退、左转或右转。修改第二个参数改变运动的速度，从慢到快数值变化在 100～255 之间。

使用语句 [左轮速度 150 , 右轮速度 150] 设置左右车轮的运动速度，控制小车运动的方向。

当左右轮速度都为正数且相等时,小车前进;当左轮速度大于右轮速度时,小车右转。

② 编写程序,关键语句如图30.10(彩色图片见彩色插页)。

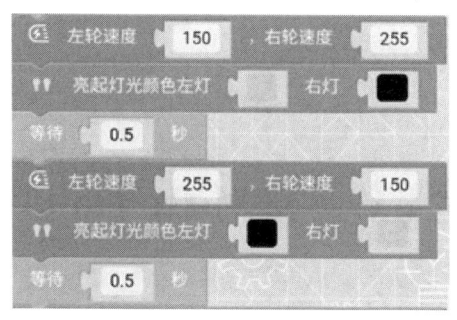

图 30.10　关键语句

③ 运行程序,调整参数,让小车按指定的路线行驶。

任务三:利用巡线传感器完成任务:使小车能在一个浅色的桌面上自由行走,当到达桌面边缘或遇到障碍物时自动后退,然后随机转向,但始终不会掉下来。

① 打开 Makeblock APP,通过蓝牙与 mBot 连接,利用"如果……那么……否则……"结构编写程序,关键语句如图30.11(彩色图片见彩色插页)。

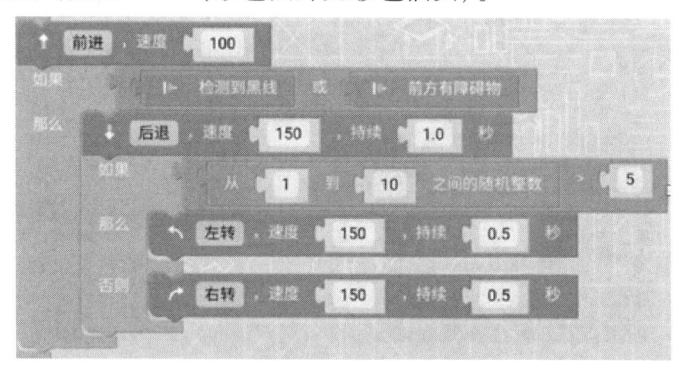

图 30.11　悬崖勒马关键语句

② 调试程序,观察运行效果,反复修改,直到结果满意为止。

【实验风险与伦理】

1. 实验中不随意移动其他小组的零件,以免影响他人。
2. 搭建前注意认真阅读说明书,操作时注意安全,避免损坏机器零部件。

【思考与实践】

1. 在 语句中,如果想使小车后退,应当如何实现?
2. 修改程序:
(1)完成任务二程序并进行调试;
(2)修改任务三程序,使用巡线传感器在黑线不同位置的返回值控制小车完成该任务。

实验 31　光环板 HaloCode

人工智能 AI(artificial intelligence)技术正在迅速渗透社会的方方面面,不断改变着人类的生活方式和社会结构,也改变着人们的思维模式。从智能语音(intelligent voice)、人脸识别(face recognition)、智能购物(smart shopping)到无人驾驶(unmanned auto)、无人工厂(unmanned factory),人工智能涉及越来越多的领域,逐步走进人们生产生活的各个层面,发展人工智能已经成为新时代中国的重要战略。童心制物光环板(HaloCode)就是专为编程教育而设计的,它是一个可无线联网的单板计算机(single board computer),具备 AI 语音识别(speech recognition)、组建无线局域网络、创作简易家居、实现电子产品创作等功能。利用慧编程(mBlock5),运用人工智能技术,我们能够体验身边的人工智能和物联网 IoT(Internet of Things)技术,比如运动手环(图 31.1)、发光鞋(图 31.2)等。

图 31.1　运动手环　　　　图 31.2　发光鞋

【实验目标】

学习光环板各组成部分及其作用,掌握慧编程软件的使用;使用慧编程中各模块的语句编写程序,掌握光环板上灯光、语音、运动传感器、触摸传感器等的用法;通过该实验,感受人工智能在生活中的作用,激发对人工智能的学习兴趣。

【实验原理】

Makeblock 光环板组成如图 31.3、31.4 所示(彩色图片见彩色插页),是一个可无线联网的单板计算机。在直径只有 45 mm 的电路板上集成了运动、触摸等多种传感器,使光环板具备"感官"。搭载 4 MB 的内存和 Xtensa 32-bit LX6 双核处理器,使光环板拥有强劲的计算处理能力,能让多个程序同时运行,同步呈现复杂及多样化的功能。Wi-Fi 模块能让多个光环板之间进行"无线"连接。麦克风模块,结合慧编程集成的微软认知服务,能轻松实

▶ ▶ ▶ 实验 31　光环板 HaloCode

现 AI 语音识别。

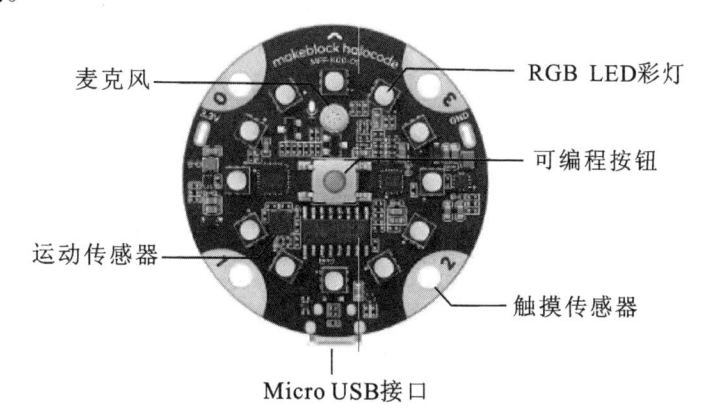

图 31.3　光环板正面

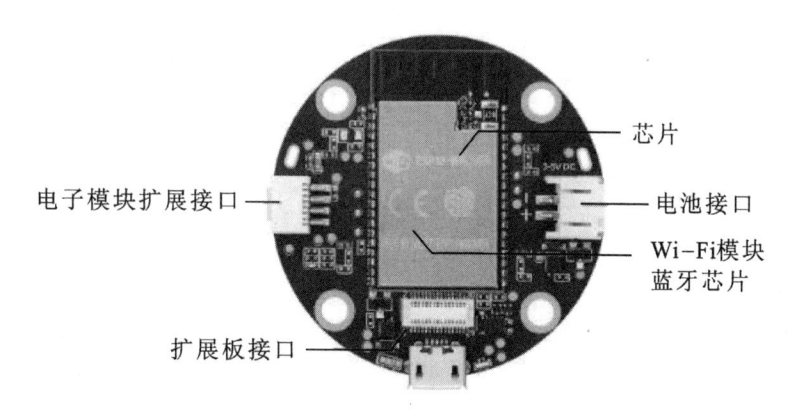

图 31.4　光环板背面

【实验器材】

1. 硬件

Makeblock 光环板标准套装及智能手机或计算机,如图 31.5。

图 31.5　光环板标准套装

2. 软件

慧编程(mBlock5)移动端或电脑端。

【实验内容】

以慧编程电脑端为例。

任务一:在慧编程环境下添加光环板,了解慧编程中光环板各组件的功能。

① 将光环板通过 USB 线与电脑连接。

② 打开慧编程,单击右上角的 图标,注册登录自己的慧编程账号。

③ 点击左下角"添加",在打开的设备库对话框里选择"光环板",点击"确定"按钮,将光环板积木组件添加到慧编程中,如图 31.6。

图 31.6　设备库对话框

④ 光环板积木组件如图 31.7(彩色图片见彩色插页)中间一列虚线框部分,另外还可以通过"添加扩展"选项从扩展中心添加其他的组件,比如扬声器组件、光线传感器等。

图 31.7　光环板组件

⑤ 点击慧编程左下角的"连接"按钮,通过串口(COM)将光环板与电脑连接,选择"在线"或"上传"模式编程。其中"在线"模式运行时光环板必须与电脑连接;"上传"模式下则在将程序上传到光环板后可以脱机运行,但必须连接电池。

⑥ 单击各积木模块,观察右侧显示相应的控制指令,分别用来控制光环板上不同的硬件。显示为灰色的指令表示当前模式下该指令无法执行。

任务二:制作一个平衡板,当光环板左右倾斜时显示不同的灯光效果。

① 将光环板与电脑通过 USB 线连接。

② 打开慧编程,添加光环板设备,并进行连接。

③ 拖动积木块到编程区,实现如下功能:

当光环板向左倾斜幅度超过 5°时,LED 右半边显示彩灯;当光环板向右倾斜幅度超过 5°时,LED 左半边显示彩灯;当光环板水平放置时,所有 LED 亮彩虹灯(颜色可自行设置)。程序如图 31.8(彩色图片见彩色插页)。

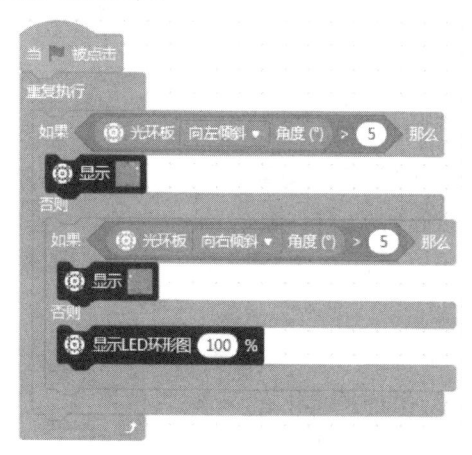

图 31.8 平衡板程序

④ 点击绿色小旗,以"在线"模式运行程序,拿起光环板左右摆动,观察灯光变化。点击红色方块,程序停止运行。

任务三:制作声控彩灯。

① 通过 USB 线连接光环板与电脑,打开慧编程登录自己的账号。

② 添加、连接光环板,切换到"上传"模式。

③ 编写程序,实现如下功能:

对光环板说一句话,如果包含关键字"绿",LED 全部显示绿色;如果包含关键字"红",LED 全部显示红色,实现语音控制灯光颜色。程序如图 31.9(彩色图片见彩色插页)。

④ 点击"上传到设备",上传完成后,程序自动运行,观察灯光颜色变化。拿起光环板,按下中间的按钮,对着麦克风说一句话,必须包含相应颜色关键字,观察灯光颜色变化。

任务四:制作触摸开关,用触摸传感器(touchpad)作为灯的开关。

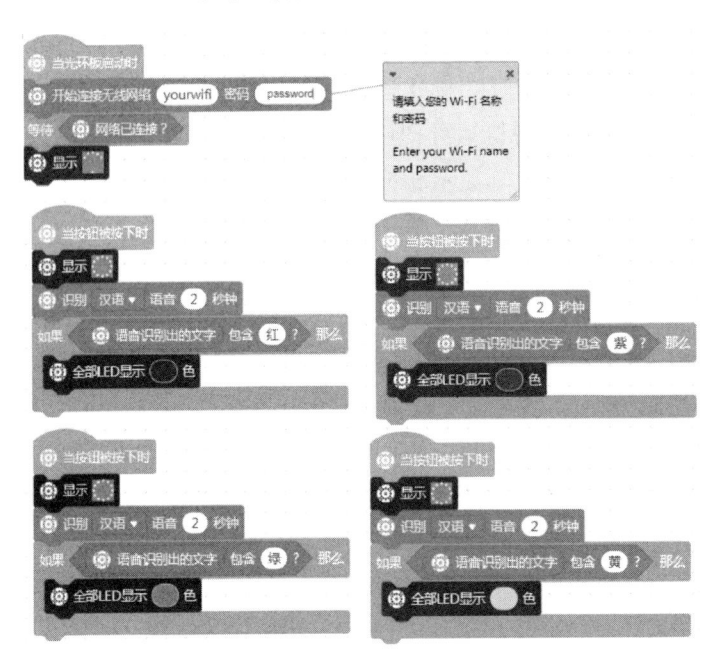

图 31.9　声控彩灯程序

① 用 USB 连接光环板与电脑，打开慧编程登录自己的账号。

② 添加、连接光环板，切换到"上传"模式。

注意：在此程序运行前可以先点击左下角"设置"下的"固件更新"，对固件进行更新，保证固件回到初始状态。

③ 编写程序，实现如下功能：

在舞台添加背景 office 3，添加道具角色 bulb，它包括两个造型 bulb-1 和 bulb-2，用触摸传感器 0 作为灯的开关。摸一下传感器 0，舞台中灯亮起；再摸一下，灯关闭，每摸一下，LED 全部红灯闪一下。角色代码和设备代码分别如图 31.10 和 31.11（彩色图片见彩色插页）。

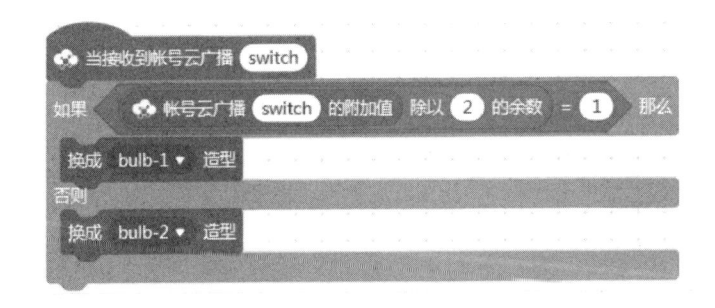

图 31.10　角色代码

实验 31 光环板 HaloCode

图 31.11 设备代码

④ 点击"上传到设备",上传完成后程序自动运行。当用手触摸传感器 0 时,观察舞台中灯的变化。

【实验风险与伦理】

1. 实验中注意安全,防止静电导致设备损坏。
2. 实验结束,将实验器材收入盒中,整理好桌面。

【思考与实践】

1. 光环板作为一个单板计算机,哪些部件可以作为输入设备,哪些部件可以作为输出设备?

2. 修改程序:

修改任务二程序,使用运动传感器(motion sensor)控制指令,在光环板前后左右摆动时,有不同的灯光提示。

修改任务三程序,语音控制光环板上 LED 灯的开关。

修改任务四程序,通过鼠标单击舞台中的灯泡,来控制灯的开或关。

实验 32　VEX IQ 基本搭建与编程

信息技术是应用信息科学的原理和方法对信息进行获取、处理和应用的综合技术,包含微电子技术、计算机技术、通信技术和传感技术。STEAM 教学是一种结合科学(Science)、技术(Technology)、工程(Engineering)、艺术(Art)、数学(Mathematics)的跨学科教学方式,注重将五大领域充分结合起来,在倡导有效解决问题的整合学习观念下受到了广泛欢迎,它既是基础教学改革政策的主导,同时也成为应用于教育教学实践的重要教学理念。

基于 STEAM 教育理念,在教育机器人(Education Robot)领域出现了很多产品和国际竞赛,其中美国的 VEX 教育机器人项目有传感器全面、编程灵活、竞赛水平相对较高的特点,适合各年龄段人群。VEX IQ 是 VEX 系列机器人的入门产品,该系统设计的初衷是提供一个丰富并精彩的入门级平台,让 6~13 岁的学生了解 STEAM 领域的相关知识,同时提升团队协作能力、解决问题等能力。

开设信息技术与机器人教学相融合的课程及实验,运用 STEAM 教学方式加强课程的渗透,可以促使信息技术教学得到更好的发展。在中小学信息技术教学中,采用 VEX 教育机器人项目作为拓展方式,可以激发学习者对课程的兴趣,培养其逻辑思维、创新思维和动手能力。

【实验目标】

搭建 VEX 基础小车、进行简单编程,知道 VEX 各部件的名称及作用,了解图形化编程环境和 C 语言编程环境的特点;实现简单的机器人功能,初步学会 VEX 机器人的控制方法;通过对教育机器人的初步接触和操作,理解计算机学科的综合性和实践性,增强编程兴趣。

【实验原理】

信息技术最核心的是计算机技术,而计算的本质是通过一系列操作将数据进行转换。在机器人中,控制主机运行程序,即采集外部世界产生的数据进行计算,再输出到外部世界。程序实现"某种程度像人一样思考"。程序的基本结构包含顺序结构(各操作依次执行)、选择结构(根据条件选择一个分支执行)和循环结构(反复执行某个或某些操作,直到条件改变)。

数据的产生和作用实现"某种程度像人一样行动"。比如人在行进过程中遇到障碍物会停止前进并绕开障碍物,整个行为协调统一。那么机器人要有这样的行为,除了程序控制,

实验 32　VEX IQ 基本搭建与编程

还需要有像人眼一样的器件(比如超声波传感器),以及有像人腿一样的器件(比如电机带动的车轮)。超声波传感器和电机都是机器人的外设,可以统称为传感器(严格来讲,电机为执行器,但其内部一般也含有传感器)。有了各种传感器,机器人就能在某种程度上像人一样,既能感知外部世界,又能作用于外部世界。

不同传感器利用不同物理、化学知识及技术实现,但本质上都是将各种物理、化学信号转换为模拟电压信号,然后再转换为数字电压信号;或者反过来,将数字电压信号转换为其他物理信号。本实验中使用的超声波传感器利用电压效应,在发射端将电压脉冲信号转换成超声波(频率高于 20 000 Hz 的声波),在接收端将超声波转换成电压脉冲信号。

【实验器材】

1. 硬件
VEX IQ 基础套装 1 套、计算机 1 台。

2. 软件
WIN 7 或 WIN 10 下 Graphical ROBOTC for VEX Robotics 4. X 和 ROBOTC for VEX Robotics 4. X。

【实验内容】

1. 认识 VEX IQ 基础套装及各种器件

VEX IQ 套装(包含超过 850 个零件和编程软件)提供无须任何工具即可拼接的基础结构件,使复杂的设计和组装过程变得简单,使用它可以在较短时间内掌握机器人搭建、操控和编程的技能。

VEX IQ 控制主机有 12 个标准接口,最多可以连接 12 个传感器,并配有 2.4 GHZ 无线模块,如图 32.1。

图 32.1　控制主机　　　　图 32.2　遥控器配对

遥控器(Remote Controller)手柄通过 2.4 GHZ 模块和控制主机连接,进行简单设置和相关代码编写后可控制机器人运行。在初次使用前,遥控器需和控制主机使用蓝色网线连接,以进行配对,如图 32.2。

智能电机(Smart Motor)的基本器件是直流电机,能让车轮旋转或机械臂转动。此外智能电机内置处理器,具有正交编码器和电流监视器,通过主机控制器能进行复杂的控制和反馈,即可以控制转动的角度,如图32.3。

图 32.3　智能电机　　　　图 32.4　超声波传感器

超声波传感器(Ultrasonic Distance Sensor)发射超声波,并接收遇到物体反射的超声波,其内置芯片根据发射、接收超声波的时间差计算出距离,可测距离范围为 3 cm 到 3 m,如图32.4。

陀螺仪传感器(Gyro Sensor)通过检测科里奥利力,测量转弯速率并计算出方向,可连续计算机器人的运动方向,如图32.5。

图 32.5　陀螺仪传感器　　　　图 32.6　颜色传感器

颜色传感器(Color Sensor)用于检测物体的颜色,能够测量独立的红、绿、蓝色各256级。颜色传感器有如下三种模式:

Hue 模式下返回 0~255 经过内置芯片处理的颜色值;

Grayscale 模式下返回灰度值(即颜色的深浅,一般用于寻线);

Color Name 模式下返回 1~12 经过处理的颜色值(用于简单颜色区分),如图32.6。

触摸式 LED(TouchLED Sensor)具有两个功能:一是输出彩色光线,二是通过触摸产生输入信号。灵活使用触摸式 LED,能够产生直观的互动效果,比如可以把它当作开关或者指示灯,如图32.7。

图 32.7　触摸式 LED　　　　图 32.8　触碰开关

实验 32　VEX IQ 基本搭建与编程

触碰开关(Bumper Sensor)可检测轻微的触碰(压力),一般用来检测障碍物或者控制限制机构的运动范围,如图 32.8。

通用连接线接口标准统一、长度不同,用于将各种传感器连接到控制主机,如图 32.9。

图 32.9　传感器连接线　　　　图 32.10　基础结构件

除了主要设备和传感器,VEX IQ 提供了大量基础结构件。灰色主要为各种连接板,蓝色主要为各种齿轮和连接杆,黑色主要为直角连接板和延长杆。通过这些结构件可搭建形态万千的机器人结构,如图 32.10。

2. 基础小车搭建和遥控

从实验箱中选出两组结构件和智能电机,按照图纸分别搭建,然后连接控制主机进行组装,如图 32.11。

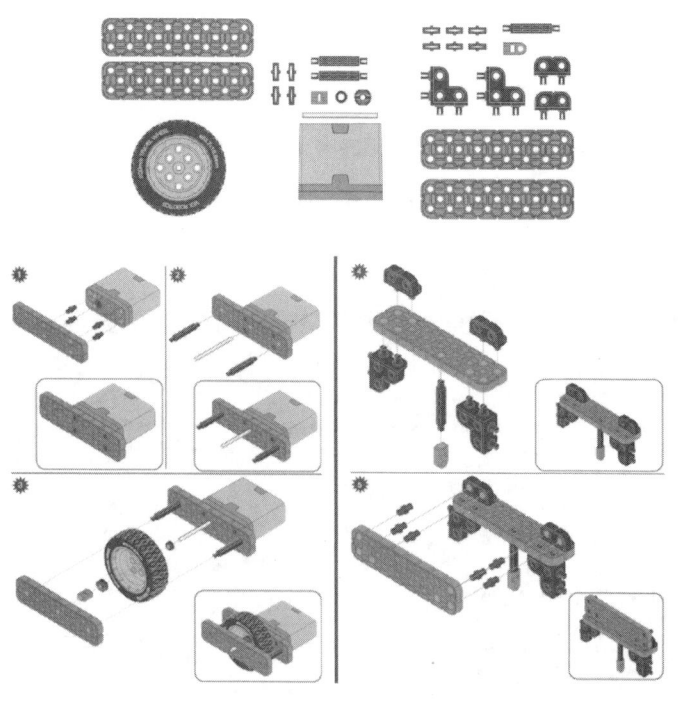

167

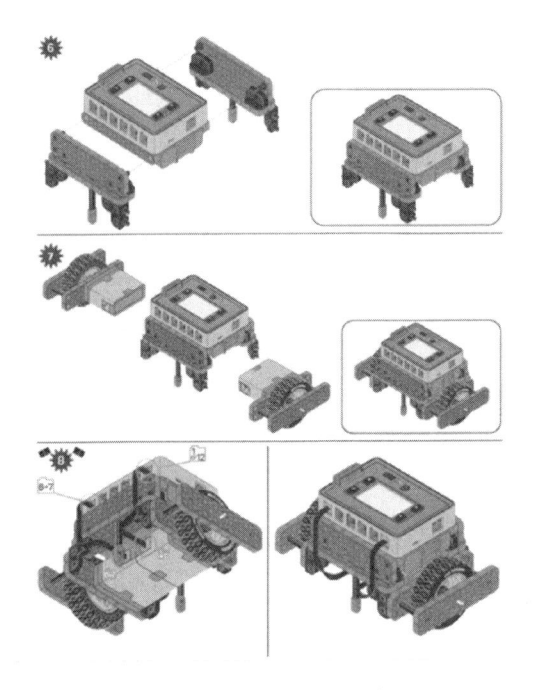

图 32.11　基础小车搭建

打开控制主机,选择 TeleOp Pgms 无线遥控模式,连接遥控器手柄。

使用遥控器控制小车前进、后退、左转、右转。分析小车如何利用左轮、右轮的速度差实现转弯。

查看控制主机界面,了解菜单基本功能。

3. Graphical ROBOTC for VEX Robotics 4.X 编程示例——超声波传感器测试

在基础小车头部安装超声波传感器,连接到控制主机的端口 2。将控制主机通过 USB 线和电脑连接。

打开软件,在 Robot 菜单中选择 VEX IQ 控制方式为无遥控,新建项目,如图 32.12。

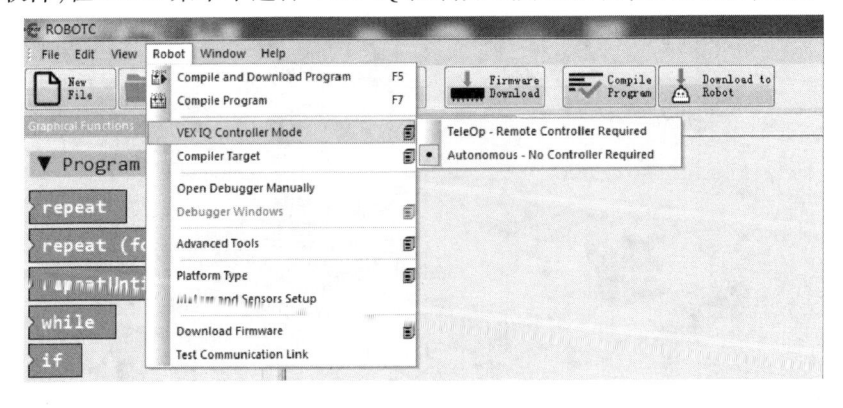

图 32.12　无遥控模式设置

打开 Motors and Sensors Setup 界面,进行智能电机和超声波传感器端口设置,如图 32.13。

实验 32　VEX IQ 基本搭建与编程

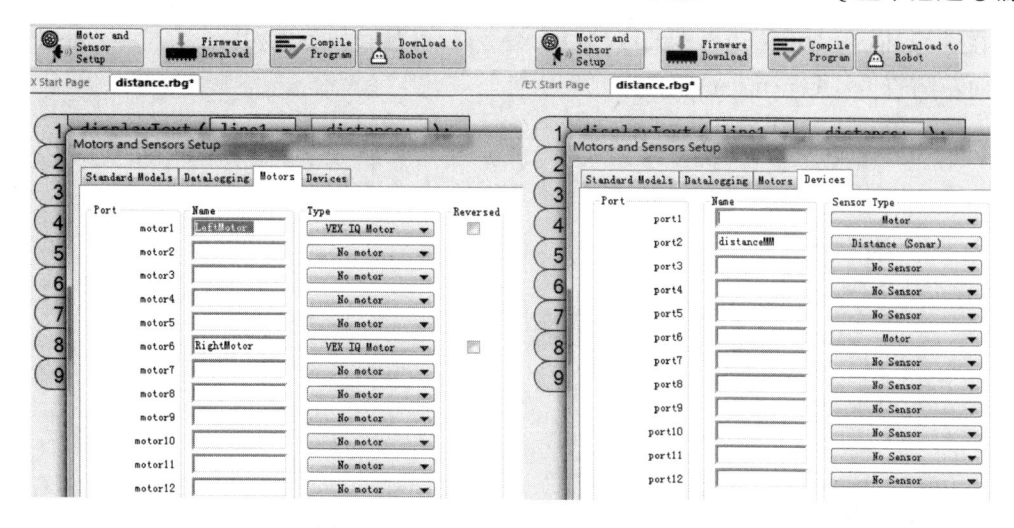

图 32.13　智能电机和传感器端口设置

使用拖曳方式编写以下程序,需要修改参数的地方人工修改,如图 32.14。

图 32.14　超声波传感器测试代码

点击 Compile Program 按钮编译程序,查看程序有无语法错误。

点击 Download to Rebot 按钮装载程序到控制主机。点击 Start 按钮开始运行。

将手挡在超声波传感器前,从远及近移动,观察控制主机屏幕上显示的距离。

4. ROBOTC for VEX Robotics 4. X 编程示例——避障小车测试

打开软件,在 Robot 菜单中选择 VEX IQ 控制方式为无遥控,在 Window 菜单中选择 Super User 模式,新建项目,如图 32.15。

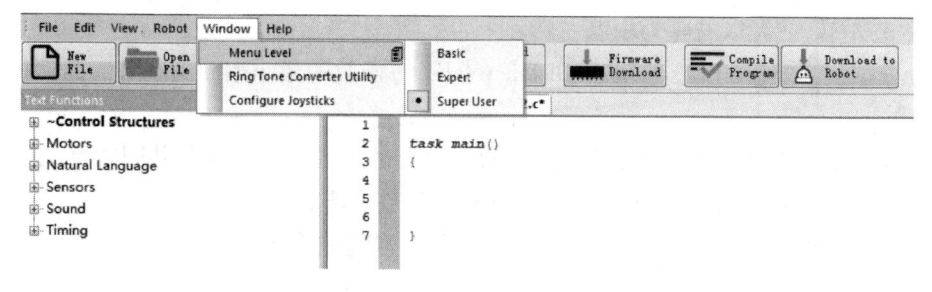

图 32.15　超级用户模式设置

在进行 Motors and Sensors Setup 设置后，编写以下代码，如图 32.16。基本语句可以从软件界面左侧的 Text Functions 中拖曳。

VEX Start Page　AvoidingOobstacles.c*

```
#pragma config(Sensor, port2,  distanceMM,     sensorVexIQ_Distance)
#pragma config(Motor,  motor1,          leftMotor,     tmotorVexIQ, PIDControl, encoder)
#pragma config(Motor,  motor6,          RightMotor,    tmotorVexIQ, PIDControl, encoder)
//*!!Code automatically generated by 'ROBOTC' configuration wizard               !!*//

task main()
{
  repeat(forever)
  {
     if (getDistanceValue(distanceMM)>100)
     {
       setMotor(leftMotor, 100);
       setMotor(RightMotor, 100);
     }
     else
     {
       stopAllMotors();
       resetMotorEncoder(leftMotor);
       resetMotorEncoder(RightMotor);
       moveMotorTarget(leftMotor, -90, 100);
       moveMotorTarget(RightMotor, 90, 100);
       waitUntilMotorMoveComplete(leftMotor);
       waitUntilMotorMoveComplete(RightMotor);
     }
  }
}

```

图 32.16　避障小车测试代码

点击 Compile Program 按钮编译程序。

点击 Download to Rebot 按钮装载程序到控制主机。

断开控制主机和电脑的 USB 线。

在控制主机上进入 Auto Pgms 菜单，选择刚才装载的程序运行。

【实验风险与伦理】

1. 实验前进行预习，了解基本知识；实验后进行分析总结。

2. 实验过程中要体现小组成员间的团队合作精神，实验结束要将所有使用的实验器件放归到原位。

3. 注意安全用电。

【思考与实践】

1. 修改避障小车测试代码中的语句和参数，重复进行实验，理解程序控制方法。

（1）修改 moveMotorTarget( ) 函数的参数（智能电机端口、转动角度、功率），实现小车以左轮为中心左转，或者以右轮为中心右转。

（2）根据实际实验场地，获取 getDistanceValue( ) 函数的最小返回值和最大返回值，进行精度测试。

2. 安装其他传感器，进行功能测试。理解传感器的不同工作原理和共同特点。

（1）将各传感器分别连接到控制主机，在编程软件中进行端口设置。

（2）使用编程软件中的 Sensors 相关函数获取各传感器的即时数据，并使用 displaySensorValues 函数显示在控制主机屏幕上。

实验 33　VEX IQ 自动门

工程思维(Engineering Thinking)是在工程的设计、研究和实践过程中形成的思维,其关键是运用各种知识、技术以及各种方法解决现实中的问题,具有实践性、设计性、构建性特点。随着工程与技术在经济增长中的作用不断增大,培养学生的工程思维已成为教育界关注的重点。在教育部颁布的课程标准中,将小学的课程内容在原来的物质科学(Science of Matter)、生命科学(Life Sciences)、地球与宇宙科学(the Earth and the Universe)三大领域之外增加了工程与技术(Engineering and Technology)领域;将工程思维确定为通用技术学科五大核心素养之一,这其中就体现了 STEAM(Science, Technology, Engineering, Arts, Mathematics)的教育理念。

通过 VEX 教育机器人项目和任务驱动方法实现日常生活中常见的设备、重现实用场景,即以真实问题和建造产品作为驱动,在工程实践中创新性地解决实际问题,可以有效培养学生的工程思维。

【实验目标】

学会搭建合理有效的机器人结构,掌握常见传感器设置和基本程序结构使用;反复修改程序参数,学会调试方法,深刻理解调试在项目开发过程中的重要性;通过任务驱动方法实践,增强工程思维,树立正确的团队合作观念。

【实验原理】

自动门(Automatic Door)是将行人接近门的动作识别为开门信号,并对门扇开启和关闭过程实现控制的系统,如图 33.1。

图 33.1　自动门

自动门的距离感应器(Distance Sensor)探测到有行人接近时,将采集到的物理信号转换电压脉冲信号,并把脉冲信号传递给控制主机。控制主机判断后通知电机运行,同时监控电机转数,以便控制电机在一定时间内加速或进入慢速运行。短距的距离感应器有多种类型,在VEX项目中可以使用超声波传感器实现。

电机得到一定运行电流后正向运行,将动力传输到同步带,同步带带动吊具系统使门体开启;门体开启后由控制器作出判断,如需关门,通知电机反向运行,关闭门体。

【实验器材】

1. 硬件

VEX IQ 基础套装1套、计算机1台。

2. 软件

WIN 7 或 WIN 10 下 ROBOTC for VEX Robotics 4.X。

【实验内容】

1. 搭建自动门模型

按照表33.1准备实验所需设备、传感器和结构件,搭建自动门模型。

表33.1 实验器材

名称	图示	数量
VEX IQ 主机		1
智能电机		1
超声波传感器		1
触碰传感器		1

续表

名称	图示	数量
触摸式 LED		1
齿轮、轴、板、连接件等		若干

实验使用 VEX IQ 机器人套装组件模拟自动门的开启、关闭、防夹等基本功能。

自动门由三部分组成:平移门机械结构、超声波距离探测系统和动力系统。

平移门机械结构由连接板搭建的门板和门框组成;超声波距离探测系统是用超声波传感器来探测门前是否有障碍物靠近;动力系统由齿轮和连接板搭建的曲柄结构和电机组成,收到控制信号后会进行开门、关门动作。

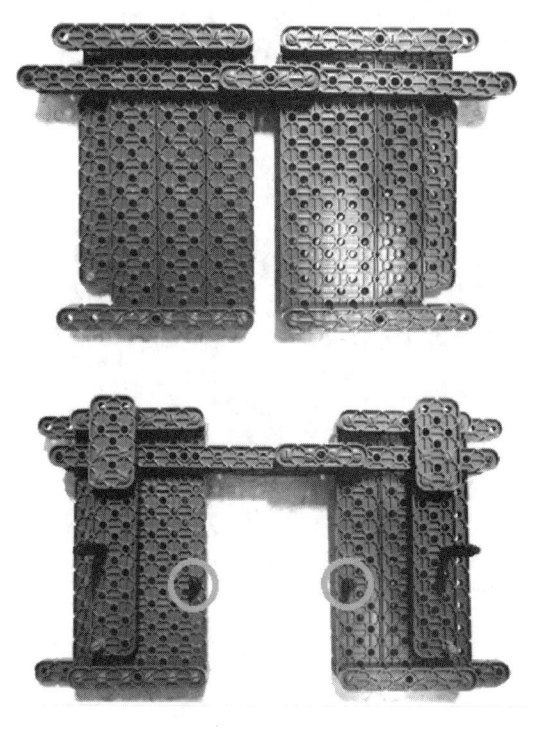

(1) 平移门机械结构

平移门机械结构(Sliding Door Structure)按照图 33.2 进行搭建。左右两扇门体可在上部的框架内平移。图 33.2 小圈处为平移门和动力系统曲柄的连接点。

图 33.2　平移门机械结构

(2)超声波距离探测系统

超声波距离探测系统(Ultrasonic Distance Detection System)按照图 33.3 进行搭建。

图 33.3　距离探测系统

(3)动力系统

动力系统(Motor Drive System)按照图 33.4 进行搭建。智能电机带动一个小号齿轮转动,另一个耦合小号齿轮做相反方向转动;左右两侧的小号齿轮分别连续耦合中号齿轮和大号齿轮使曲柄的转速降低。

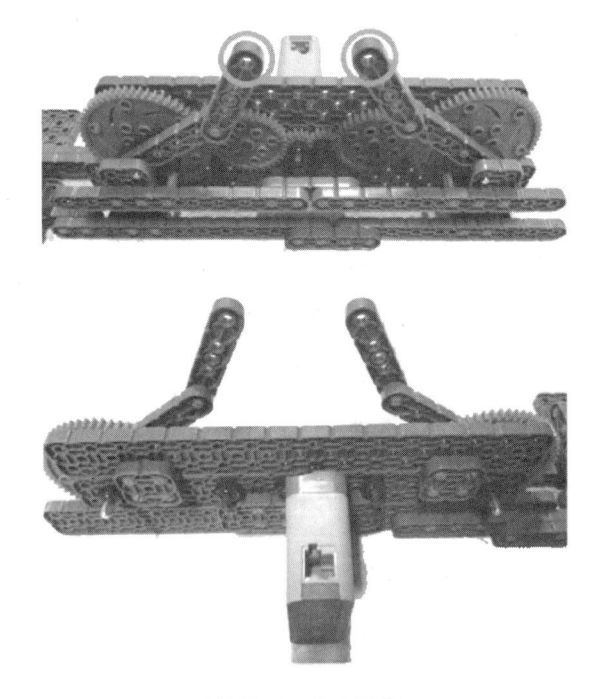

图 33.4　动力系统

(4)组装,完成整体搭建

如图 33.5 所示。

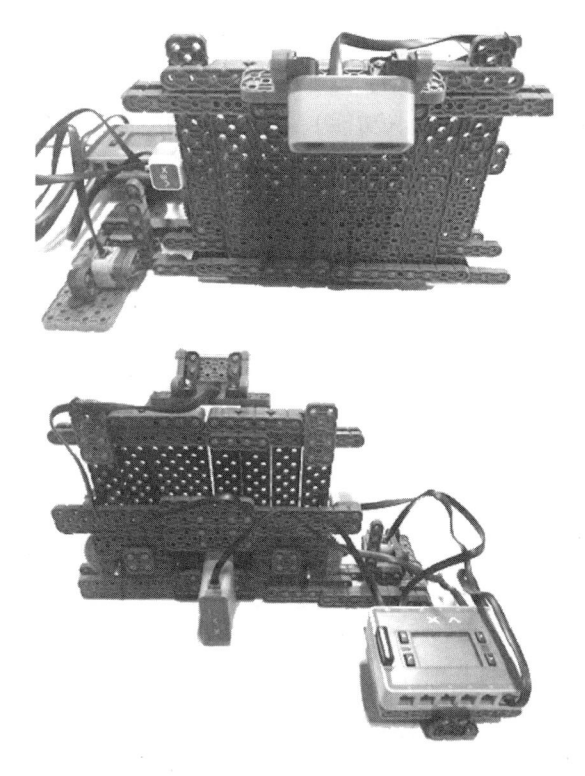

图 33.5 自动门模型

2. 传感器端口连接和设置

智能电机连接到控制主机端口 7，触碰开关、触摸式 LED、超声波传感器分别连接到控制主机端口 1、11、12。

打开 RobotC for VEX Robotics 4.X，在 Robot 菜单中选择 VEX IQ 控制方式为无遥控，在 Window 菜单中选择 Super User 模式，新建项目。

打开 Motors and Sensors Setup 界面，进行智能电机和传感器端口设置，如图 33.6。

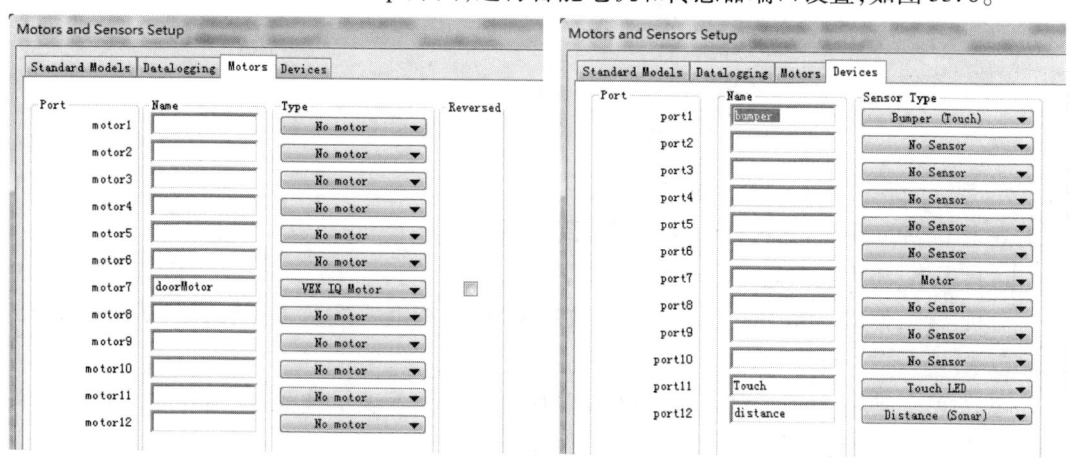

图 33.6 智能电机和传感器端口设置

3. 使用 RobotC for VEX Robotics 4.X 编写自动门程序,并进行测试

RobotC for VEX Robotics 符合 C 语言规范,基本语句共 6 类——Control Structures(程序控制结构)、Motors(智能电机状态获取功能)、Natural Language(集合各种主要功能,包含默认端口下智能电机运行常用语句)、Sensors(传感器功能)、Sound(控制主机内置扬声器发声功能)、Timing(定时功能)。

编写代码,如图 33.7。

```
1   #pragma config(Sensor, port1,  bumper,          sensorVexIQ_Touch)
2   #pragma config(Sensor, port11, Touch,           sensorVexIQ_LED)
3   #pragma config(Sensor, port12, distance,        sensorVexIQ_Distance)
4   #pragma config(Motor,  motor7,        doorMotor,     tmotorVexIQ, PIDControl, encoder)
5   //*!!Code automatically generated by 'ROBOTC' configuration wizard                !!*//
6
7   int n;
8
9   task main()
10  {
11    Start:
12    repeat(forever)
13    {
14      resetMotorEncoder(doorMotor);
15      repeatUntil(getDistanceValue(distance)<=100) { }
16
17    Opening:
18      playSound(soundHeadlightsOn);
19      setTouchLEDColor(Touch, colorGreen);
20      moveMotorTarget(doorMotor,310,60);
21      waitUntilMotorMoveComplete(doorMotor);
22
23      n=18;
24    Closing:
25      wait(5,seconds);
26      if(getDistanceValue(distance)<=100) goto Closing;
27
28      playSound(soundHeadlightsOff);
29      setTouchLEDColor(Touch, colorRed);
30
31      repeatUntil(n==0)
32      {
33        moveMotorTarget(doorMotor,-17,60);
34        waitUntilMotorMoveComplete(doorMotor);
35        n=n-1;
36      }
37      setTouchLEDColor(Touch, colorNone);
38    }
39  }
```

图 33.7 自动门测试程序

点击 Compile Program 按钮编译程序。

点击 Download to Rebot 按钮装载程序到控制主机。

运行程序,将手遮挡超声波传感器,观察效果。

分析代码,修改 moveMotorTarget( )函数的参数(智能电机端口、转动角度、功率),运行、观察效果。

修改代码,使用 getTouchLEDValue( )函数(返回值为 1 表示被触摸,为 0 表示释放),将开门触发方式改为触摸式 LED,运行、观察效果。

修改代码,实现超声波传感器和触摸式 LED 双重触发(两项有一项成立即可触发),运

行、观察效果。

【实验风险与伦理】

1. 实验前进行预习，了解基本知识；实验后进行分析总结。
2. 实验过程中要体现小组成员间的团队合作精神；实验结束要将所有使用的实验器件放归到原位。
3. 注意用电安全。

【思考与实践】

自动门测试程序使用超声波传感器或触摸式 LED 触发控制主机进行开门操作，同时亮起绿灯；门体完全打开后，控制主机等待 5 s，没有再次检测到触发信号时进行关门操作，同时亮起红灯；并且实现开门速度较快，关门速度较慢。

在实际应用中，自动门系统还需考虑中途开门，即门体在关闭过程中有行人到来，关门操作需立即停止，转而进行开门操作。本项目要解决这个问题，控制主机需在进行关门操作过程中不断检测是否有触发信号，若条件成立，则终止关门操作，转而进行开门操作。由于此时门体可能处于关闭移动中的任何一个位置，所以之后需要使用触碰开关检测门体是否完全打开。

在测试程序的基础上，编写代码，实现完整功能的自动门程序。反复修改参数、进行测试，直到功能可靠。

实验后进行分析总结，深刻理解工程思维和任务驱动方法，即从实际需求出发，如何利用现有设备和材料实现有效、可靠、稳定的工程项目。

实验 34　单摆的应用

单摆(simple pendulum)是中学物理学(secondary physics)的重要内容之一,在经典物理中具有非常重要的地位。伽利略(Galileo,G.,1564—1642)从一个简单的实验现象出发,采用数学方法进行抽象总结,得到一般的规律。该规律可以延伸到不同的学科领域,对它更进一步的研究得到了许多重要的理论,给人们的生活和社会发展带来了深远的影响。这说明数学是人类探究世界和研究自然界的一个重要工具。

【实验目标】

了解单摆的历史,学习单摆的基本理论及其应用;了解数学在不同领域中的应用,提高学习数学的兴趣;培养仔细观察、定量推理的能力;培养发现、提炼问题和总结的能力;提高解决问题的能力。

【实验原理】

1. 简谐运动的定义及相关理论

简谐运动(simple harmonic motion)是最基本也是最简单的一种机械振动(mechanical vibration)。当某物体进行简谐运动时,物体所受的力跟位移成正比,并且力总是指向平衡位置。

如果用 F 表示物体受到的回复力,用 x 表示小球对于平衡位置的位移,根据胡克定律,F 和 x 成正比,它们之间的关系可用下式来表示

$$F = -kx$$

式中的 k 是回复力与位移成正比的比例系数;负号的意思是回复力的方向总跟物体位移的方向相反。

2. 摆线的定义及相关理论

一个圆沿一直线缓慢地滚动,则圆上一固定点所经过的轨迹称为摆线。

摆线具有如下性质:

① 它的长度等于旋转圆直径的 4 倍。尤为令人感兴趣的是,它的长度是一个不依赖于 π 的有理数。

② 在弧线下的面积,是旋转圆面积的 3 倍。

③ 圆上描出摆线的那个点,具有不同的速度——事实上,在特定的地方它甚至是静止的。

④ 当弹子从一个摆线形状的容器的不同点放开时,它们会同时到达底部。

摆线的方程为

$$\begin{cases} x = r(t - \sin t) \\ y = r(1 - \cos t) \end{cases}$$

式中,r 为圆的半径,t 是圆的半径所经过的弧度(滚动角)。当 t 由 0 变到 2π 时,动点就画出了摆线的一支,称为一拱。

3. 内、外摆线的定义及相关理论

一个动圆内切于一个定圆做无滑动的滚动,动圆圆周上一个定点的轨迹叫作内摆线。设动圆的半径为 r,定圆的半径为 R,则内摆线的参数方程为

$$\begin{cases} x = (R-r)\cos t + r\cos\left(\dfrac{R-r}{r}t\right) \\ y = (R-r)\sin t - r\sin\left(\dfrac{R-r}{r}t\right) \end{cases}$$

圆外旋轮线就是在定圆(半径 R)外转动的动圆(半径 r)上的一点 M(此点与小圆中心的距离为 d)所形成的运动轨迹。

【实验器材】

单摆、计算机及相关配套软件。

【实验内容】

1. 单摆的基本理论

年轻时期的伽利略喜欢到比萨大教堂去,因为那里安静,便于他思考问题。据说在 1583 年,19 岁的伽利略来到教堂,正巧点灯人在给灯加油。点灯人干完活后顺手将灯一推,那灯就晃动起来,挂在绳子上的灯来回摆动,开始灯的摆动幅度很大,后来逐渐变小。然而伽利略经过仔细观察并利用自己的脉搏进行计时,发现不论摆动幅度大小,所需时间都是相同的。

用一根绝对刚性且长度不变、质量可忽略不计的线悬挂一个质点,在重力作用下在铅垂平面内做周期运动,就成为单摆,如图 34.1。

单摆在摆角小于 5°(现在一般认为是小于 10°)的条件下振动时,可近似认为是简谐运动。

单摆运动的周期公式为

$$T = 2\pi\sqrt{\dfrac{L}{g}}$$

式中,L 指摆长,g 是当地重力加速度。

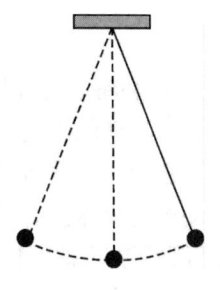

图 34.1 单摆示图

2. 单摆的应用

单摆的应用有时钟、钟摆、物体的运动、声音、振动等。

从公式中可看出,单摆周期与振幅和摆球质量无关。伽利略第一个发现摆的振动的等时性,并用实验求得单摆的周期随长度的二次方根而变动。惠更斯(Huygens,C.,1629—1695)制成了第一个摆钟(pendulum clock),如图34.2。

图34.2　惠更斯的摆钟　　　图34.3　巴黎万神殿圆屋顶

1851年,法国物理学家莱昂·傅科(Foucault,J.,1819—1868)根据单摆的原理验证了地球的自转。他选用直径为30 cm、重28 kg的摆锤,摆长为67 m,将它悬挂在巴黎万神殿圆屋顶的中央,下面放有直径6 m的沙盘,如图34.3。

该钟摆可以在任何方向自由摆动,如果地球没有自转,则摆的振动面将保持不变;如果地球在不停地自转,则摆的振动面在地球上的人看来将发生转动。

人们亲眼看到摆每振动一次(周期为16.5 s),摆尖在沙盘边沿画出的路线移动约3 mm,每小时偏转11°20′,即31小时47分回到原处。

亚里士多德(Aristotle,前384—前322)认为物体的运动是由于外力的作用,当外力的作用停止时,运动的物体就会静止,所以力是维持物体运动的原因。

伽利略根据单摆的原理设置了一个理想斜面实验装置,如图34.4。

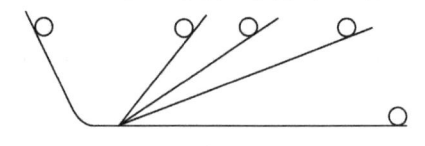

图34.4　理想斜面示意图

伽利略通过理想斜面实验(ideal slope experiment)和科学推理,得出的结论是力不是维持物体运动的原因,而是改变物体运动状态的原因。

法国科学家笛卡尔(Descartes,R.,1596—1650)补充和完善了伽利略的观点,提出如果运动中的物体没有受到除原来的力外更多外力的作用,它将继续以同一速度沿同一直线运动,既不停下来也不偏离原来的方向。

单摆在摆角小于10°的条件下振动时,可近似地认为是简谐运动,也可以说振动着的弹簧与一个单摆是动力等价的,这样对单摆的研究就延伸到声学和振动领域。

从17世纪初一直到19世纪,几乎所有杰出的物理学家和数学家都对研究物体振动和声的产生原理做过贡献,涉及线性振动(弦振动)(string vibration)、非线性振动(混沌、蝴蝶效应)、随机振动等,这里面数学的贡献不可忽视。

2020年5月5日下午14时许,广州虎门大桥发生异常抖动。根据位移监测数据知,竖向最大位移达44 cm多。初步结果表明,这是涡振现象(vortex-induced vibration),如图34.5。

图34.5 广州虎门大桥的涡振现象

3. 摆线的理论

伽利略还根据单摆摆动的时间跟摆幅没有关系,只跟单摆摆线的长度有关的原理,试图利用单摆来制作精确的时钟。但是,伽利略的观察和实验还不够精确。实际上,摆的摆幅愈大,摆动周期就愈长,只不过这种周期的变化是很小的。所以,如果用这种摆来制作时钟,摆的振幅会因为摩擦和空气阻力而愈来愈小,时钟也因此愈走愈快。

伽利略的单摆是在一段圆弧上摆动的,所以我们也叫作圆周摆。惠更斯想要找出一条曲线,使摆沿着这样的曲线摆动时,摆动周期完全与摆幅无关。经过很多次实验,这样的曲线终于找到了,数学上把这种曲线叫作摆线、等时曲线或旋轮线,如图34.6。

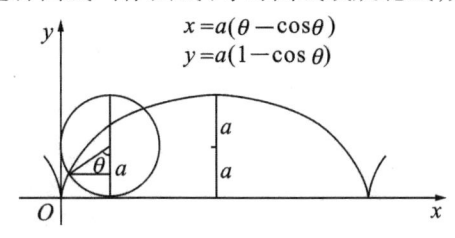

图34.6 摆线

一个圆沿一直线缓慢地滚动,则圆上一固定点所经过的轨迹就是摆线,又称圆滚线或旋轮线。

如果将这条直线的首尾连接起来形成一条闭环,则根据滚动的圆和封闭的直线的位置关系可以分为形成内摆线(hypocycloid)或外摆线(epicycloid)。

内摆线和外摆线在不同的领域具有重要的意义。

4. 内、外摆线的理论

一个动圆内切于一个定圆做无滑动的滚动,则动圆圆周上一个定点的轨迹叫作内摆线。设动圆的半径为 r,定圆的半径为 R,则内摆线的参数方程为

$$\begin{cases} x = (R-r)\cos t + r\cos\left(\dfrac{R-r}{r}t\right) \\ y = (R-r)\sin t + r\sin\left(\dfrac{R-r}{r}t\right) \end{cases}$$

例如，当 $R=3, r=1$ 时，内摆线是三尖瓣线；当 $R=4, r=1$ 时，内摆线是星型线，如图 34.7。

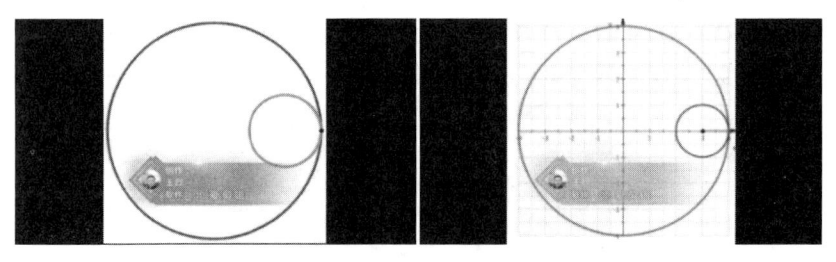

图 34.7　三尖瓣线和星型线

如果该定点位于动圆的内部或外部时，则此时的内摆线被称为短（长）幅圆内旋轮线，亦称内次摆线或变幅内摆线。

设动圆的半径为 r，定圆的半径为 R，定点到动圆圆心的距离为 d，则内次摆线的参数方程为

$$\begin{cases} x = (R-r)\cos t + d\cos\left(\dfrac{R-r}{r}t\right) \\ y = (R-r)\sin t + d\sin\left(\dfrac{R-r}{r}t\right) \end{cases}$$

例如，当 $R=3, r=1.3, d=0.8$ 或 $d=1.5$ 时，则短幅圆内旋轮线和长幅圆内旋轮线分别如图 34.8 所示。

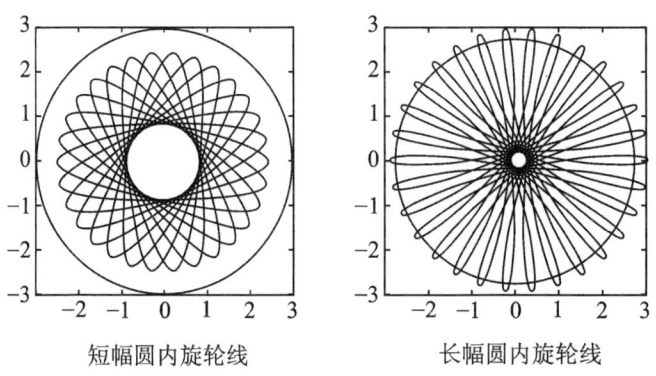

短幅圆内旋轮线　　　　长幅圆内旋轮线

图 34.8　短幅圆内旋轮线和长幅圆内旋轮线

5. 内、外摆线的应用

内、外摆线的应用有万花尺、行星式搅拌机、天体运动等。

短幅圆内旋轮线的一个应用就是"万花尺"。万花尺约流行于上个世纪末的八九十年代，在不同地区和时段也有不同的俗名和别称，如百变尺、画花行家、齿轮尺、圈圈尺等。

万花尺由母尺和子尺两部分组成。常见的母尺是内环形齿轮，子尺是带多孔的外环形齿轮。万花尺套装示例如图 34.9。

作画时，将子尺内置于母尺内环之中，轮牙镶嵌，笔头插在子尺的小孔中，用笔带动子尺顺着母尺的内沿齿轮反复做圆周运动。在作画过程中，两者内外齿要始终靠合。完成后纸

上便会留下一个不可思议的美丽花朵。子尺上小孔的极小位移会引起图案类型的极大变化。子尺形状的变化有很多,除了圆形,还有椭圆形、弧边三角形、十字形、梅花形、方形、多边形等。

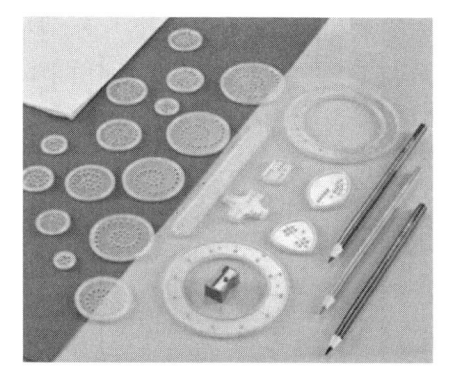

图 34.9　万花尺套装示例

万花尺绘图示例如图 34.10。

图 34.10　万花尺绘图示例

万花尺图案示例如图 34.11。

图 34.11　万花尺图案示例

　　长幅内旋轮线的一个应用是行星式搅拌机的研究。行星式搅拌机是一种高效无死点混合搅拌设备,适用于、化工、食品、电池、制药、建材等行业。行星式搅拌机缸体采用独特密封结构,设备密封性良好,可进行加压及抽真空搅拌,具有良好的排气除泡效果。缸体夹套可根据用户需要进行加热、冷却,而且搅拌浆及刮刀可随横梁上升而完全脱离釜体,便于清洗。

例如，现代人离不开的工具——手机，其中手机的电池（聚合物锂电池）是重中之重。

制作聚合物锂电池的第一步是制浆。将专门的溶剂和黏合剂分别与正极活性物质或负极活性物质混合，经过高速搅拌均匀后，制成浆状的正或负级物质。

搅拌的物质是否均匀，决定了制作好的电池的质量。

同样的思想，可以定义圆外旋轮线（或外摆线）。所谓的圆外旋轮线就是在定圆（半径 R）外转动的动圆（半径 r）上的一点 M（此点与小圆中心的距离为 d）所形成的运动轨迹。

圆外旋轮线的形状由 $m = \dfrac{R}{r}$ 的值决定。心脏线就是一种圆外旋轮线，此时 $m = 1, d < r$。如图 34.12。

对应地，当 $\lambda = \dfrac{d}{r} > 1$ 为长幅圆外旋轮线，此时定点 M 在动圆的外部；当 $\lambda = \dfrac{d}{r} < 1$ 时为短幅圆外旋轮线，此时定点 M 在动圆的内部，如图 34.13。

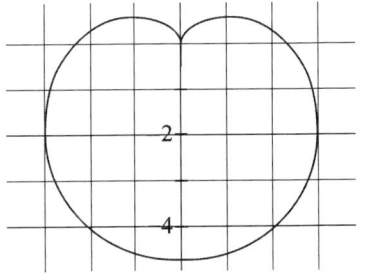

图 34.12　圆外旋轮线

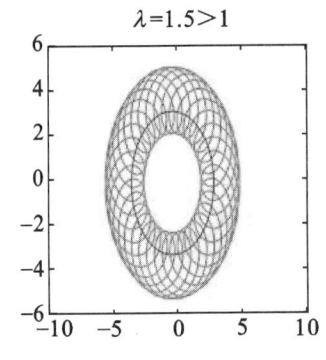

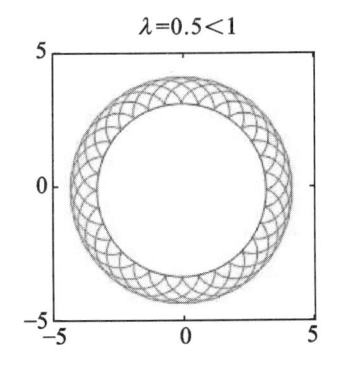

图 34.13　长幅和短幅圆外旋轮线

圆外旋轮线不止应用在几何图形中，在天文学中更是大有用武之地（图 34.4）。

图 34.14　天文现象中的圆外旋轮线

2002 年佘守宪在大学物理杂志发表了论文"行星的视运动与圆外旋轮线"，首先假设所有行星在同一平面内绕太阳做匀速圆周运动，然后分析了行星相对于地球的运动（视运动），给出了视运动的运动方程，证明了行星视运动的轨迹为圆外旋轮线。

行星 P 相对于地球 E 的运动是行星 P 绕太阳 S 的匀速圆周运动与太阳 S 绕地球 E 的匀速圆周运动的叠加,行星的视运动的轨迹如图 34.15。

圆外旋轮线还可以应用于以下领域:
① 基于外旋轮线轨迹的果品振动采收机构设计与分析。
② 用圆外旋轮线图形测正弦波频率。
③ 旋轮线实现从动件步进运动的机构尺度综合。
④ 三角转子发动机气缸数控磨削加工模型研究(三角转子发动机气缸型线多采用双弧长短幅外旋轮线情况)。

图 34.15　行星的视运动的轨迹

6. 总结

数学理论(mathematical theory)的发展起源于一个简单的问题,但经过不断地研究和延伸就可以涉及不同的领域,给人类的生活和发展带来深远的影响。

数学是人类探究世界和研究自然界的一个重要工具。在大学里你可能会认为学习高数、实变等知识没有实际用处,但离开大学,你会发现这恰恰是最有用的东西。

数学实力往往影响着国家实力,世界强国必然是数学强国。数学对于一个国家的发展至关重要,发达国家常常把保持数学领先地位作为他们的战略需求。

从世界的发展历史来看这个结论是正确的,如图 34.16。

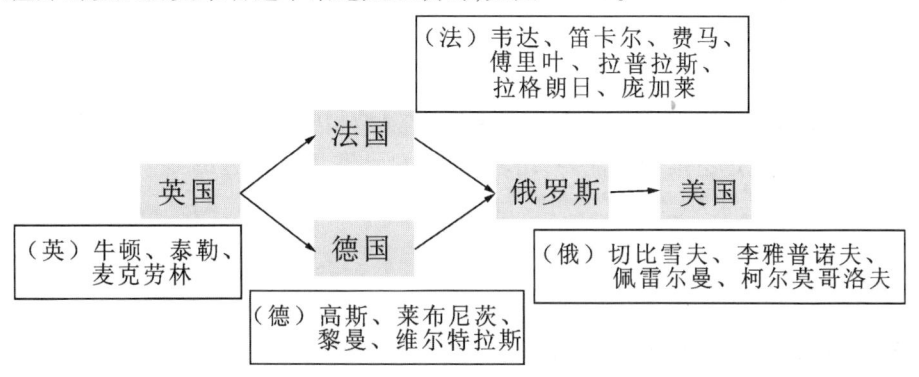

图 34.16　著名数学家所在的国家

【思考与实践】

1. 请查阅你所学专业的哪些知识和数学有关,它们的关系是如何形成的? 如何评价它们之间联系的紧密程度?

2. 结合你的专业知识,撰写 1 篇与数学有关的论文。

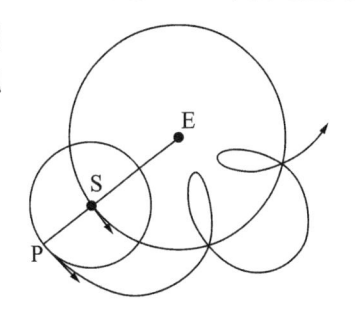

实验35　数学模型与中学数学

在国家制订高中数学课程标准时,数学建模(mathematical modeling)的实践和活动也首次列入高中的教学计划。世间万事万物都有数和形两个面,数学就是撇开了事物其他方面的状态和属性,单纯研究现实世界中空间形式与数量关系的科学。数学是各门科学的重要基础,更是人类文明的重要组成部分和坚实支柱。但是,要显示数学强大的生命力,需要将实际问题化为相应的数学问题,然后对这个数学问题进行分析和计算,最后将所求结果回归实际,看能否有效地解决实际问题。如果不能,再从头调整,直到基本满意为止。这个过程,特别是其中第一步,就是数学建模,即为所考察的实际问题建立数学模型。数学建模是联系数学与应用的重要桥梁。数学建模对培养创新型人才非常重要。

【实验目标】

了解数学模型的基本理论及其应用;了解数学模型和中学数学的联系,提高学习数学的兴趣;培养仔细观察、定量推理的能力;培养发现、总结和提炼问题的能力;提高解决问题的能力。

【实验原理】

1. 数学模型的定义及相关理论

数学模型(mathematical model)是关于部分现实世界和为一种特殊目的而作的一个抽象的、简化的结构。具体来说,数学模型就是为了某种目的,用字母、数字及其他数学符号建立起来的等式或不等式以及图表、图像、框图等描述客观事物的特征及其内在联系的数学结构表达式。

2. 经典物理学理论

宇宙大爆炸学说(big bang theory)。它的主要观点是认为我们的宇宙曾有一段从热到冷的演化史。在这个时期里,宇宙体系并不是静止的,而是在不断地膨胀,使物质密度从密到稀地演化。这一从冷到热、从密到稀的过程如同一次规模很大的爆发。

牛顿三大运动定律(Newton's laws of motion)。第一运动定律(惯性定律):任何一个物体在不受外力或受平衡力的作用时,总是保持静止状态或匀速直线运动状态,直到有作用在它上面的外力迫使它改变这种状态为止;第二运动定律(加速度定律):物体的加速度跟物体所受的合外力成正比,跟物体的质量成反比,加速度的方向跟合外力的方向相同;第三运动定律(作用力和反作用力定律):两个物体之间的作用力和反作用力,在同一直线上,大小相等,方向相反。

万有引力定律(law of universal gravitation)。任意两个质点有通过连心线方向上的力相互吸引。该引力大小与它们质量的乘积成正比,与它们距离的平方成反比,与两物体的化学组成和其间介质种类无关。

3. 圆(circle)、椭圆(ellipse)、数列(sequence)的定义及相关理论

到定点的距离等于定长的点的集合叫作圆。圆心在原点,半径为1的圆的方程为
$$x^2 + y^2 = 1$$

椭圆是平面上到两个定点 F_1、F_2 的距离之和等于常数(大于$|F_1F_2|$)的点的轨迹。这两个定点叫作焦点。焦点在 x 轴时,椭圆的标准方程是
$$\frac{x^2}{a^2} + \frac{y^2}{b^2} = 1$$

其中,a 是椭圆的长半轴,b 是椭圆的短半轴。

通项公式为
$$a_n = a_{n-1} + a_{n-2}, n \geq 3, a_1 = 1, a_2 = 1$$
的数列被称为斐波拉契数列(Fibonacci sequence)。

4. 欧式几何、非欧几何的定义及相关理论

第五大公设被称为平行公设,也可表述为:过一条直线外一点,有且只有一条直线与已知直线平行。

【实验器材】

计算机及相关配套软件。

【实验内容】

1. 数学模型的基本理论

数学模型(mathematical model)是关于部分现实世界和为一种特殊目的而作的一个抽象的、简化的结构。具体来说,数学模型就是为了某种目的,用字母、数字及其他数学符号建立起来的等式或不等式以及图表、图像、框图等描述客观事物的特征及其内在联系的数学结构表达式。

数学模型是近些年发展起来的新学科,是数学理论与实际问题相结合的一门科学。它将现实问题归结为相应的数学问题,并在此基础上利用数学的概念、方法和理论进行深入的分析和研究,从而从定性或定量的角度来刻画实际问题,并为解决现实问题提供精确的数据或可靠的指导。

数学模型的历史可以追溯到人类开始使用数字的时代。人类使用数字的过程中,就不断地建立各种数学模型,解决各种各样的实际问题。

数学模型涉及的范畴十分广泛,如自然科学、人文科学、社会科学等领域。下面从不同的方面说明数学模型的重要意义,既有宏观的宇宙认知,又有微观的事例,以及社会领域的变革等。

2. 数学模型的应用

数学模型的应用有天体物理、经典物理、飞机飞行、人文社会等领域。

浩渺的星空,总给人神秘,广阔,无尽的遐想!如图35.1。

图35.1 浩渺的星空

"自从盘古开天地,三皇五帝夏商周",是古代历史的一个描述。

统编版小学语文四年级上册《盘古开天地》一文中描写了盘古开天辟地的过程,如图35.2。

有关盘古的神话,最早在中国南方少数民族民间广泛流传,把盘古看作开天辟地的人类始祖。

"盘古开天"最早见于三国时徐整著的《三五历纪》,虽然这只是一个神话故事,但是它反映了中国人民对宇宙的初步认知。

图35.2 盘古开天辟地的过程

中国古代在观测天象过程中对宇宙也有认识,形成了一些宇宙学说。其中影响较大的有三种:盖天说、浑天说和宣夜说。

盖天说以为"天圆地方","天象盖笠,地法覆盘"。这是对天地结构比较直观的认识,起源于周初。汉代成书的《周髀算经》利用影长测量数据试图把盖天说构造成一个天地几何模型,说明日月出入、昼夜变化等各种天文现象。

汉代出现了浑天说,大概出现在太初改历之时。东汉张衡(78—139)的《浑天仪注》对浑天说有非常形象的描写:"浑天如鸡子,天体圆如弹丸,地如鸡子中黄。"可见浑天说的本质就是对天球的认识。浑天说对后来天文观测的影响很大。有了浑天说,就有了浑仪,并且有可能在浑仪上加黄道、白道等,使天体位置测量越来越精密,如图35.3。

图35.3 浑仪

实验35 数学模型与中学数学

宣夜说是一种认为宇宙无限的气宇宙论,是汉代的郗萌(生卒不详,活跃于公元1世纪前后)提出的学说。认为"天"并没有一个固定的天穹,而只不过是无边无涯的气体,日月星辰就在气体中飘浮游动。这种宇宙论虽然对天文测量和天文历法没有产生什么影响,但却启发人们对宇宙本原和天体演化的认识。

在19世纪二三十年代提出宇宙大爆炸学说。宇宙大爆炸学说是描述宇宙诞生初始条件及其后续演化的宇宙学模型,这一模型得到了当今科学研究和观测最广泛且最精确的支持。

这一模型的框架基于爱因斯坦(Einstein, A., 1879—1955)的广义相对论,并在场方程的求解上作出了一定的简化(例如空间的均一和各向同性)。

霍金(Hawking, S. W., 1942—2018)被认为是我们这个时代最有影响力的科学家之一。这位著名的物理学家、科学传播者在2018年提出他关于宇宙起源的最终理论,它将彻底改变我们对宇宙的看法:宇宙是如何被创造出来的,以及宇宙是如何演化的。

牛顿(Newton, I., 1643—1727)在伽利略(Galileo, G., 1564—1642)等人工作的基础上进行深入研究,总结出了物体运动的三个基本定律(牛顿三大运动定律)。牛顿发现了万有引力,用数学方法推导出了万有引力定律,牛顿画像如图35.5。

图35.4 史蒂芬·霍金

图35.5 牛顿51岁时的画像

图35.6 水龙头的水柱

牛顿把地球上物体的力学和天体力学统一到一个基本的力学体系中,创立了经典力学理论体系,正确地反映了宏观物体低速运动的宏观运动规律,实现了自然科学的第一次大统一。

打开水龙头时,开始水流是一条细细的水柱,后面变大成喷射水流,但是总比水龙头的出口细一些,如图35.6。

这个现象反映了一个重要的原理,即伯努利原理,这个理论是由瑞士数学家丹尼尔·伯努利(Bernoulli, D., 1700—1782)在1738年提出的,该原理的数学形式被称为伯努利方程(伯努利模型)。

伯努利方程是理想流体定常流动的动力学方程,意为流体在忽略黏性损失的流动中,流线上任意两点的压力势能、动能与位势能之和保持不变。

这个方程在后面科技发展中起到非常重要的作用,促进和加速了世界联系。

飞机之所以能飞上天,靠的其实就是大气对机翼的推力。根据伯努利方程,机翼的设计是有讲究的,如图35.7。

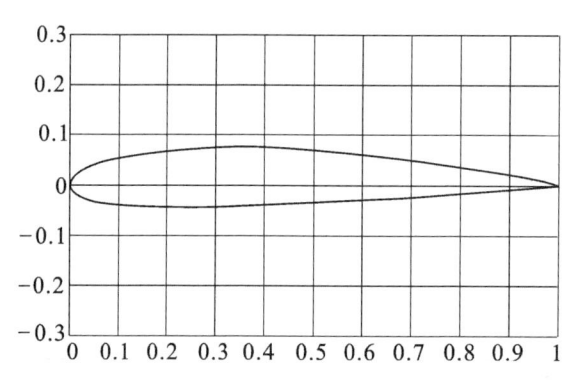

图35.7 低速流线型机翼横切面

机翼上部边缘的弯曲程度比下部要大,由于气体在机翼上表面所经过的路程更远,所以速度就更快,机翼上部的压力就要低于下部。这种上部与下部的压力差完美提供了飞机飞行时所需的提升力,如图35.8。

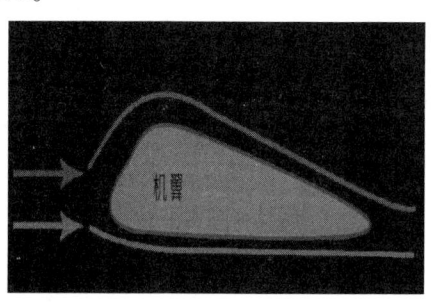

图35.8 机翼提供升力的原理

1903年,受伯努利飞机机翼的启发,莱特兄弟(Wright brothers,1867—1912;1871—1948)成功试飞了人类历史上第一架飞机,如图35.9。

图35.9 莱特兄弟的飞机　　图35.10 我国第一颗氢弹爆炸

"两弹一星"为新中国屹立在世界的东方建立了坚实的基础和保障,如图35.10为我国第一颗氢弹爆炸的情形。算盘在其中起到了非常重要的作用,如图 35.11。

图 35.11 算盘

如何在琳琅满目的商品中买到自己心仪的商品？这时你就要建立一个数学模型,从商品的品牌、价格、风格、样式、做工等方面综合考虑,目标是物美价廉,经过一番复杂的大脑运算,最终得出一个最优的方案！虽然可能你并没意识到你得到的决定是你的大脑对这些备选商品经过一个复杂模型耗费大量脑细胞运算得到的最优结果,可事实的确如此。

3. 中学数学与数学模型

首先,我们介绍两个概念:圆和椭圆,如图 35.12。

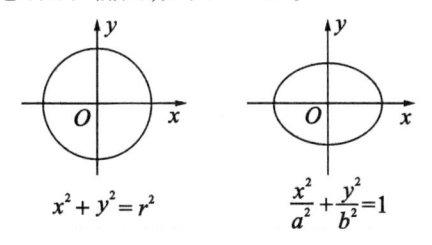

图 35.12 圆和椭圆

(1)圆的历史及其应用

古代人最早是从太阳,从阴历十五的月亮得到圆的概念。

到了陶器时代(pottery age),许多陶器都是圆的。6000 年前,半坡人就已经会造圆形的房顶了。

大约在 6000 多年前,美索不达米亚人,做出了世界上第一个轮子——圆木轮。约在 4000 年前,人们将圆木轮固定在木架上,这就成了最初的车子。

2000 多年前,我国的墨子(生卒年不详)给出圆的概念:"一中同长也。"意思是说,圆有一个圆心,圆心到圆周的长都相等。这个定义比希腊数学家欧几里得(Euclid,前 330—前 275)给圆下定义要早 100 年。

岸边的海浪,雨后的彩虹,辽远星河中群星的轨迹,蘑菇的外形,机体内原子的结构,所有这些都与圆有着无法分割的联系。

16 世纪,波兰天文学家哥白尼(Copernicus, N. ,1473—1543)经过将近 40 年的辛勤研究,在分析过去的大量资料和自己长期观测的基础上,于 1543 年出版的《天体运行论》中,系统地提出了日心说。

日心说的核心是太阳是宇宙的中心,其他行星都在圆形轨道上匀速率地绕太阳公转。

圆的一种重要性质——圆周率。在计算机领域,圆周率 π 有着非常重要的应用:

① 检验计算机性能。

② 检验计算机的软硬件的 BUG。

③ 重要的信息的加密。

圆形还深入到生活的方方面面,如图 35.13。

图 35.13 圆的应用

(2) 椭圆的历史及其应用

在公元前 200 年左右椭圆由古希腊数学家阿波罗尼奥斯(Apollonius of Perga,前 262—前 190)、梅内赫默斯(Menaechmus,前 375—前 325)等发现并开始研究。梅内赫默斯是系统研究圆锥曲线的第一人,他从希波克拉(Hippocrates,前 460—前 377)解决倍立方问题中受到启发,他取三种圆锥(直角、锐角和钝角的圆锥),用垂直于锥面某一母线的平面去截每种锥面,分别得到了抛物线、椭圆和双曲线的一支。当时人们纯粹从几何学的观点研究,是一种纯理论的探索。

不论是地心说还是日心说,都认为行星做匀速圆周运动。但开普勒(Kepler,J.,1571—1630)发现,对火星的轨道来说,按照托勒密(Ptolemy,约 90—168)、哥白尼和第谷(Tycho,1546—1601)提供的三种不同方法,都不能推算出同第谷的观测相吻合的结果。于是他放弃了火星做匀速圆周运动的观念,并试图用别的几何图形来解释,经过四年的苦思冥想,也就是到了 1609 年他发现椭圆形完全适合这里的要求,能做出同样准确的解释。于是得出了"开普勒第一定律":火星沿椭圆轨道绕太阳运行,太阳处于两焦点之一的位置。

(3) 斐波拉契数列的理论及其应用

下面我们再复习一个知识点:数列。

数列是以正整数集(或它的有限子集)为定义域的函数,是一列有序的数。数列中的每一个数都叫作这个数列的项。排在第一位的数称为这个数列的第 1 项(通常也叫作首项),排在第二位的数称为这个数列的第 2 项,……,排在第 n 位的数称为这个数列的第 n 项,通常用 a_n 表示。

请对如下的数列写出通项公式

$$1,1,2,3,5,8,13,21,34,……$$

根据数列的特点,可以发现通项公式为
$$a_n = a_{n-1} + a_{n-2}, n \geq 3, a_1 = 1, a_2 = 1$$
这个数列被称为斐波拉契数列。

2006 年上映的电影《达·芬奇密码》中,电影的开头卢浮宫博物馆馆长被人杀害在卢浮宫内,临死前他费力地留下骇人的符号,这个符号就是斐波拉契数列。

这个数列可以用兔子的繁殖规律来体现,如图 35.14。

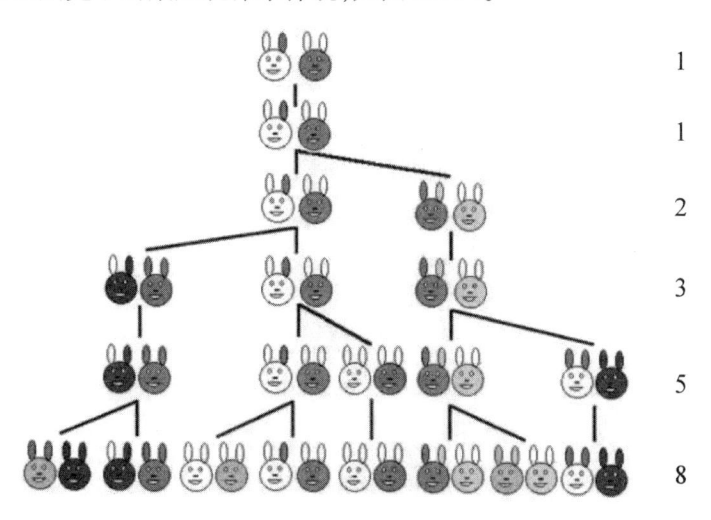

图 35.14 兔子的繁殖

有趣的是,而且当 n 趋向于无穷大时,前一项与后一项的比值越来越逼近黄金分割 0.618(或者说后一项与前一项的比值小数部分越来越逼近 0.618),如图 35.15。

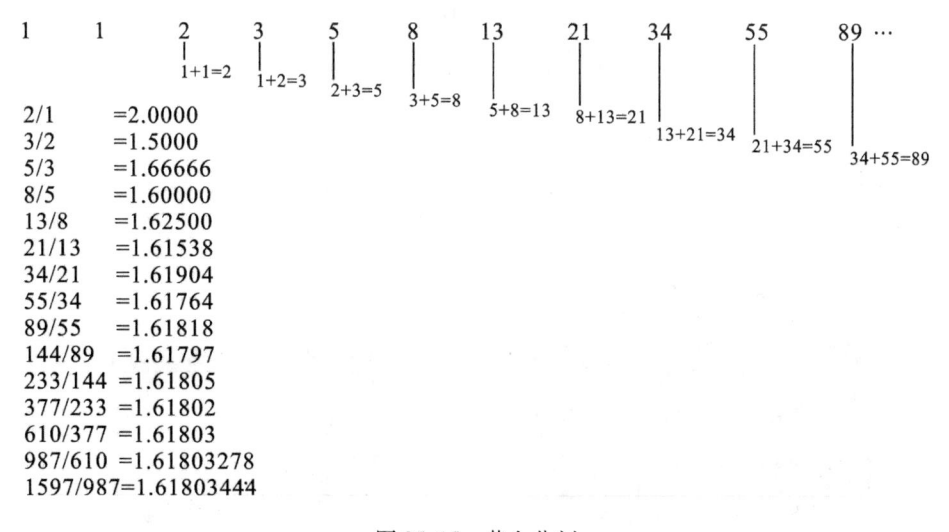

```
1      1      2       3       5       8       13      21       34        55         89 ⋯
              |       |       |       |       |        |        |         |          |
              1+1=2   1+2=3   2+3=5   3+5=8   5+8=13   8+13=21  13+21=34  21+34=55   34+55=89

    2/1      =2.0000
    3/2      =1.5000
    5/3      =1.66666
    8/5      =1.60000
    13/8     =1.62500
    21/13    =1.61538
    34/21    =1.61904
    55/34    =1.61764
    89/55    =1.61818
    144/89   =1.61797
    233/144  =1.61805
    377/233  =1.61802
    610/377  =1.61803
    987/610  =1.61803278
    1597/987 =1.61803444
```

图 35.15 黄金分割

根据斐波那契数列,可以画出斐波那契螺旋线,也称为黄金螺旋线。以斐波那契数为边的正方形拼成的长方形,然后在正方形里面画一个90度的扇形,连起来的弧线就是斐波那契螺旋线,如图35.16。

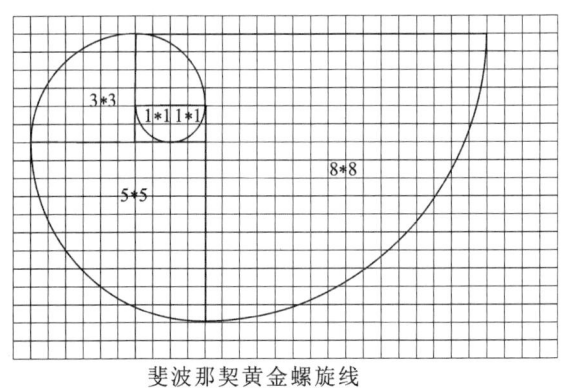

斐波那契黄金螺旋线

图 35.16　斐波那契黄金螺旋线

在达·芬奇(da Vinci,L.,1452—1519)的画作蒙娜丽莎(MonaLisa)像中,也有大量的黄金分割比例被运用其中,让整个画面格局呈现一种数学美,如图35.17。

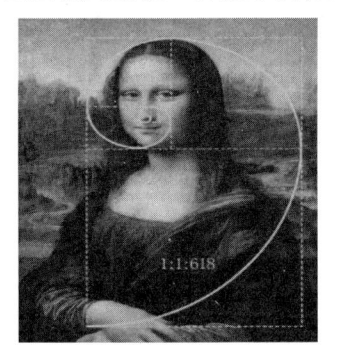

图35.17　蒙娜丽莎像中的黄金分割

在自然界中,很多生物的形态都精准的契合了这种斐波那契螺旋线,松果、凤梨、树叶的排列,花瓣的排列等,如图35.18、35.19。

图 35.18　植物的斐波那契螺旋线 　　图 35.19　动物的斐波那契螺旋线

斐波那契数列在印度 Konnakol 音乐中的运用,如图 35.20。

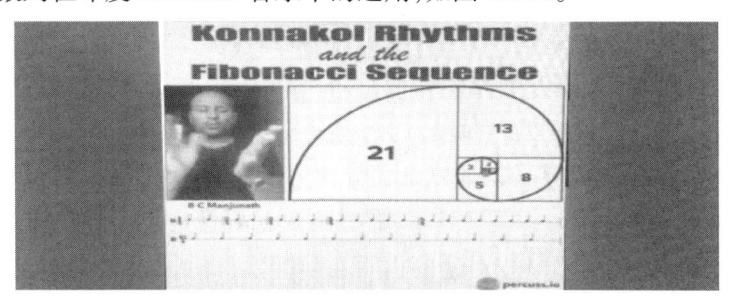

图 35.20　印度音乐中的斐波那契数列

2018 年,14 岁的中国上海女学生谈方琳因为在科创比赛中取得的出众成绩,参加了首届世界顶尖科学家青年论坛。2019 年 10 月,15 岁的她再次受邀出席第二届世界顶尖科学家大会,蝉联"最年轻科学家"。

她的研究项目第一次建立了斐波拉契数列和贝祖数的联系。作为应用,解决了贝祖数的最佳上界和下界的估计问题,改进了加拿大数学家 Rankin 教授于 2013 年在《美国数学月刊》上给出的一个粗糙的估计式。

(4) 欧式几何的第五公设的历史及其发展

我们再来复习欧几里得几何的第五公设:若两直线都与第三条直线相交并且在同一边内角和小于两直角,则这两条直线在这一边必相交,如图 35.21。

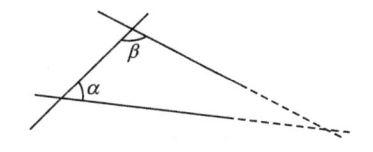

图 35.21　欧几里得几何的第五公设

第五公设被称为平行公设,也可表述为:过一条直线外一点,有且只有一条直线与已知直线平行。

这两种表述是完全等价的。自从《几何原本》(Euclid's elements)流传后,就有人开始试图使用其他公设或者原理推导出这个公设。将近两千年了,没有人做到,直到近代才催生出了非欧几何。目前非欧几何一般是指罗巴切夫斯基(1792—1856)的双曲几何和黎曼(1826—1866)的椭圆几何。

罗巴切夫斯基(Lobachevsky,N. I.,1792—1856)几何将第五个公设改为了:在平面内,从直线外一点,至少可以作两条直线和这条直线平行。

而作为大数学家的黎曼(Riemann,B.,1826—1866)思考了另一个方向:是不是存在过直线外一点,根本就不能作直线和已知直线平行?基于这一点,黎曼开创了黎曼几何。

这种几何很难想象,因为它的一个基础就是:平行线不存在!它的另一个公设认为直线可以无限延长,但总的长度是有限的。它的模型实际可以认为是一个类球面型,故被称为椭圆几何。

爱因斯坦(Einstein,A.,1879—1955)的广义相对论,将时空网状结构引入到宇宙中,并顺利解释了引力的来源。广义相对论认为时空是不均匀的,只有在一小段的空间和时间内才会呈现出近似的均匀性,而一旦尺度一放大,就会呈现出不均匀性。

而这种不均匀性,刚好与黎曼的非欧几何异曲同工!因为不均匀性所以根本不存在两条完全平行的直线,只有在一小块平面中,它们才看起来好像是平行的!

于是黎曼几何被作为了广义相对论的空间几何模型,得到了广泛的应用。这个争论了近两千年的"第五公设"成了孕育物理学革命的基础之一。

【思考与实践】

1. 请查阅你所学专业的哪些知识和数学模型有关,它们的关系是如何形成的?
2. 结合你的专业知识,撰写1篇与数学模型有关的论文。

实验 36　电梯结构及电气控制系统

电梯(left)作为一种可以垂直升降运输的工具,已完全融入我们的生活、工作及学习中,人们越来越离不开它。因此,它的安全可靠性、迅速准确性、舒适性,对人们来说都是非常重要的。

电梯是比较复杂的机械电气一体化设备,为了确保电梯正常运行和安全使用,电梯必须由专业技术人员进行维护、保养、维修和管理。作为普通电梯的乘客和用户,了解电梯的基本结构、性能特点和控制系统原理,做到正确使用电梯,才能使我们平安长久的安全使用电梯。

【实验目标】

认识电梯各部位的部件,了解电梯整体构造及各部件功能,初步掌握电梯曳引传动系统结构及工作原理;通过操作限速器和安全钳联动系统、观察缓冲器及机械抱闸制动器工作过程,体验电梯机械安全装置对电梯运行的安全保护功能,体会电梯轿门与厅门的联动及安全触板的功能;理解电梯检修慢车运行模式和自动运行模式,动手操作实现电梯的各项运行功能;养成良好的乘梯习惯,避免产生电梯安全事故。

【实验原理】

1. 电梯的结构

电梯作为机械电气一体化设备,生产厂家的产品是依据用户建筑物特点提供定制的零散部件,必须由专业安装人员现场组装和安装,经特种设备检验检测研究院检验合格颁发合格证后才可使用。根据部件安装位置电梯通常包括机房、井道、厅门、轿厢和底坑几部分,实验用仿真电梯结构如图36.1所示。

(1)电梯主要组成部件及其安装部位

机房中的主要部件有曳引机、限速器、控制柜、旋转编码器等,其中曳引机包括驱动电动机、制动器、减速箱、曳引轮、导向轮等。

井道里的主要部件有轿厢、导轨、对重装置、缓冲器、限位开关、平层感应开关、随行电缆等。

轿厢主要部件有操纵箱、轿内指层灯、自动门机、轿门、安全钳、导靴、照明和风扇等。

层门口主要部件有层门、门锁、召唤盒。

底坑中主要部件有轿厢缓冲器、对重缓冲器、限速器涨紧轮、急停开关等。

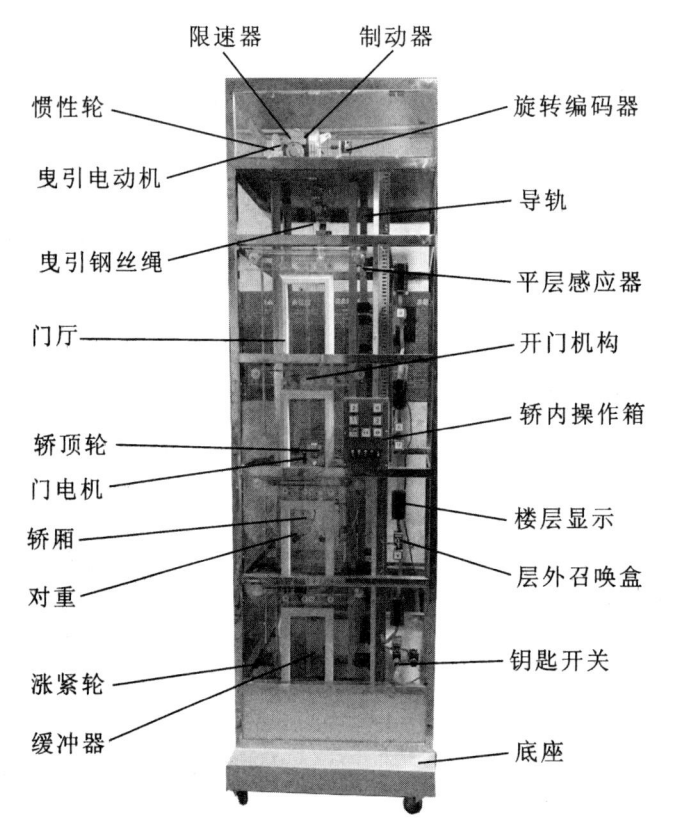

图 36.1　仿真电梯正面图

(2)电梯的曳引传动结构

常见的曳引式提升机构中,钢丝绳悬挂在曳引轮上,一端与轿厢连接,另一端与对重连接。曳引轮依靠曳引钢丝绳与曳引轮绳槽之间的静摩擦力带动电梯轿厢和对重上升或下降。

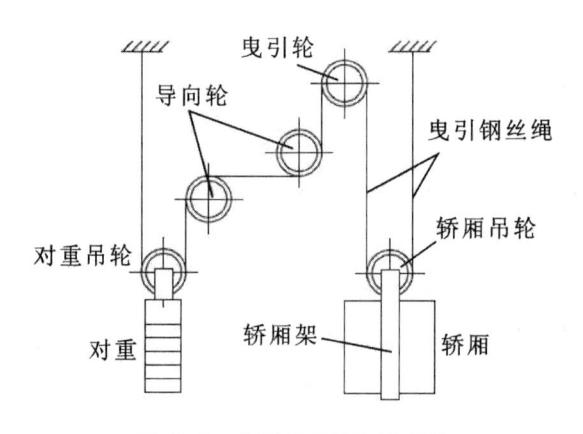

图 36.2　曳引传动机构示意图

实验 36　电梯结构及电气控制系统

曳引式提升机构传动方式如图 36.2 所示。图中曳引传动为 2∶1 方式,其比值表示电梯在运行时,曳引钢丝绳的线速度与轿厢升降速度之比,称为电梯的曳引比。若曳引钢丝绳的线速度等于轿厢的升降速度,我们即称其曳引比为 1∶1。

(3) 导轨、导靴和对重

导轨是轿厢和对重在垂直方向运动时的导向,它限制了轿厢和对重在水平方向的移动,防止由于轿厢的偏载而产生的倾斜。同时当安全钳动作时,导轨作为被安全钳夹持的支撑件,支撑着轿厢。

轿厢导靴安装在轿厢上梁和轿厢底部安全钳座下面,对重导靴安装在对重架上部和底部。导靴按其在导轨工作面上的运动方式,分为滑动导靴和滚动导靴。

电梯运行时,轿厢和对重借助导靴,沿着导轨上下运行。在电梯井道中,导轨起始段一般都支撑在底坑中的支撑板上,每个压道板每隔一定的距离就有一个固定点,导轨通过用压道板、螺栓和螺母固定在安装于井道壁上的支架上,如图 36.3 所示。

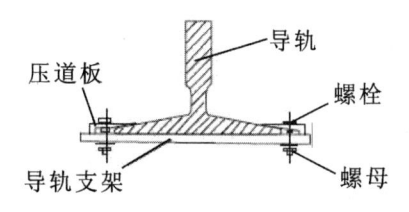

图 36.3　导轨安装固定示意图

对重又称为平衡重,其作用在于减少曳引电动机的功率和曳引轮的力矩。对重总重量应等于轿厢总重量加额定载重重量的 40% ~ 50%,这里的 40% ~ 50% 称为平衡系数。

(4) 轿厢和门机机构

轿厢是用于运送乘客或货物的电梯组件,由轿底、轿壁、轿顶、轿厢架等部件组成。轿厢壁上安装有电梯的操纵控制盘。

门机机构按照安装位置可分为轿门和层门(厅门)。轿门挂在轿厢上坎上,与电梯一起上升、下降。层门安装在建筑物每层电梯停站的门口,挂在层门上坎上。电梯门按照开门方式可分中分门、旁开门。中分门有单扇中分、双折中分;旁开门有单扇旁开、双扇旁开、三扇旁开。

电梯的门由门扇、门滑轮、门地坎和门导轨架等部件组成。层门和轿门都由门滑轮悬挂在门的导轨(或导槽)上,下端均安装有门滑块,门滑块在门下方的地坎的槽中滑动,限制了门下端在内外方向的移动。门的关闭、开启的动力源是门电动机。门电机通过传动机构驱动轿门运动,再由轿门带动厅门一起开启或关闭。

(5) 电梯门安全装置

层门的开启与关闭是通过安装在轿门上的门刀片拨动层门锁轮来实现的。当轿厢离开层门开锁区域时,层门无论何种原因开启都应有一种装置能确保门自动关闭,这种装置可以采用弹簧或重锤来实现强迫层门闭合。此外,每个层门上都装有一把机械门锁。层门关闭后,门锁的机械锁钩啮合,锁住层门不被随意打开。只有当电梯停站时,层门才在开门刀的带动下开启,或由专业维修人员使用专门配制的钥匙开启层门。

轿门的安全保护装置分为安全触板(接触式保护装置)和红外线光幕安全装置。当门关闭过程中,触动安全触板或遮挡红外线光幕时,门电机迅速反转,门会被重新打开。

2. 电梯的安全装置

电梯的安全装置有电气安全装置和机械安全装置之分。电气安全装置在电气控制系统中作相应介绍。机械安全装置主要有:限速器、安全钳、缓冲器和抱闸等部件。

(1) 限速器和安全钳

限速器和安全钳是十分重要的机械安全保护装置。他们的作用在于:因机械或电气故障电梯运行失控而超速时,限速器就会紧急动作,通过绕在限速器上钢丝绳及连杆机构带动安全钳动作,使轿厢被卡在导轨上而停止运行。不论是限速器,还是安全钳都不能单独完成上述任务,必须靠他们的配合动作来实现。限速器、安全钳和轿厢三者之间的结构关系,如图36.4所示。图36.5为安全钳实物照片。

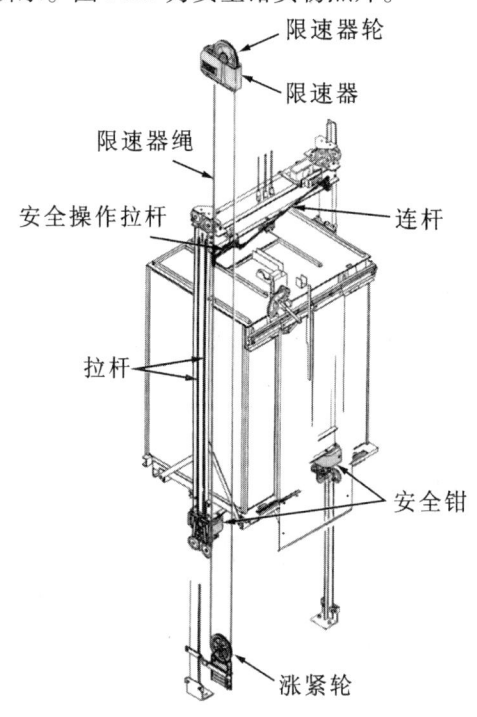

图36.4 限速器、安全钳和轿厢联动系统示意图　　　图36.5 安全钳

限速钢丝绳是一根两端封闭的钢丝绳。上面套绕在限速器轮上,下面绕过挂有重物的涨紧轮,限速钢丝绳的两端头与轿厢上的安全钳的连杆机构连接固定。连杆机构安装在轿厢上梁顶留孔中,用于连接轿厢另一侧安全钳,如图36.4所示。这样当电梯运行速度超过限速器动作的规定速度时,限速器钢丝绳就被其夹绳装置夹持掣停。与此同时,由于轿厢继续运行,这时被掣停的限速钢丝绳就以较大的提拉力,使其连杆机构动作,并通过安全拉条提起楔块,将轿厢卡停在导轨上,达到保护轿厢、乘客或货物的目的。

(2) 缓冲器

缓冲器安装在井道坑底的地面上。在轿厢和对重装置下方的井道底坑地面上均安装有缓冲器。若由于某种原因,当轿厢或对重装置超越极限位置发生冲顶或蹲底时,缓冲器用来吸收轿厢或对重装置的动能。缓冲器有蓄能型(弹簧)和耗能型(液压)两种。

(3)机械抱闸制动器

抱闸制动器是电梯非常重要的安全装置。其工作特点是:电动机通电时制动器松闸,电梯失电或停止运行时抱闸。抱闸制动器在工作时要做到:

① 电梯停靠站前首先通过电气控制使电梯减速停止,然后再机械抱闸。

② 能够使运行中的电梯在切断电源时自动把电梯轿厢掣停住。

③ 电梯紧急停止运行时,制动器应能保证在125%的额定载荷情况下(负荷试验),把电梯轿厢掣停住。直到正常运行时才松闸。

3. 电气控制系统

早期(20世纪90年代前)电梯控制系统采用继电器实现逻辑控制,目前的电梯均采用电脑(电梯专用电脑控制板或可编程控制器PLC)实现逻辑控制。以电脑为核心的电梯控制系统,也同样符合冯·诺依曼提出的计算机的五个部分组成,只不过其在主控板集成了运算器、控制器、存储器及众多的输入输出接口,而输入输出设备则分散在整个电梯的各个部位。当代电梯更是采用了模块化的多处理器结构和串行通讯方式,使得控制系统变得更是复杂,当然也更安全可靠和便于维护。

(1)电梯主控系统的输入和输出设备

输入设备:安全回路开关信号、门锁回路开关信号、轿厢(包括操纵盘、轿顶、轿底)所有按钮及开关(满载开关、超载开关、检修开关等)、楼层呼叫按钮、钥匙开关、井道楼层感应开关、上下端站开关(强迫换速开关、限位开关)、旋转编码器信号和变频器等关键电器状态信号。

输出设备:按钮灯、楼层指示、运行方向指示、到站灯(或到站钟)、开关门控制信号、变频器控制信号、抱闸制动器控制信号。

(2)VVVF变频驱动方式

电梯电机驱动采用VVVF(Variable Voltage and Variable Frequency)变频方式驱动异步电动机,先进的电梯电机使用永磁同步电机,这样使得电梯运行更加平稳和省电,停站位置更精准,乘客乘坐舒适感更好。

(3)电气安全装置及安全控制系统

电气安全控制系统包括安全回路、门锁回路和极限开关回路。

安全回路:急停开关、限位开关、限速器开关、安全钳开关、张紧轮开关、缓冲器开关等开关的串联回路。

门锁回路:所有厅门关闭开关的串联回路。轿厢门关闭开关通常作为单独回路。

电梯主控系统只有在安全回路所有开关闭合正常、所有厅门和轿门关闭好的前提下,接收到运行指令后才会启动运行。当电梯运行过程中安全回路任一开关断开或任一门锁开关断开,电梯主控系统会控制电梯立即停车。

(4)电梯指令信号登记与运行

当进入轿厢的乘客按下指令按钮(楼层按钮)时,指令信号被登记,指令灯亮起;当等待在厅门外的乘客按下召唤按钮时,召唤信号被登记,召唤灯亮起。

主控系统根据登记的指令信号确定发出上升或下降指令(变频器正转或反转),同时将开闸指令发给电磁制动器,使制动器抱闸松开,变频器按照预设速度曲线控制曳引电动机的启动、加速及满速运行。电梯在井道中的位置由曳引轮轴上连接的旋转编码器发给主控系统的脉冲信号及轿厢平层感应装置共同确定。

当电梯达到要停靠的层站时,主控系统根据旋转编码器的计数脉冲判断处于此楼层的减速区域时,给变频器发出减速信号,变频器按照预设速度曲线控制曳引电动机的减速、停止,电梯停车的同时制动器抱闸。平层完毕,轿厢停止运行,自动开门。

电梯在向上运行的过程中按登记的指令信号和向上召唤信号逐一予以停靠,直至信号登记的最高层站,然后又反向向下运行,顺次响应向下指令及向下召唤信号予以停靠。每次停靠时,电梯自动进行减速、平层、开门。当乘客进出轿厢完毕后,门会延时自行关闭,然后电梯启动,直至完成最后一项工作指令。如有运行信号再出现,则电梯根据运行信号,选择运行方向自行启动运行。若无工作指令,则轿厢停留在最后停靠的层楼或返回基站。

【实验器材】

透明仿真教学电梯(带旋转编码器),220 V 动力电源。

电梯构造仿照最常见的电梯结构,部分部件采用透明有机材料制成,与实际电梯基本相同,也包括机房、井道、厅门、轿厢和底坑几部分。电梯开门方式为单扇中分门。

轿厢操纵盒设置在电梯基座外部(便于实际演示中操作),设有与层站数相等的相应指令按钮。电梯在底层和顶层分别设有一个向上或向下召唤按钮,而在其他各层站各设有上、下召唤按钮。

电气控制系统采用 PLC 和交流调速变频器(VVVF)控制,如图 36.6 所示。具有自动平层、自动开关门、顺向响应轿外呼梯信号、直驶、电梯安全运行保护等功能,以及电梯停用、急停、检修、慢上、慢下、照明和风扇等特殊功能。

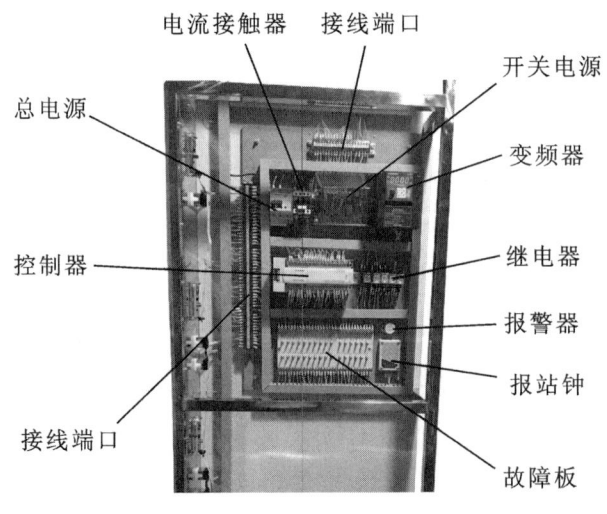

图 36.6 仿真电梯电气控制系统

实验 36　电梯结构及电气控制系统

【实验内容】

1. 认识电梯各部位部件

按照以下电梯五个部位观察电梯各个部位，认识部件名称，初步掌握电梯曳引传动结构。

机房部件：曳引电动机、减速箱、制动器、曳引轮、导向轮、限速器、控制柜、旋转编码器。

井道部件：轿厢、导轨、对重装置、限位开关、平层感应器、随行电缆。

轿厢部件：操纵箱、轿内指层灯、自动门机、轿门、安全钳、导靴、照明和风扇。

层门部件：层门、门锁、召唤盒。

底坑部件：轿厢缓冲器、对重缓冲器、限速器涨紧轮、急停开关。

2. 手动开关门，观察并体验电梯门系统工作过程

门机以带齿轮减速器的直流电机为动力，由门机链条传动。传动链轮轴上安装有曲柄杆，曲柄杆的两端分别与门扇驱动连杆相连，电机转动带动门扇的开与关。轿门上安装有安全触板。

在电梯停靠站状态下，按压开门按钮或关门按钮，体验电梯门开关过程中轿门与厅门的联动及安全触板的功能。

3. 观察电梯的机械安全保护装置，掌握其动作原理

操作限速器和安全钳联动系统，体会限速器和安全钳对电梯超速运行的保护功能。观察缓冲器，了解其在电梯冲顶或蹲底时的保护作用。

仔细观察机械抱闸制动器的工作原理，掌握机械抱闸制动器在电梯停车与运行过程中状态变化，深刻体会机械抱闸制动器在电梯停车时的关键作用。

4. 检修慢车运行电梯

将电梯操纵面板上的"检修/正常"开关切换到检修位置，其他开关保持正常状态。按下检修上行或检修下行按钮，观察电梯慢车（按照预设的低速度）运行状态。通常检修慢车运行速度非常慢，那么，这种运行模式什么时候使用呢？

5. 自动运行电梯

将电梯操纵面板上的"检修/正常"开关切换到正常位置，其他开关保持正常状态。通过按压轿厢指令按钮、楼层呼叫按钮，实现并体验电梯的以下功能：指令应答后记忆灯点亮，指令信号停站，指令执行后指令灯熄灭；顺向召唤电梯停站、满载直驶（只响应轿厢内指令信号按钮停层，不响应楼层召唤信号拦截停梯）。

【实验风险与伦理】

1. 教学电梯几乎具备了真实电梯的全部结构及功能，其运行控制方式、功能较为复杂，初学者必须在专业老师指导下实验、调试。电梯部分部件采用透明有机材料制成，操作过程中避免损坏电梯部件。

2. 必须在完全熟悉并掌握本电梯的结构、电气控制原理、线路连接及各器件动作关系的

基础上,并有熟悉电梯运行原理的老师或电梯专业人员指导下,才可自行编程调试。避免编程错误导致电梯失控。建议在原电梯程序基础上先分步改动单个环节程序调试,调试成功后再组合为整体的编程进行调试。

3. 实验操作过程中,随时与小组成员之间沟通,避免发生安全事故。

【思考与实践】

1. 电梯机械安全保护装置有哪些?电气安全保护装置又有哪些?

2. 在实际生活中乘坐电梯时,我们应该养成良好的乘梯习惯,你觉得应该提醒他人在乘坐电梯时注意哪些事项?不应该有哪些不良习惯或动作?

3. 我们经常在新闻媒体中听到或看到电梯发生安全事故,通过本实验的学习,你是否能初步判断发生安全事故的原因并确定安全责任人?

附录　拓展性实验类型与操作性质

编号	实验名称	实验类型	操作性质
实验1	自由落体运动探析	探究性	定量测量
实验2	碰撞打靶	综合性	定量测量
实验3	折射率与光的传播特性	综合性	演示+定量测量
实验4	驻波法测量声速	探究性	演示+定量测量
实验5	电容器存储电量的测量	综合性	演示+定量测量
实验6	设计电表测量灯丝伏安特性	探究性	定量测量
实验7	数字式温度计的设计	创新性	定量测量
实验8	电子荷质比与地球磁场的测量	综合性	演示+定量测量
实验9	永磁悬浮与电磁悬浮	综合性	演示+定性观察
实验10	超导磁悬浮	创新性	演示+定性观察
实验11	几种气体制备装置性能的比较	创新性	演示+动手操作
实验12	可燃性气体爆炸极限的测定	创新性	演示+动手操作
实验13	氢气、氯气制备及燃烧一体化实验	综合性	演示+动手操作
实验14	氯化钴水合物的变色	探究性	演示+动手操作
实验15	水蒸气蒸馏法提取洋甘菊精油	综合性	演示+动手操作
实验16	铜氨纤维的制备	综合性	演示+动手操作
实验17	化学平衡过程的观察与测量	综合性	演示+动手操作
实验18	水果电池	综合性	演示+动手操作
实验19	溴钟螺纹实验	综合性	演示+动手操作
实验20	耳朵的结构与声音信号的接收	综合性	演示+动手操作
实验21	眼球的构造与视觉成像	综合性	演示+动手操作

续表

编号	实验名称	实验类型	操作性质
实验 1	自由落体运动探析	探究性	定量测量
实验 22	ABO 血型的血清学检测及人的血细胞辨认	综合性	动手操作
实验 23	真伪食材的鉴别	综合性	动手操作
实验 24	食物与消化	探究性	动手操作
实验 25	微生物发酵与酸奶制作	综合性	动手操作
实验 26	不同生境中被子植物叶片构造与气孔分布比较	探究性	动手操作
实验 27	宇宙环境与天体观测	综合性	定性观察
实验 28	基于 GIS 软件的数字地形分析	综合性	动手操作
实验 29	地球运动与时间测量	综合性	演示
实验 30	mBot 编程机器人	综合性	简单编程
实验 31	光环板 HaloCode	综合性	简单编程
实验 32	VEX IQ 基本搭建与编程	综合性	简单编程
实验 33	VEX IQ 自动门	综合性	简单编程
实验 34	单摆的应用	思维性	讲座
实验 35	数学模型与中学数学	思维性	讲座
实验 36	电梯结构及电气控制系统	综合性	演示+定性观察

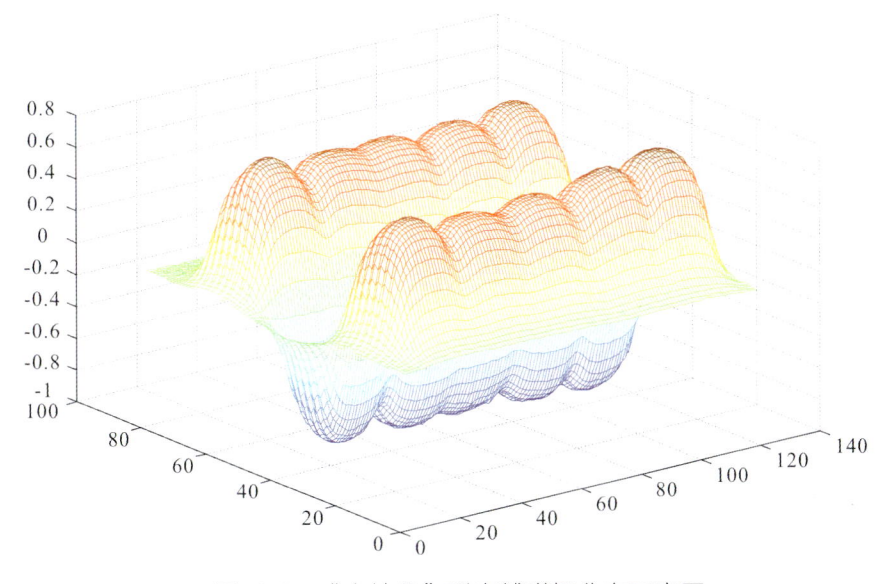

图10.2 "小峡谷"型束缚磁场分布示意图

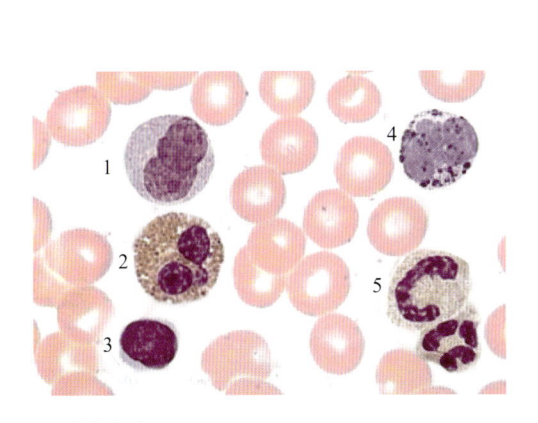

1—单核细胞；
2—嗜酸性粒细胞；
3—淋巴细胞；
4—嗜碱性粒细胞；
5—中性粒细胞。

图22.2 各类白细胞的瑞氏染色形态图

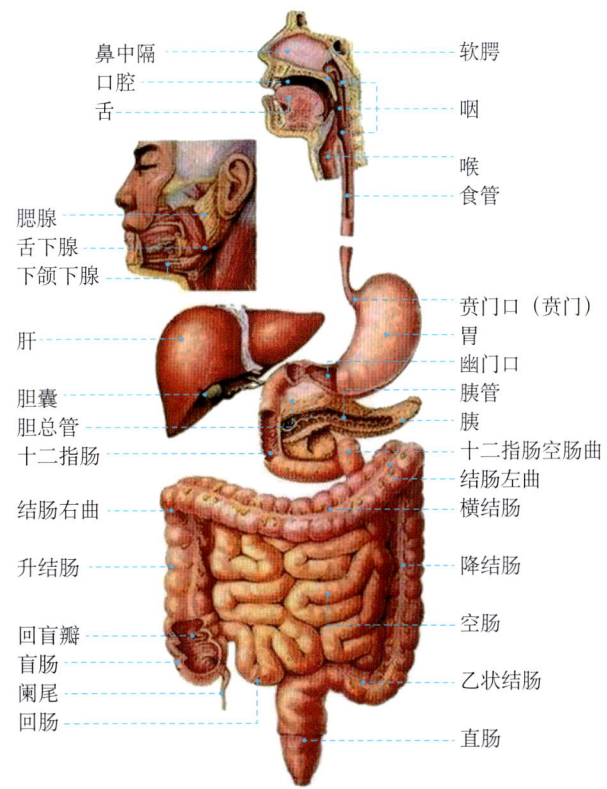

图24.1 消化系统示意图

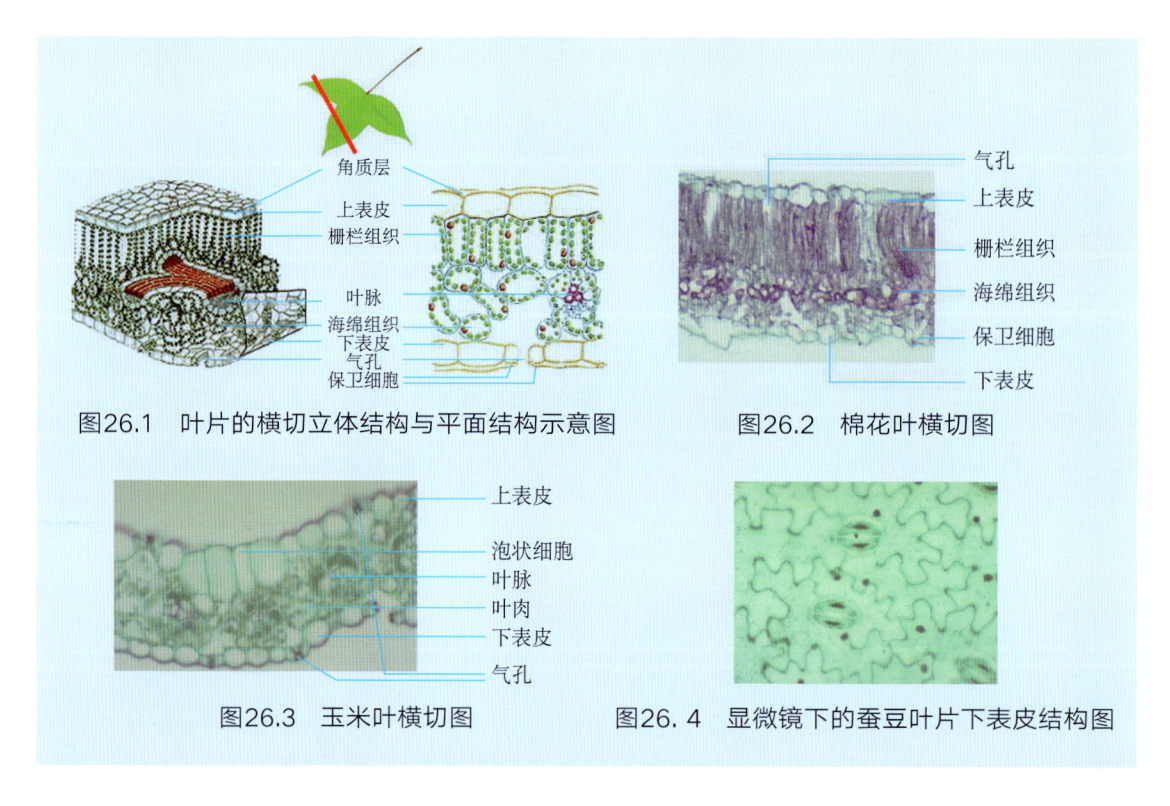

图26.1　叶片的横切立体结构与平面结构示意图

图26.2　棉花叶横切图

图26.3　玉米叶横切图

图26.4　显微镜下的蚕豆叶片下表皮结构图

ArcGIS Earth　北极上空俯视光照图　　ArcGIS Earth　南极上空俯视光照图　　ArcGIS Earth　光照侧视图

图28.1　ArcGIS Earth 软件操作演示图

第一步　DEM数据的二维可视化　　第二步　提取等高线（等高距为300 m）　　第三步　数据三维可视化（以陕西省丹凤县为例）

图28.2　平面地形图的三维可视化转换图

图30.10　关键语句

图30.11　悬崖勒马关键语句

图31.3　光环板正面

图31.4　光环板背面

图31.7　光环板组件

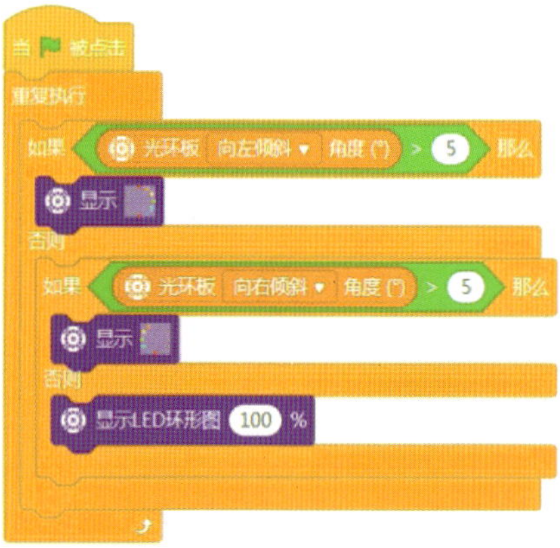

图31.8　平衡板程序

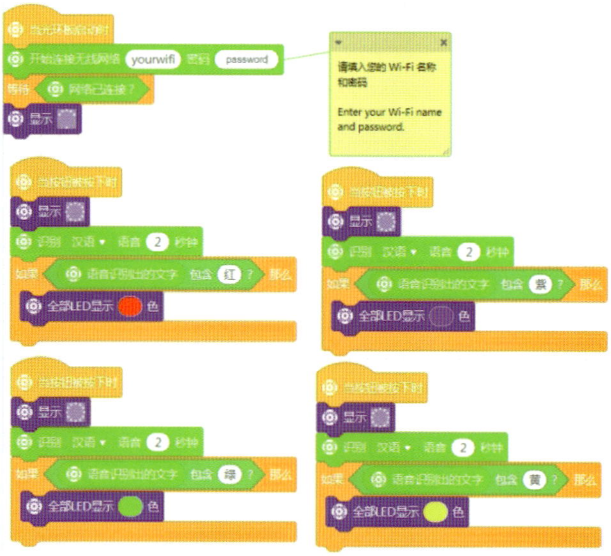

图31.9　声控彩灯程序

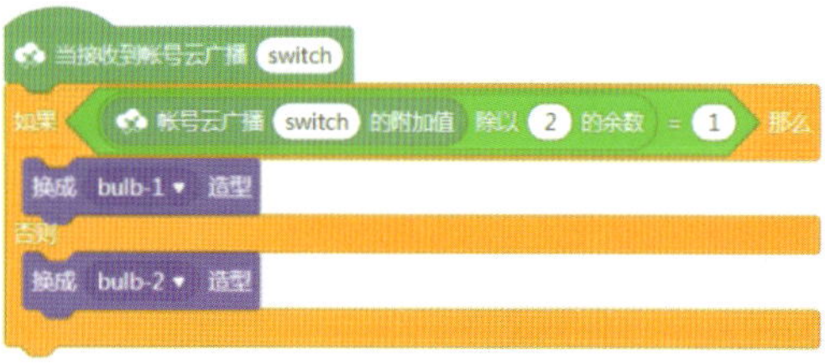

图31.10　角色代码

图31.11　设备代码